JN093619

最初からそう教えてくれればいいのに！

認知症から資産を守るツボとコツがゼッタイにわかる本

公認会計士・税理士
青木 寿幸 著

秀和システム

●注意

(1) 本書は著者が独自に調査した結果を出版したものです。

(2) 本書は内容について万全を期して作成いたしましたが、万一、ご不審な点や誤り、記載漏れなどお気付きの点がありましたら、出版元まで書面にてご連絡ください。

(3) 本書の内容に関して運用した結果の影響については、上記(2)項にかかわらず責任を負いかねます。あらかじめご了承ください。

(4) 本書の全部または一部について、出版元から文書による承諾を得ずに複製することは禁じられています。

(5) 本書に記載されているホームページのアドレスなどは、予告なく変更されることがあります。

(6) 商標

本書に記載されている会社名、商品名などは一般に各社の商標または登録商標です。

(7) 本書の内容は、令和4年8月末時点で発表されている法令に基づき、令和5年1月1日から施行される法令も取り入れています。

はじめに

高齢化社会の進行度合いとして、65歳以上の人口(高齢者人口)が全人口に対して7%を超えると「高齢化社会」、14%を超えると「高齢社会」、21%を超えると「超高齢社会」と、世界保健機構(WHO)によって定義されています。

65歳以上の人口(高齢者人口) ÷ 総人口 × 100

先進国は発展途上国に比べて食生活に恵まれていること、医療技術も普及していることから、高齢化の率が高くなりやすいことが統計データからわかっています。

その先進国の中でも、日本は先駆けて、超高齢社会に突入しています。

将来の日本の高齢化の予測グラフ

内閣府が発表している「高齢化の推移と将来推計」というデータをグラフ化してみました。

▼高齢化の推移と将来の推計

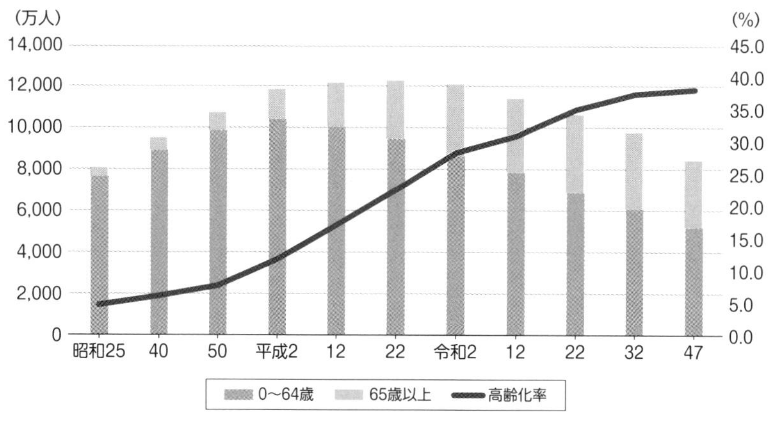

出典:内閣府「高齢化の推移と将来推計」というデータをもとに作成

今から17年後の令和22年には、高齢者人口が約35.3%に達する予想となっています。これは現時点での予想であり、過去のデータを見ていると現実はもっと高齢化の率は高くなります。

というのも、科学技術の進歩により、遺伝子が解析され、新薬も開発されているからです。実際に1929年に、アレクサンダー・フレミングによって、世界で初めてペニシリンという抗生物質が発見されました。この抗生物質の出現が、世界の平均寿命を大きく伸ばしたと言われています。

現時点で、内閣府が発表している「平均寿命の推移と将来設計」というデータをグラフ化してみました。昭和25年のときには、男性が58歳、女性が61.5歳であった寿命が、令和47年には男性が84.95歳、女性が91.35歳にまでなると予想されています。

▼男女の平均寿命の推移

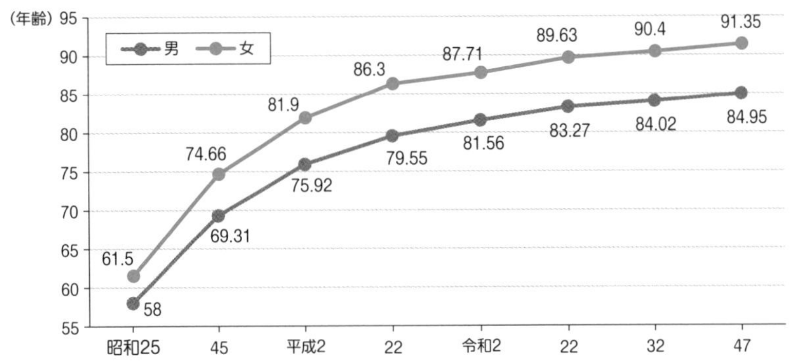

出典：内閣府「平均寿命の推移と将来設計」というデータをもとに作成

さらに、今後もペニシリンのような新薬が発見されないとも限りません。

とすれば、この予想をはるかに超える平均寿命も考えられるのです。

それでも、長生きできることは喜ばしいことであり、超高齢社会になったからと言って、悲観することはありません。

最近では、高齢者が働ける法制度や環境も整ってきています。

高齢者となっても一定の収入があり、そこまで長時間働かなくてもよい状況であれば余暇を楽しむ時間もできるのです。

認知症は、3種類に区分される

高齢者人口が増えると、問題も発生してきます。

それは認知症を発症する患者が増えるということです。

認知症とは正常に働いていた脳の機能が低下して、記憶や思考に影響を与える病気です。

まず、認知症の中で一番多く、全体の50%を占めるのが、**アルツハイマー型認知症**です。

これはアミロイドβというたんぱく質が蓄積して脳の神経細胞が減り、脳が委縮して小さくなることで症状が現れます。急激に進行するものではなく、少しずつ悪化するため、単なる**加齢による物忘れ**などとの違いがわかりにくいと言われています。

まず、加齢による物忘れとは記憶の一部が欠けることで、ヒントを出せば全体を思い出すことができます。そのため、日常生活に支障をきたすほどではありません。

それに対して、アルツハイマー型認知症となると、1つの出来事がすっぽり抜け落ちてしまい、その部分は一切思い出すことができません。それによって時間や場所なども混乱してしまい、日常生活に支障をきたします。

最初は、年月日などがわからなくなりますが、会話は成立しています。それが進行すると、いつも買い物をしているスーパーの場所を忘れてしまい、その周辺を歩いてもまったく思い出すことができません。さらに悪化すると、家の中でトイレの場所まで忘れてしまうのです。

そのことで不安になったり、怒りっぽくなったりと、精神的にも不安定となるのです。

▼加齢とアルツハイマー型認知症との違い

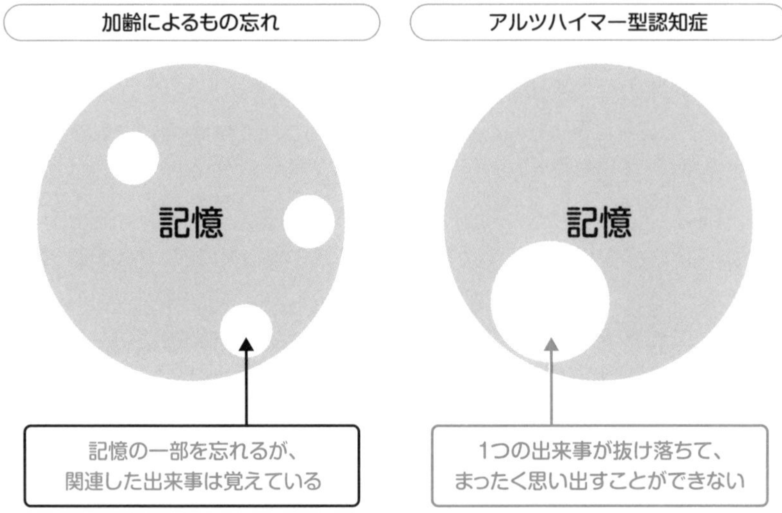

次に、認知症の中で20%を占めるのが、**レビー小体型認知症**です。

これは脳の神経細胞の中に「レビー小体」と呼ばれる異常なたんぱく質の塊がみられます。このレビー小体が大脳に広く分布すると症状が現れます。

実際にはいない人が見えてしまう幻視、寝ているときに怒鳴ったり、奇声をあげたりする異常な言動が症状となります。また手足が震える、小刻みに歩くなどパーキンソン症状が現れたり、頭がはっきりしたり、ボーッとしたりを繰り返すような症状もあるようです。

こちらは身体にも影響を与えるため、ちょっとしたことでつまずいたり、めまいで倒れたり、階段から転げ落ちたりなど危険です。

最後に、認知症の中で15%を占めるのが、**血管性認知症**です。

これは脳の血管が詰まる脳梗塞、血管が破れる脳出血などによって、脳血管に障害が起きて、その周りの神経細胞がダメージを受けると症状が現れます。

そのため、急激に進行して認知症を発症するのです。

ダメージを受ける場所が、それぞれで違うため、症状も異なりますが、できることと、できないことがハッキリと分かれます。中には手足の麻痺などの身体への影響が出ることもあります。

判断能力や記憶は比較的保たれて、「まだら認知症」となるのが特徴です。

では、このような認知症の発症の数として、どのくらいが見込まれているのでしょうか。

厚生労働省が発表している「認知症施策推進総合戦略」のデータをグラフ化してみました。

▼認知症を発症する患者の推移

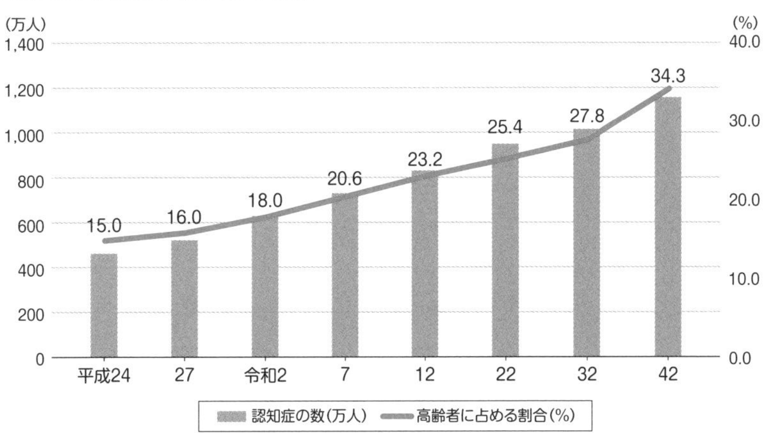

出典：厚生労働省「認知症施策推進総合戦略」のデータをもとに作成

これを見ると高齢者に占める認知症を発症する割合は年々増えていき、令和32年には1,000万人を突破する見込みです。

とすれば、私たちは「自分の親族が認知症になる」という心構えが肝要となるのです。

私たちが、今やるべきこと

親族の高齢化を避けることはできませんし、認知症になったら進行を遅らせることはできても、完治することは現代の医学では不可能です。

そこで、私たちは自分の親族が認知症になることを前提に、対策を打つことが必要です。親族とは、配偶者、両親だけを指しているわけではありません。親が長生きすると、子供が先に認知症を発症することもあるのです。

私たちは親族が一定の年齢、例えば65歳を超えたら、次の2つのことをやっておくべきです。

❶ **親族の財産の引き継がせ方について話し合い、準備する。**
❷ **親族の生前の財産の管理方法を決めて、それを実行する。**

❶については、遺言書を作成するだけではなく、生前に贈与して財産を引き継がせる方法もあります。生命保険に加入して、受取人を指定しても同じ効果があります。または、財産を売却して、組み替えたものを引き継がせた方がよいこともあるでしょう。

❷については、代理人を選任したり、任意後見人と契約するだけではなく、民事信託を使って財産を管理してもらう方法もあります。

または、会社を設立して、そこに財産を売却することで管理した方がよいこともあるでしょう。

本書では、親族が認知症となる前の対策として、どのようなことをしておくべきなのか、認知症になった後に、それがどのような効果をもたらすのかを解説していきます。そして、それを実行するときにかかる税金があれば、できるだけ低く抑える方法も提案します。

結果、あなたが選択すべき方向が理解できて、それを実行することで、親族の財産を守ることができれば、幸いです。

公認会計士・税理士
青木　寿幸

最初からそう教えてくれればいいのに！

認知症から資産を守る ツボとコツがゼッタイにわかる本

Contents

第2章　財産を贈与するときに使える税金の特例

第5章 会社の財産を組み替えるときの税金の特例

第1章

認知症になる前となった後に知っておくべきこと

任意後見制度って、どんな制度？　使いやすいの？

任意後見制度って聞いたことはあるけど、なんか手続きが大変そう？

それでも、財産を守るという方法としては、有効な手段みたいだよ

父親の状態によって３種類の法定後見制度から選ぶ

あなたの父親に認知症が発症したときに、その財産をだれかが管理しないとむやみに金融商品に投資を行ったり、インターネットなどで無駄な商品を買わされるという消費者被害に会うかもしれません。

そこで、家庭裁判所の指導監督のもとで、父親の財産を管理して保護するという成年後見制度があるのです。

まず、父親の認知症が発症したと気づいた時点で、親族が家庭裁判所に申し立てると、審理が始まります。審理の過程では調査、審問、鑑定が行われて、最終的に審判という形でサポートする人が選任されます。

そのあと、審判の内容は法務局に登記されるため、第三者にも公開されます。

父親を被後見人、サポートする人を後見人、この制度を**法定後見制度**と呼びます。

このとき、父親から見て配偶者または４親等内の親族でなければ、申立人になることができません。配偶者や４親等内の親族がいない場合には、市区町村長が申し立てを行うという救済措置はあります。

この申立人が費用を負担しますが、申立ての書類の作成を司法書士に依頼するならば10万円程度、家庭裁判所での収入印紙や鑑定の費用も10万円程度となります。父親に一定の財産があることが前提ですので、高くはないはずです。

そして、最高裁判所は、「後見人に就任するのは親族が望ましい」という考え方

を示しています。それでも、申立人である親族が必ず後見人に選任されるという保証はありません。

申立人の子供は遠方に住んでいて、周りの親族もすでに亡くなっているなどで、物理的に父親のサポートができないケースもあります。または、生前から親族間で争っていて、父親の財産を他の親族から守りたいというケースもあるでしょう。

そのような場合には、家庭裁判所が弁護士や司法書士などの専門家を選任します。専門家が後見人になったとしても、家庭裁判所から報酬の算定基準の目安が提示されているため、ランニングコストが高額になることもなく、将来の収支計画も立てることができます。

この法定後見制度は、父親の認知症の状態によって、下記の「補助、保佐、後見」の3つの区分に分けられます。

父親の認知症の状態が進行するにつれて、「補助→保佐→後見」という区分になります。

▼法定後見制度の3つの区分

父親の認知症の状態	区分
父親の判断能力が不十分 ・もの忘れが多くなったが、その自覚はある。 ・意思疎通は十分可能である。 ・判断能力が衰えてきて、契約書類などは理解できない。	補助
父親の判断能力が著しく不十分 ・自覚しない、もの忘れが多くなる。 ・意思疎通が、ときどきできない。 ・判断能力はかなり低く、日常の買いもの程度しかできない。	保佐
父親の判断能力が欠けているのが通常の状態 ・会話が成り立たず、意思疎通ができない。 ・日常の買いものもできない。	後見

後見人と同様に、補助や保佐を受ける人とサポートする人を、それぞれ、「被補助人と補助人」、「被保佐人と保佐人」と呼びます。

法定後見制度が導入された当時は、後見がほとんどでした。最近では、この制度が浸透してきたことから補助や保佐もかなり増えています。

それでも後見人を選任するケースが、全体の約80%を占めています。

これらのサポートする人ができることは、下記のように違ってきます。

❶補助人

もともと代理権や同意権などの権限を持っていないため、家庭裁判所に必要となる権限を付与してもらいます。

代理権が付与されている場合には、被補助人の財産を管理したり、特定の法律行為を本人に代わって行えます。また同意権が付与されている場合には、妥当な契約書の締結については同意を行い、妥当ではないと判断したら取り消せます。

❷保佐人

被保佐人が単独で行った法律行為について、妥当と判断すれば同意するだけで完全に有効とできる同意権を持っています。または、被保佐人が不利益を被ると判断すれば、取り消すことができる取消権を持っています。

一方、代理権は持っていないため、家庭裁判所で必要となる範囲で付与してもらいます。

❸後見人

被後見人に代わって法律行為を行える非常に広範囲な代理権を持っています。また、被後見人が単独で行った法律行為を無効にできる取消権も付与されます。そもそも被後見人に判断能力はないとされているため、同意権は付与されません。

後見人はこれらの権限により、被後見人の財産を管理するとともに、本人に代わって契約を締結したり、不利益を被ると判断した契約を取り消していきます。

後見人が選任されると、非常に強い権限を持ち、被後見人の財産を守ることが一番の目的となります。

そのため、親族の利益と反したとしても、関係ありません。

例えば、父親に認知症が発症して、後見人が選任されたあと老人ホームに入居したとします。日常の入居費用や生活費などは、後見人が振り込みやお金を引き出してくれるため、問題ありません。

一方、父親の認知症の症状や体調から、だれが見ても自宅に戻れる可能性はほとんどゼロになったとします。妻（子供から見たら母親）はすでに亡くなっていて、子供が遠方に住んでいると自宅は空家となります。

ずっとだれも住んでいないと物騒なので警備保障会社の機械装置を設定したり、父親の財産の中から固定資産税を支払い続けるため、マイナスの財産です。

そこで、子供から「父親の自宅を売却したい」と後見人に伝えても、原則、許されません。

さらに、その父親から毎年、孫の教育費を贈与してもらっていたとしても、後見人が選任されるとストップされてしまいます。

教育費は贈与税もかからないため、相続税の節税対策としては有効な方法です。子供が1人しかいなければ、生前に贈与していたとしても、将来の相続で争う可能性もゼロです。

また、妻（子供から見たら母親）が存命であり、その妻に認知症が発症して後見人を選任したとします。

そのあと、父親が亡くなったときに、子供が自分だけですべての財産を相続したいと考えたとします。妻には自分の祖父母からの相続で、十分な財産もあります。実際に、父親の生前に話し合いも行われていて、子供が相続すると決めていました。

ただし、父親の遺言書がない限り、妻の後見人は法定相続分である財産の2分の1を相続するという主張をしてくるのです。または、父親の遺言書があったとしても、財産の4分の1の遺留分（正式には、**遺留分侵害額請求権**と呼ぶ）を請求してくる可能性もあります。

このように被後見人の財産を守るという目的に沿った行動を取るため、財産が固定されてしまうというデメリットがあります。

ということで裏を返せば、父親の財産が他人だけではなく、親族からも守られるため、相続の前からすでに争っているときにはメリットとも言えます。

とにかく法定後見制度とは、父親が認知症となり、すでに日常生活もできないほど判断能力が低下していたとしても、申立てが行える唯一の方法なのです。

任意後見制度であれば、フレキシブルに決定できる

あなたの父親に認知症が発症する前であれば、父親が委任者となり、**任意後見**の候補者を受任者として、契約を締結できます。

このとき、父親は受任者をだれにするかも含めて契約内容を自由に決定できます。元気なうちから財産の管理を委任できるのです。父親の判断能力が衰えると発動しますが、事前に契約をしていることで、スピーディに実行できます。

そして、法定後見と比べて最大のメリットは、父親の財産を親族のために使えるということです。

事前に契約で、自宅を売却する条件や孫への教育資金の贈与などを定めておけば、任意後見が開始されたあとでも実行できます。

もちろん、父親の財産を守るということが目的ですが、本人の意思を反映させるという条件が付くのです。

それでも、任意後見が開始されると受任者が後見人となるのですが、契約に反した行動を起こすかもしれません。

そこで、任意後見を開始するためには、本人、配偶者、四親等内の親族、受任者のだれかが家庭裁判所に申し立てを行い、調査や審問を経て、任意後見監督人を選任する必要があるのです。これらは法務局に登記されるため、第三者にも公開されます。

任意後見監督人は、後見人の事務の状況や父親の財産を調査する権限を持ち、定期的に家庭裁判所に報告します。これらの調査の結果を受けて、家庭裁判所には後見人の解任を求める権限もあるのです。

なお、専門家が任意後見監督人となったとしても、その報酬は家庭裁判所が判断しますし、成年後見人と同様に報酬の目安も提示されているため、ランニングコストが高額にはなることはありません。

▼任意後見制度の仕組み

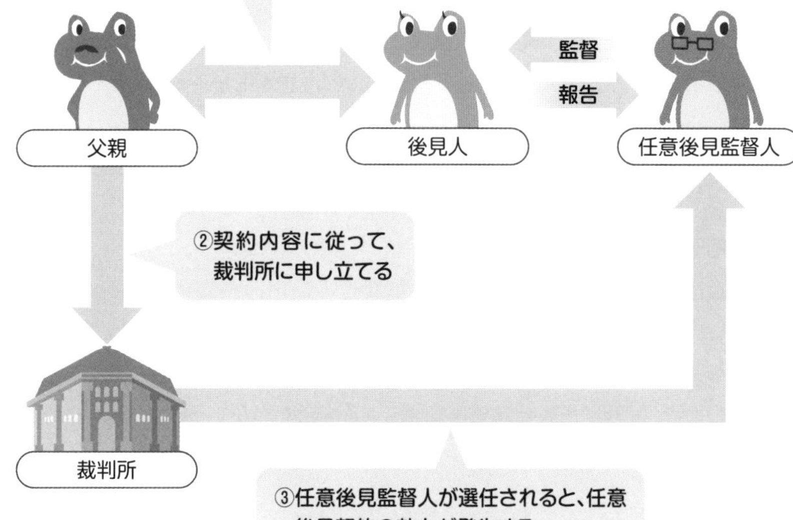

1

ところで、家庭裁判所へ任意後見の契約書を持ち込んだときに不備が見つかったら、困ります。すでに父親に認知症が発症しているのですから、その契約書は修正できません。

そこで、任意後見の契約書は公証人に作成してもらう必要があります。

つまり、**公正証書**で作成しなければいけないという意味です。

それでも、父親は受任者を自由に選択できますし、財産の管理や処分の方法についても、自分の意思を反映できます。

なお、公正証書を作成する手数料は1契約1万1,000円です。

さらに、任意後見制度は父親の希望によって、下記の「将来型、移行型、即効型」の3つの区分に分けられます。

❶将来型

父親は元気だが、将来、判断能力が低下したときのことを想定して、今のうちから受任者と任意後見契約を締結する方法です。そのあと、判断能力が低下したら家庭裁判所に申し立てを行い、後見を開始します。

❷移行型

任意後見契約だけではなく、財産管理の委任契約と見守り契約も同時に締結します。父親が元気なうちは、代理人に財産管理をしてもらい、そのあと、判断能力が低下したら家庭裁判所に申し立てを行い、後見を開始します。

❸即効型

任意後見契約を締結した直後に、家庭裁判所に申し立てを行い、後見を開始します。父親にはまだ判断能力はあるものの、その低下を自覚しているため、すぐにでも後見を開始したい場合です。

このとき、父親が任意後見契約を締結する判断能力があるのか、確認が必要となります。

まず将来型ですが、任意後見の契約を締結しておくだけですので、子供や親族が周辺に住んでいなければ、任意後見を開始する時期を間違ってしまう可能性があります。今は同居していたとしても、数年先も同居し続けているかはわかりません。

父親の財産に問題が起こってから会ってみたら、すでに認知症を発症していたということにもなりかねません。

次に即効型ですが、すでに父親の判断能力が低下しているため、任意後見の契約書を有効に締結できない可能性が高くなります。

ということで、任意後見制度を使うのであれば、移行型がお勧めです。

この移行型であれば、任意後見が開始する前の段階で財産管理や見守りをしてもらうため、後見人として適任者であるかの見極めもできます。

なお、任意後見にはデメリットもあります。

それは、後見人の代理権の範囲を契約で決めておくため、それ以外のことには、権限が及ばないことです。すべての事態を想定して、契約書を作成しておくことは不可能です。

そのため、予測していないことが起こった場合には、任意後見から法定後見へ移行する必要があります。となれば、父親の意思が反映されずに、単純に財産を守ることが最優先されてしまいます。

だからと言って、任意後見の契約書を締結しても意味がないわけではありません。公証人にも相談すれば、かなりの範囲をカバーできる契約書を作成してくれるはずです。

とにかく気づいたときに、父親の認知症がすでに進行しているならば、法定後見制度しか選択の余地はありません。

あなたの父親の判断能力が低下していない今のうちに、財産の管理などについて話し合い、その処分や相続の意思まで確認して、任意後見の契約書を締結しておくべきです。

父親に判断能力があるうちに、子供たちにもメリットがある任意後見の契約書を締結して、将来に備えておくべき。

妻や子供への贈与でも、税務署は認めてくれる？

未成年の子供へお金を贈与しても、認められないことってあるの？

子供名義の預金口座にお金を振り込むだけだと、ダメらしいね

税務調査で名義預金と、指摘されないようにする

夫に相続が発生して財産の一覧を作成しているときに、妻の預金口座に2,000万円もの残高があることがわかりました。妻は、50年前に新卒で入社した会社を退職していて、そのあとはずっと専業主婦です。当時の働いていたときの貯金は、ほぼゼロです。両親から相続した財産も実家の土地だけです。

妻は「毎月、夫からもらっていたお金から生活費を差し引いて、残った部分を自分の預金口座に入れていた。そもそも、夫からもらったお金なんだから、これは私の財産ですよね」と主張します。

ただし、贈与契約書はなく、贈与税の申告も行っていません。

確かに、民法では**贈与契約書**がなくても、「あげるという意思と、もらうという承諾」があれば、口頭でも成立するとしています。しかし、夫が亡くなっていれば、その意思を聞くことができません。夫としては生活費として渡していたお金であり、残ったら返還して欲しいと考えていたかもしれません。

妻の主張だけで、夫婦間で贈与が成立していたと判断はできません。

そのため、妻名義の預金口座の2,000万円の残高は遺産分割の対象となり、相続税も課税されるのが原則です。もし遺産分割で争えば、その2,000万円の一部は他の相続人に取得されてしまうのです。

このような事態に陥らないように、夫の判断能力が低下する前に意思を確かめて、贈与を有効に成立させておくことが肝要です。

また父親が、子供や孫にお金を贈与する計画を立てたとします。

ただし、孫の年齢が未成年だったりすると、あまりに多くのお金を贈与するのは、教育上よくないと考えることがあります。

そこで、父親は孫の預金口座にお金を振り込むのですが、その通帳を預かってしまうのです。もしくは、銀行印やキャッシュカードを保管していても同じです。

孫がこの通帳の存在すら知らないケースは当然のこと、知っていたとしても使うことができません。そのため、贈与は成立しておらず、父親の名義預金として相続財産とみなされます。

このとき、父親と孫が贈与契約を締結していたとしてもお金を渡していないため、義務を履行しておらず、無効となります。

孫との贈与を有効にしたいならば、孫が自分で自由にそのお金を引き出して使えなくてはいけません。

何に使うか心配であれば、最初から使い道を指定すればよいのです。

例えば、孫に生命保険に加入してもらい、孫の預金口座から自動引き落としで生命保険料を支払う方法があります。

孫がお金を使ってしまえば、**名義預金**とみなされることはありません。

実は、父親から子供や孫へお金を贈与するときには注意しても、父親から妻（子供から見たら母親）への贈与については、贈与契約の締結を忘れてしまうことが多いようです。父親は妻がこっそりお金を貯めていることを知っていても、指摘しません。

結局、父親と妻は一緒に生活をしているのですから、入用があれば、父親のためにも使うはずだからです。

とすれば、父親は妻にあげたわけではなく共同のお金と考えているため、妻名義の預金口座のお金は父親から預かっていただけとみなされるのです。

名義預金とみなされたくないのであれば、1年に1回でよいので、生活費で使い切れなかったお金を父親の預金口座に戻します。その上で、夫婦間で贈与契約を締結して、もう一度、妻の預金口座に振り込んでもらってください。

これならば、贈与が成立しているので、父親の相続財産とはみなされません。

贈与しても、贈与税がかからないケースもある

贈与された金額が1年間で110万円を超えると、その部分に贈与税がかかります。110万円を超えなければ、贈与税の申告をする義務すらありません。

これはあくまで、贈与する人ではなく、贈与される人で判断します。

そのため、父親が妻、子供、孫の3名に110万円ずつ贈与するならば1年間で330万円までは贈与税がかかりません。

それでは、父親が東京の大学に通う子供に、毎月20万円の仕送りをしたら年間で240万円となりますが、贈与税がかかるのでしょうか？

実は、扶養義務者から、生活費や教育費で使うために贈与されたお金には、贈与税がかかりません。ただし、もらったお金を生活費や教育費で使い切らずに貯めていると、それには贈与税がかかるのです。

その**扶養義務者**の定義とは、下記の4つとなります。

❶配偶者
❷直系血族、及び兄弟姉妹
❸家庭裁判所の審判を受けて、扶養義務者となった三親等内の親族
❹三親等内の親族で、生計を一にする者

父親からの毎月20万円の仕送りから使った生活費を差し引いて、残ったお金が1年間で110万円を超えたときだけ、贈与税がかかります。

とすれば通常、仕送りはすべて使い切ってしまうため、贈与税がかかることはありません。

そして、この扶養義務者の一覧は、扶養する順番を表しているわけではありません。

例えば、長男とその子供（孫）が同居しているときに、同居していない両親もその孫の扶養義務者となるのです。そこで両親が孫の医学部の入学金として1,000万円を贈与したとしても、長男に十分な収入があっても、それに贈与税はかからないのです。

ときどき「父親の預金口座から直接、孫が入学する医学部の口座に振り込む必要があるのか」と聞かれることもあります。

それができればよいですが、大学によっては親（ここでは長男のこと）の預金口座からの振り込みしか認めていないケースもあります。父親が長男名義の預金口座に振り込み、そこから大学の入学金を支払っても問題ありません。
その領収書の宛名も、父親でなくてもよいのです。

さらに、孫がもらったお年玉や入学祝金に関しては、常識の範囲内であれば贈与税はかかりません。このときは、お年玉を貯めていても贈与税はかからないのです。
同様に、結婚するときに両親からお金をもらっても、それは新生活のための家具、寝具、家電製品を買ったり、引っ越し費用に使ってしまうのですから、やはり贈与税はかかりません。

1

贈与税の時効は、主張できないと考えるべき

夫婦間や親子間でも贈与契約を締結すべきことはわかりましたが、その成立した時期が問題になることがあります。
そこで、贈与契約書に贈与した日を記載しておくだけではなく、公証人役場で確定日付を押してもらいましょう。
それがあれば、その日に贈与契約書が存在していたことが証明されます。費用も1件の証明につき700円の手数料ですみます。
それでも、贈与契約書が存在していただけで、贈与がその日に成立していたという証拠にはなりません。

まず、**贈与税の時効**は贈与した日が属する年の翌年3月16日（申告期限の翌日）から6年間が原則となっています。もし意図的に贈与税の申告をせずに、隠していたときには7年間となります。

▼贈与税の事項が完成する期間

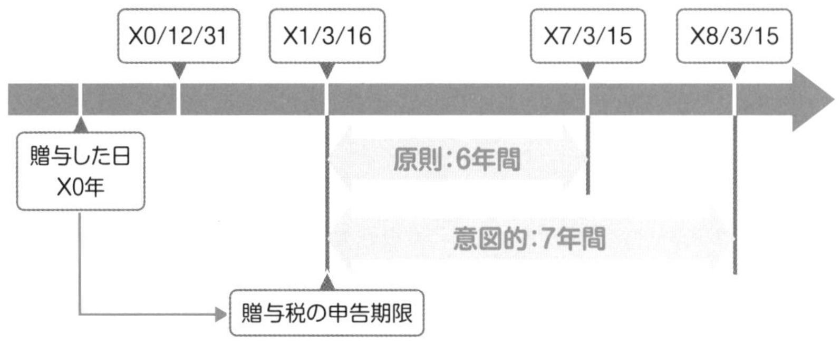

ところが、7年間が経過すれば、自動的に時効となるわけではないのです。

実際に裁判で争った事例があります。そこでは父親から子供に不動産を贈与したのですが、公証人役場で贈与契約書を作成しました。そのあと、贈与税の時効が成立した7年後に法務局で所有権移転の登記を行ったのです。

税務署は贈与の時効が成立していないとして贈与税を課税したことから、納税者はそれを無効とすべきと主張して争いました。

結果、裁判所は公正証書で贈与契約書を作成したのは贈与税を逃れる目的であったと認め、法務局に登記した日こそが、親子間での贈与が成立した日と判断したのです。そのため、時効は成立しておらず贈与税がかかりました。

少し考えてみれば、裁判所の意見は理解できます。

例えば、父親から子供に1,000万円を現金で贈与しても、税務署にはわかりません。そのあと子供は贈与税の申告は行わず、翌年の3月16日から7年間は黙っていることにします。

7年間のうちに父親の相続が発生したなどで税務調査が入ったとします。現金で贈与しているとはいえ、父親の預金口座から1,000万円が引き出されていれば、その行方が問題となります。

そのときには、子供は「いや、これは父親から借りていたお金です」と主張するのです。そして、父親の相続財産として修正して申告してしまいます。

一方で、7年間無事に何ごともなく過ぎ去ったときには、子供は「父親から7年以上前に1,000万円が贈与されていたので、贈与税の時効は成立した」と主張すればよいことになります。

これが許されるならば、だれも贈与税を支払いません。

ということで、贈与税を脱税しようという意図で贈与契約書を作成しているならば、その時点では贈与は成立しないのです。

最初から贈与税は支払う前提で、計画的に贈与をするようにしましょう。

なお、「今まで贈与契約書を作成していなかったので、今から日付をバックデイトして作成しておけばよいのか」という質問もよく受けます。

過去の日付で契約書を作成しても民法上では、有効です。

ただし、あとでそれが判明したときには、他の相続人や税務署から疑いがかけられるきっかけになります。

贈与税には時効もあるため、贈与契約書の日付をバックデイトで作成すれば、脱税もできてしまうからです。

そこで、日付は実際に作成した日を記入し、タイトルを「贈与に関する確認書」などとして、下記のように記載すれば問題ありません。

> 贈与は口頭にて行われて書面によらないものであったため、この確認書をもって、平成●年●●月●●日において民法549条により成立していたことをここに確認する。

それでも、すでに父親の判断能力が低下していたら、この確認書の作成もできません。

そのため、過去に贈与契約を締結せずに贈与している事実があれば、父親とその条件を確認して、今すぐに確認書を作成しましょう。

妻や子供への贈与は、贈与契約書を作成するだけではなく、実際に本人がお金を引き出して使うことで成立する。

遺言書には、何を書けばよいのか？

相続のときの遺産分割協議で、相続人同士でもめることが多いって聞くけど？

相続人のうち１人でも合意しない人がいると大変らしいよ

親族が遺産分割協議で争うと、どうなる?

あなたの父親が生前に作成した遺言書の内容を、相続人が絶対に守らなくてはいけないわけではありません。

相続人全員が同意して**遺産分割協議書**を作成すれば、そちらが優先されます。

ただし、父親として自分の遺言書が無視されることは、意図しないはずです。父親が生前に親族と十分な話し合いを行っておけば、みんなが納得できる遺言書を作成できます。

一方、遺言書がない場合には、どうなるのでしょうか？

民法では法定相続分として、相続人の取り分の割合しか決めていません。

そのため、だれがどの財産を相続するのかを話し合い、相続人全員が納得して遺産分割協議書を作成しないと、手続きが完了しません。

遺産分割協議書には、相続人本人が署名と実印を捺印します。

相続人のうち、たった１人の反対者がいたことで裁判となり、何年間も相続財産が分割できないという人たちもたくさんいます。

結局、父親の財産は喧嘩しても、裁判で争っても増えることはありません。

１人の相続人が自分の取り分が少ないと感じて不満を言い出すと、それを解消するためには、他の相続人の取り分を減らすしかないのです。

つまり、相続人全員が儲かる話し合いにはならず、それどころか、裁判所や弁護士に支払う費用がかかり、相続財産は減っていくばかりです。

ただし、争っているときには冷静な判断ができない相続人が多く、時間と費用が無駄にかかっているのが現実です。

▼遺産分割が確定するまでの手続き

遺産分割の協議　相続人全員で話し合いを行い、遺産分割協議書を作成する。

1人の相続人が署名捺印しない

家庭裁判所で調停　家庭裁判所で、調停委員から分割方法を提案される。

1人の相続人が合意しない

家庭裁判所による審判　家庭裁判所で、裁判官によって遺産分割が決定される。

1人の相続人が不服申立

高等裁判所による審判　高等裁判所で、裁判官によって遺産分割が確定して、終了する。

以前は、一部の銀行では父親の預金口座のうち、相続人が単独で法定相続分に相当する金額までは引き出すことを認めていました。というのも、預金は昭和29年の最高裁の判決により、「原則として預貯金は被相続人の死亡により、相続人に当然に分割されて遺産分割の対象とはならない」とされていたからです。

それでも、銀行によっては争いに巻き込まれたくないという理由で、遺産分割が完了するまでは、相続人が勝手に引き出すことを拒否していました。

ところが、平成28年12月19日の最高裁の判決によって、父親の預金口座のお金は遺産分割の対象となるとされたのです。

これを受けて民法が改正されて、相続人は遺産分割が完了するまでは1つの金融機関ごとに、下記の金額までしか引き出せないことになりました。

下記のどちらか少ない金額について、払い戻しが請求できる。

❶父親の預金口座の金額 × 1/3 × 各相続人の法定相続分
❷150万円

一方、相続税の支払い期限は、相続が発生してから10か月です。この払い戻しができる金額を超えてしまう場合には、相続人は自分の貯金から支払うハメになります。

このような事態に陥らないためにも、父親は遺言書を作成しておくべきです。

法務局が自筆証書遺言を保管してくれる

父親が遺言書を作成しておけば、相続人の話し合いは不要であり、遺産分割協議書も作成せず、財産はその内容に従って自動的に分けられます。

銀行の預金口座からお金を下すときも、不動産の名義を変更するときの登記も、遺言書があれば他の相続人の同意も不要です。

遺言書は、公正証書遺言、自筆証書遺言、秘密証書遺言の3種類があります。

まず、公証人役場で作成する**公正証書遺言**は、公証人の費用と2人の立会人（証人）が不可欠となります。それでも、父親の判断能力があることを公証人が証明してくれるため、一番のお勧めです。立会人となるための資格はありませんが、下記の人はなれませんし、立ち会うこともできません。

❶未成年者
❷相続人及び遺言で財産をもらう人、並びにこれらの配偶者及び直系血族
❸公証人の配偶者、四親等内の親族、書記及び使用人

父親の足が悪くて外出できないときでも、費用は追加でかかりますが、公証人が自宅、老人ホーム、病院に出張して来てくれます。

このとき、父親が病気で署名できないケースでも、公証人が代わりに署名を行えば、その遺言書は有効となります。

そして、公証人役場で原本を保管してくれて、父親の相続が発生したときには

相続人がどの公証人役場からでも検索できるシステムも整備されています。

次に、**自筆証書遺言**については、いつでも、どこでも父親が作成でき、原則は費用がかからずに立会人もいりません。本文はすべて自書して署名捺印が必要ですが、財産目録はパソコンで作成して、すべてのページに署名捺印したものを添付してもよいことになっています。

具体的には、遺言書に「別紙財産目録1記載の財産を長男に相続させる」などと記載して、別紙として「財産目録1」を添付するのです。

そのため、自書する部分はそれほど多くありませんが、日付がなかったりして法律の要件を満たしていないと無効になります。

それでも、父親が相続人に内容を隠しておきたいケースでは、自筆証書遺言で作成することが多いようです。この場合、遺言書自体を家の中に隠してしまうため、父親自身もどこにあるのか忘れてしまい、相続が発生したときに相続人が発見できないリスクがあります。

ただし、法務局で自筆証書遺言を保管してくれる制度を使えば、このリスクを回避することはできます。また、法務局で保管するときに手数料はかかりますが、簡単な法律の要件のチェックもしてくれて、無効となるケースも減るはずです。

とはいえ、親族間で争うと「そもそも父親の判断能力がない時期に作成された遺言書であり、無効だ」という主張が多くされるため、できるだけ早めに作成すべきです。

さらに、遺言書は、作成した日付だけで優先順位が決まることから、新しいものが常に有効となります。

つまり、公正証書遺言を作成したあと、自筆証書遺言書で書きなおせば、そちらが有効となるのです。何回でも書きなおしは可能ですので、まずは1回目の遺言書を作成してみましょう。

最後に、**秘密証書遺言**ですが、すべてをパソコンで作成して署名のみ本人が自書すればよいことになっています。そのあと、封筒に入れて遺言書に捺印した同じ印鑑で封印します。それを持って公証人役場に行き、その存在のみを証明してもらうのですが、実務的にはほとんど使われていません。

▼公正証書遺言と自筆証書遺言の比較

	公正証書遺言	自筆証書遺言
作成手順	・遺言の内容を、口頭で伝える ・公証人が遺言書を作成 ・公証人が遺言書を読み上げる ・父親、立会人、公証人が署名	・本文と日付などは手書 ・財産目録はパソコンで作成可能 ・署名捺印が必要
メリット	・法律の形式は常に正しい ・公証人が署名しても有効 ・公証人役場で保管する ・システムで検索できる	・内容を秘密にできる ・原則として、費用は無料 ・有料で法務局が保管してくれる ・立会人がいらない
デメリット	・公証人との連絡が手間 ・2人の立会人が必要 ・立会人に、内容を知られる	・偽造されるリスクがある ・法律要件を満たさないと無効

遺言書には、親族への一言を加えておく

遺言書には財産の分け方だけではなく、**付言事項**と**予備的遺言**を書くことができます。

(1)付言事項とは

法律に定められていないことでも、遺言書には記載できます。

これを付言事項と呼びますが、法律の効力があるわけではありません。それでも、父親として相続人に残したい言葉を伝えられるという役割があります。

例えば、父親として、長男に財産を多く相続させる遺言書を作成するならば、その理由を次のように説明するのです。

> 病気の私のために最後まで尽くしてくれた、長男夫婦には大変感謝しています。長男に対して次男よりも多くの現金を残してやることにしたのはそういう気持ちからです。どうか兄弟どうし争わずに最後まで仲良く暮らしてください。

もともと、まったく公平な財産の分け方はできません。

遺言書があれば遺産分割協議書が不要とはいえ、そのあと不公平だと感じる親族がいれば、仲が悪くなるきっかけを作ってしまいます。

そこに、父親のちょっとした心配りの言葉があると円満な関係が保てます。

先ほどの付言事項の事例では文字数が少ないぐらいですので、実際には父親の気持ちをできるだけ多く残しておくべきです。

(2) 予備的遺言とは

父親の相続が発生したときに、長男がすでに亡くなっていることもあります。

すると自動的に、**代襲相続人**として長男の子供（孫）が、父親の相続人になります。ところが、遺言書の内容まで代襲相続とはなりません。

例えば、父親と長男、その子供（孫）が一緒に同居していたとします。

父親が遺言書に「その自宅を長男に相続させる」と書いておいたのに、長男が先に亡くなった場合には、孫は自動的に自宅を相続できません。

他の相続人と話し合い、遺産分割協議に参加して、どの財産を相続するか決定するのです。

父親の自宅ということは、他の相続人にとっては実家である可能性が高いのです。それを、甥などに相続させたくない相続人がいてもおかしくありません。

そこで、父親が遺言書に「自宅は長男が亡くなっている場合は、その子に相続させる」と書いておくだけで、このような争いを防げるのです。

親族への心配りが十分、行き届いている遺言書を作成しておくことが、相続のあとでも親族の円満な関係を保つ秘訣と言える。

株式を生前に贈与しても、遺産分割の対象になる？

遺言書があっても、相続のときにもめる場合があるの？

相続人には、絶対にもらえる最低限の取り分があるらしいよ

遺言書があっても遺留分を侵害していたら請求される

父親が「自分の判断能力が低下する前に、会社を長男に譲ることにした。それと同時に会社の株式も長男に贈与しておいたから、事業承継も完了した。すでに株式は長男名義だから、相続での争いは起こらない」と話していたら、危険です。

というのも、遺産分割の対象となるのは、父親名義の財産だけではないからです。民法では、被相続人である父親から「❶遺言による贈与（遺贈）、❷婚姻や養子縁組のための贈与、❸生計の資本としての贈与」を**特別受益**と呼び、相続財産に組み込んで、遺産分割の対象としているのです。

つまり、父親が生前に贈与したことが、相続財産を前もって渡したものといえるものかを基準として判断します。一般的には、相続人が住むための不動産、開業のための資金、会社の株式などを贈与していれば、特別受益に当たります。

ということで、父親が生前に長男に贈与した株式は相続財産に加算されてしまうのです。特に、この特別受益を加算するときの時効は原則、ありません。

そのため、30年前に贈与した財産であっても、特別受益に当たれば相続財産に加算します。とすれば、特別受益を主張されることを前提に、相続対策の計画を立てる必要があります。

まず、民法では各相続人の取り分として、**法定相続分**を定めています。

それでも、父親の相続財産の中には不動産や株式などがあって、ぴったりの分割はできませんし、父親に対して貢献した相続人もいるため、法定相続分で分ける義務もありません。被相続人である父親の遺言書、または相続人による遺産分割によって法定相続分に従わない分割も当然、有効です。ということで、法定相続分は遺言書がなく、親族で争ったときの目安だと見るべきです。

▼民法で決まっている法定相続分

相続人の組合せ	配偶者	子	両親	兄弟姉妹
配偶者＋子（1人）	1/2	1/2		
子（2人）のみ		1/2ずつ		
配偶者＋両親	2/3		全員で1/3	
配偶者＋兄弟姉妹	3/4			全員で1/4

1

例えば、父親が遺言書に「愛人にすべての財産を相続させる」と書いたら、残された相続人も生活があるため困ってしまいます。

そこで民法では、どのような遺言書の内容であったとしても、各相続人が最低限受け取れる持分割合として、**遺留分**を定めています。

▼民法で決まっている遺留分

相続人の組合せ	配偶者	子	両親	兄弟姉妹
配偶者＋子（1人）	1/4	1/4		
子（2人）のみ		1/4ずつ		
配偶者＋両親	1/3		全員で1/6	
配偶者＋兄弟姉妹	1/2			なし

相続人が自分の遺留分が侵害されていることを知った日から、1年以内であれば他の相続人にお金を請求できます。ただし、父親の相続が発生した日から10年間が経つと時効が成立して、請求できなくなります。

この遺留分を計算するときだけ、相続財産に加算される特別受益は10年前からのものに限定されます。さらに、相続放棄した相続人に関しては、第三者となってしまうため、特別受益は1年前からのものだけが対象となります。

どちらにせよ、父親が遺言書を作成して、かつ早い時期に財産を贈与しておけば、遺留分の対象からは外れるのです。

なお、遺留分を侵害している遺言書であっても、その効力が無効になるわけではありません。財産の名義はその内容に従って変えることができます。そのあと、他の相続人から遺留分が請求されたら、お金を支払って精算するのです。

特別受益は亡くなった時点で、もう一度評価しなおす

父親が遺言書を作成していたとしても、各相続人が自分の遺留分を請求してくれば争いになります。このとき、相続財産に特別受益を加算するのですが、遺言書により取得した財産があれば、そのときの時価で計算します。また、過去に贈与された財産が特別受益となった場合には贈与した時点ではなく、父親の相続が発生した時点で評価しなおすのです。このとき、相続税を計算する評価ではなく、あくまで市場での時価となることに注意してください。

例えば、住むためのマンションを過去に父親から贈与されていたとすれば、贈与税を計算するのは、その時点での相続税法に従った評価をもとにします。ところが、時価はそれよりもかなり高い金額となります。しかも、相続のときに贈与した時点よりも物価が上昇していれば、それも反映されてしまうのです。

マンションの時価を加算するのは、ある程度納得できる部分もありますが、非上場会社の株式は話が違います。父親が非上場会社の株式を長男に贈与したあと引退して、長男が社長になったとします。そのあと長男が頑張って会社の業績を伸ばして株式の評価を上げると、その価値が加算されてしまうのです。

長男にとっては理不尽なルールですが、仕方がありません。

ただし、他の相続人が遺留分を主張できない、またはその金額を制限する方法があります。

(1) 遺留分の放棄について

父親の生前に、各相続人が家庭裁判所に行き、**遺留分の放棄**をしてもらうのです。これと父親の遺言書をセットで用意すれば、特別受益をあとから主張されることはなくなります。

ただし、遺留分の放棄も下記の3つの条件を満たさないと、家庭裁判所が認めてくれません。

❶各相続人の本人の意思であること。

❷合理的かつ必要性のある理由があること。

❸遺留分を放棄する代償を得ていること。

❷については、「生計が自立して、安定している」などの経済的な事情を示せば問題ありません。

❸については、代償として将来、財産をもらうのではなく、すでにもらっている方が認められやすくなります。各相続人も将来、代償をもらう約束だけでは遺留分の放棄を申請しないはずです。

例えば、自宅を買う資金を贈与してもらった、学資資金または事業を開始するための資金をもらったなどです。

(2) 除外合意について

遺留分の放棄を行った相続人は、父親の遺言書について一切の文句を言えなくなります。しかも、各相続人が自ら家庭裁判所に行かなければならず、ハードルは高いと言えます。

それでも、非上場会社の株式が特別受益として相続財産に加算されてしまうと、実際にはマンションのような不動産と違って現金化もできず、抵当に入れてお金を借りることもできません。

そこで非上場会社の株式についてだけ、**民法の特例**があります。

推定相続人全員が合意してくれるのであれば、非上場会社の株式については遺留分を計算するときの相続財産から除外できます。これを**除外合意**と呼びます。合意書には推定相続人全員の署名捺印が必要ですが、それ以外の申請手続きは、後継者である長男だけで完結できます。

そのため、各相続人の手間がそれほどかかるわけではありません。

なお、推定相続人とは、その時点で相続が発生したら代襲相続人も含めて相続人になる人のことです。

(3) 固定合意について

父親の相続財産の大部分が、自宅と非上場会社の株式ということもあります。自宅は妻（子供から見たら母親）に、株式は会社を継ぐ長男に相続させるとなれば、他の相続人は不公平と感じるはずです。

その場合には、除外合意を取り付けるのは難しくなります。

そこで、株式を特別受益として相続財産に含めるとしても、その評価を固定することを合意してもらうのです。つまり、父親が長男に株式を贈与したときの評価で相続財産に加算するのです。この評価については、その時点で税理士などの専門家が計算したものを使います。

そのあと、長男の力不足で株式の評価が下がることもありますが、それでもその価格で固定されてしまうため、長男にもリスクがあるのです。

そのため、他の相続人も合意しやすい方法で、これを**固定合意**と呼びます。

手続きとしては、税理士などが作成した価格についての証明書の添付が必要となりますが、それ以外は除外合意と同じです。

なお、すべての株式を除外合意、または固定合意とせずに、1,000株のうち400株だけを除外合意、残りの600株を固定合意などと併用もできます。

(4) 付随合意（追加合意とも言う）について

付随合意とは、除外合意または固定合意と一緒に、父親が後継者である長男に贈与した株式以外の財産も遺留分の対象から除外することです。

例えば、会社が本社や工場で使っている不動産が父親個人の名義となっていれば、それも長男に相続させたいと考えるからです。

それでも、土地などは現金化できるため、簡単には他の相続人が合意してくれません。そこで、下記のような条件を付けることがほとんどです。

- **長男は、他の相続人に一定額の金銭を支払う。**
- **長男は、父親に生活費として毎月一定額の金銭を支払う。**
- **長男は、父親が病気になったときには、医療費その他の金銭を負担する。**

なお、付随合意は単独ではできず、除外合意または固定合意と一緒に行うしかありません。

このように、父親が遺言書を作成したり、生前に財産を贈与していても、他の相続人から遺留分を請求されてしまえば、親族で争うことになります。

これを防ぐためには、他の相続人にも一定の財産を相続させるしかありません。そのためには、非上場会社の株式をすべて長男に相続させるのではなく、一部は自己株式として会社が買い取ったり、最大限の退職金を支払って、父親が所有するお金を増やしておくべきです。

それで、相続税が少し高くなったとしても、親族で争わない方が得策です。

▼会社が自己株式として買い取る

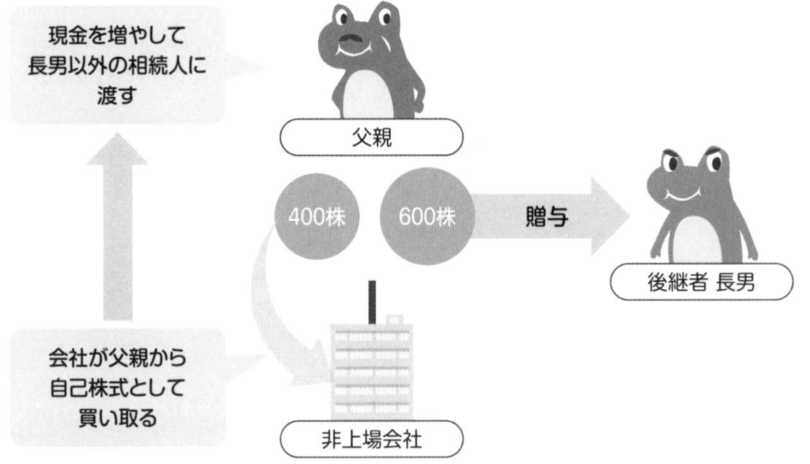

1

まとめ

長男に贈与した非上場会社の株式は、特別受益として相続財産に時価で加算されることを前提に、生前から対策を打っておく。

5 父親の借金って、相続人は引き継がないこともできる？

父親の借金を引き継ぎたくないんだけど、できるかな？

相続放棄しないかぎり、自動的に借金は相続人が相続人が引き継いじゃうらしいよ

相続のあと、借金は付け替えることを前提とする

相続人は、被相続人である父親の財産だけではなく、借金も相続します。

この借金は、民法で決められた法定相続分で自動的に引き継がれます。

遺言書や遺産分割協議書で１人の相続人に借金を負わせることもできますが、あくまで相続人間での負担の取り決めでしかありません。

自由に借金を付け替えられたら、例えば、財産を１円も相続しない相続人がすべての借金を相続するなどして、債権者の利益を害するからです。

そのため、**法定相続分**で返済を要求されたら、各相続人は拒否できません。

この借金の相続をめぐって、親族が争うケースもあります。

また、父親の借金が相続財産より大きいときには、そのまま相続するか、**相続放棄**をするかを各相続人が選択するのです。

そこで、父親に認知症が発症する前に債権者も交えて、相続する財産とのバランスで、だれが借金を負担するのかまで決めておくべきです。

まず、財産に紐づいている借金があれば、債権者も同意しやすいはずです。

例えば、父親が銀行から１億円の借金をしてアパートを経営していたとします。それを長男が相続するならば、１億円の借金も負担すべきです。

ところが、民法では法定相続分で引き継ぐとされているため、他の相続人が長女とすれば、5,000万円ずつの借金を負担するのです。

これについては、アパートからの収入で借金を返済できるのであれば、長男に付け替えることを銀行は承諾してくれます。

それをしなければ、長女もアパートを相続したいと主張するはずです。

▼債務者を変更する

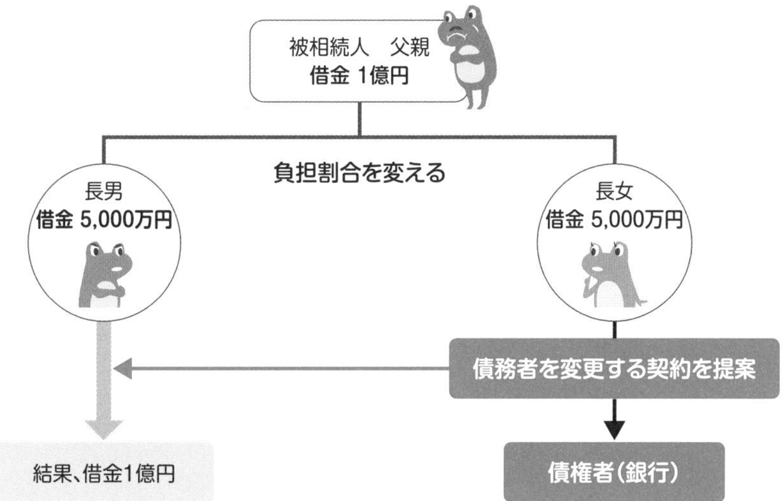

次に、父親が銀行からの１億円の借金で、長男夫婦と同居するための自宅を建てたとします。

長男夫婦がそのまま住み続けるのであれば、相続するはずですが、アパートとは違って収入がないため、銀行が承諾してくれるかはわかりません。

それが難しい場合には、長男が他の銀行から１億円を借り換えて、5,000万円を長女に**代償金**として支払うのです。

長女はそれで銀行に一括して返済すれば、結果的に借金を長男だけが相続したことになります。

1

▼借り換えを行う

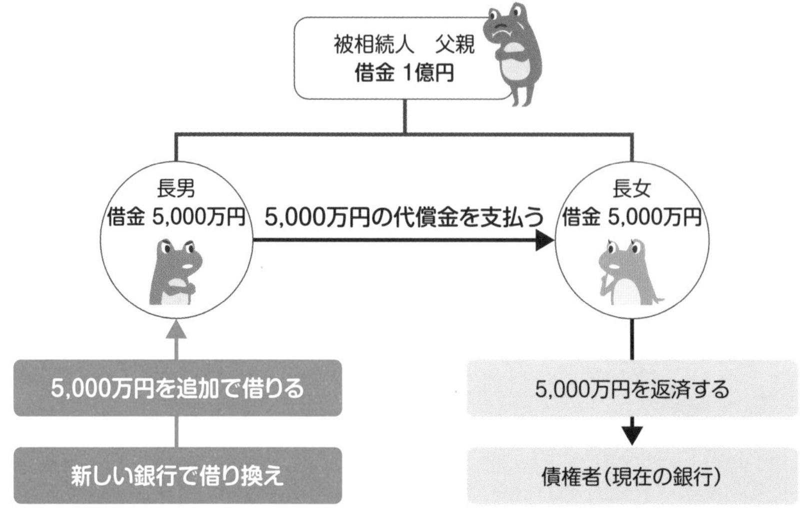

相続放棄することも、選択肢の1つと覚えておく

父親が経営するアパートについて、その収入からでは返済できないぐらい借金が大きいこともあります。長男がアパートを相続したとしても、他の銀行から借り換えて、長女に代償金を支払うことは難しいでしょう。

また、父親は自分が経営する会社の借金の連帯保証人になっていることもあります。

この連帯保証人の地位も、相続人に法定相続分で引き継がれてしまいます。

会社を継ぐ長男であれば仕方がないですが、経営にまったく関与しない長女は引き継ぎたくはありません。

そこで、長女が被相続人である父親の借金があることを知ってから、3か月以内に家庭裁判所に申し立てれば、**相続放棄**できます。通常、借金があることを知るのは相続が発生した日となります。

相続放棄は、各相続人が単独で行うことができます。そして、最初から相続人ではなかったと扱われるため、父親の借金や連帯保証人の地位を一切引き継がない代わりに、財産も相続できません。

ただし、相続放棄しても相続人の固有の財産である生命保険、相続人の生計を維持するための遺族年金は受け取ることができます。

長女だけが相続放棄すれば、長男が相続人として残り、すでに妻（子供から見たら母親）が亡くなっていれば、すべての財産と借金を相続します。
それでも、相続が発生してからたったの3か月間しか判断の時間がないため、余裕はありません。
父親は生前から財産だけではなく、借金や連帯保証の一覧も作成して相続人に開示しておくべきです。

ところで、長男もアパートの借金であれば、無理して相続する義務もなく、長女と同様に相続放棄を選択することもあります。
妻（子供から見たら母親）が存命であれば、妻だけが相続人になるわけではありません。
子供たちが最初から相続人ではなかったとみなされるため、妻と祖父母（父親の両親）が相続人となります。祖父母も借金を引き継ぎたくなければ、長男と長女が相続放棄した日から3か月以内に相続放棄する必要があります。
祖父母が相続放棄を選択するか、または祖父母がいない場合には、妻と父親の兄弟姉妹が相続人となります。兄弟姉妹も借金を引き継がないと判断すれば、同じように相続放棄するはずです。
このように、相続放棄すると相続人が移動します。
ということで、父親のすべての財産を妻に相続させるために、子供たちが相続放棄すると突然、他の相続人が現れてしまいます。
そのため原則、借金を引き継がないという目的を達成するときだけ、相続放棄をしてください。

▼相続放棄する親族の順番

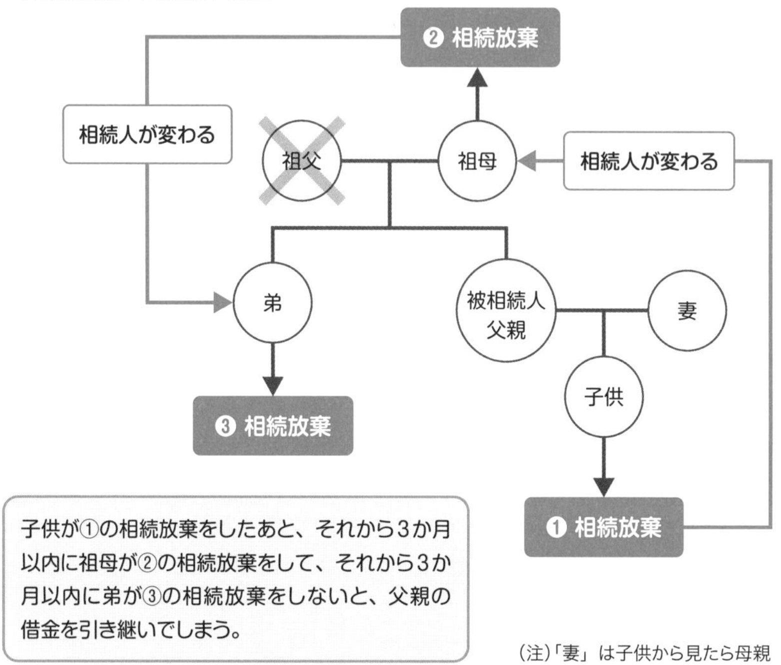

限定承認は相続人全員の合意が必要となる

父親の借金が多くても、妻（子供から見たら母親）として自宅だけは相続したいケースがあります。

このときは、妻が限定承認を選択すれば、自宅は相続できます。

限定承認とは、相続する財産の金額の範囲内で被相続人の借金を引き継ぐ方法ですが、注意点が2つあります。

1つ目は、限定承認は相続人全員で選択しなければいけません。ただし、相続放棄した人がいれば、その人は除きます。もし親族で争っていると意見が統一できないため、限定承認は選択できません。

2つ目は、限定承認すると父親が亡くなったときに、その相続財産を売却して、そのお金を債権者に分配します。このとき、相続人が優先して、例えば、自宅などの相続財産を買い取ることが認められています。それでも、買い取るお金は自分で準備しなければいけません。

なお、売却益が発生したときには所得税を支払うのですが、それも父親の借金に含まれるため、「相続する財産の金額＝借金」は変わりません。

▼限定承認した時の財産と借金

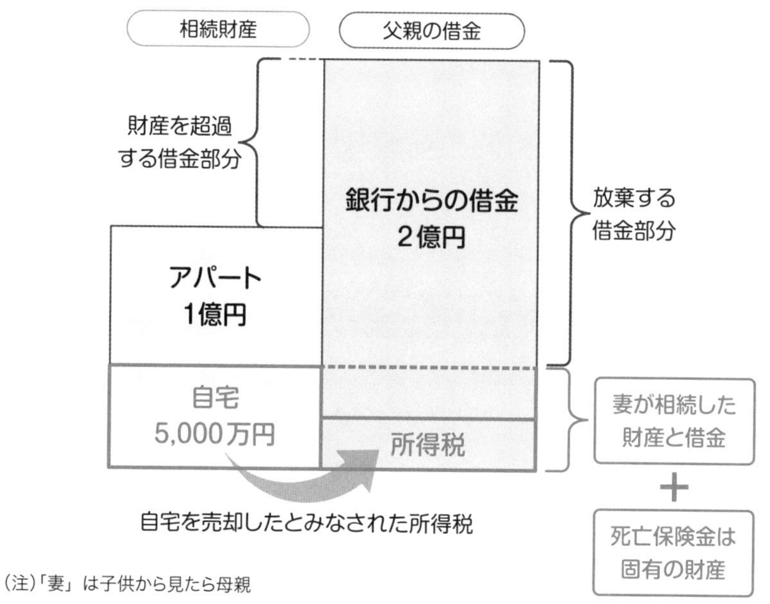

（注）「妻」は子供から見たら母親

父親の借金や連帯保証人の地位は相続人が自動的に相続してしまうので、だれがどこまで負担するか、生前に決めておこう。

1

6 「父親が認知症になったら贈与する」という契約は有効？

将来、自分の面倒を診てくれた子供に、たくさんの財産をあげたいんだけど？

贈与契約なら、その条件を設定できそうだよ

贈与契約書も遺言書も、記載方法を工夫すべき

遺言書は父親が一方的に作成して、あとで相続人が見るものです。そのため、相続人にその内容を隠せるというメリットがありますが、あとで放棄されてしまうというデメリットもあります。

一方、「父親が亡くなったら贈与する」としているものは、**死因贈与契約**と呼ばれます。父親と相続人がお互いで契約するため、生前にその内容が知られてしまいます。それに契約ですので、原則として相続のときに放棄はできません。

そもそも贈与されたくない財産であれば、生前に契約を破棄しておけばよいのです。そして、死因贈与契約は「自分の面倒を診てくれたら、贈与する」などという条件を付けられます。ただし、その条件を満たしたら取り消すことができなくなります。

というのも、贈与される人（**受贈者**）は財産をもらえる約束をしたら、確実にその義務を果たすはずです。それなのに、父親があとで「やはり財産はあげない」と死因贈与契約を自由に撤回できたら、受贈者は一方的な義務ばかり負わされるハメになるからです。

このような条件は、死因贈与だけではなく、生前の贈与契約にも付けられます。「父親に認知症が発症したら贈与する」という条件でも有効です。

そして、死因贈与契約にも遺言書と同じ効力があるため、財産が重複しているときには日付が新しい方が優先されます。それでも、条件を満たした死因贈与契

約があれば、そちらが優先されるのです。

この贈与契約書と同様に、遺言書も記載方法には工夫が必要です。

例えば、父親が遺言書に「アパートを妻（子供から見たら母親）に**相続させる**」、または「銀行の預貯金を長男の嫁に**遺贈する**」とも記載できます。「相続させる」という文言であっても、「遺贈する」という文言であっても、父親の相続のときに、妻も長男の嫁も財産を受け取ることができます。

ところが、2つの文言には大きな違いがあるのです。

父親が亡くなると財産の権利と義務が民法上の相続人に移転します。このことを「相続」と言います。そのため、相続人に財産を移転させることを「相続させる」と呼び、相続人以外に「相続させる」と書くことはできません。

そして、「相続させる」と記載すると通常の相続と同じとみなされるため、相続放棄したいならば家庭裁判所に申し立てなければ認められません。

一方、「遺贈する」とは、遺言によって財産を無償で渡すことを意味します。このとき、渡す人には制限がありません。相続人だけではなく、だれに対しても「遺贈する」ことができるのです。こちらは放棄したいときには、いつでもできます。

ということで、相続人以外には「遺贈する」としか書けませんが、相続人に対しては「相続させる」でも、「遺贈する」でもよいのです。

それでも、相続人に対しては「相続させる」と書くことをお勧めします。その方が、メリットがあるからです。

「相続させる」という遺言書であれば、不動産の所有権が当然に移転するため、その手続きを相続人が単独で行えます。つまり、他の相続人の同意は不要なのです。

これに対して、「遺贈する」という遺言書であれば、相続人全員が登記義務者となってしまい、全員から印鑑証明書をもらったり、登記申請のための委任状への署名捺印が不可欠となります。

ただし、遺言書に**遺言執行者**を定めておけば、遺言執行者が登記義務者として単独で登記手続きを行えます。また、遺言執行者の指定がなくても、家庭裁判所で遺言執行者の選任をしてもらうことも可能です。

とすれば、「長男の嫁に遺贈する」という遺言書を作成するならば、遺言執行者を指定しておきましょう。

さらに、父親が土地を賃貸借契約によって借りているケースでも、「借地権を相続させる」としておけば、相続人は賃借人の地位を自動的に引き継げます。

ところが、「借地権を遺贈する」とすると、権利の譲渡とみなされるため、賃貸人である地主の承諾がなければ、賃借人の地位を引き継げないのです。

生前の贈与契約ならば、条件を付けられる

遺言書は父親が亡くなったことを原因に財産を渡すことですが、贈与は生前に財産を渡すと決めておくことです。どちらも、父親の意思で渡す財産を特定して、受け取る人を決めているという点では同じです。

ところが、贈与は父親と受贈者が契約するため、その内容を事前に知らせるだけではなく、お互いに納得できる条件を付けられます。

そこで、「父親に認知症が発症したら贈与する」という条件を付けておけば、父親が所有している株式の議決権を行使できなくなったり、アパートの管理ができなくなることを防げます。これを**停止条件付の贈与契約**と言います。

将来の確定していない事実（父親の認知症）が発生するまでは、贈与を停止させるため、「停止条件」と呼ばれるのです。

ただし、この停止条件を付けるときには、2つの注意点があります。

(1) 任意後見制度とセットにする

非上場会社の株式を停止条件付の贈与契約で締結したとしても、実際に贈与するときには、会社に対して**株式譲渡の承認請求**の手続きが必要です。

アパートを贈与するときにも、所有権を移転させる登記の手続きを行います。

とすると、認知症が発症している父親では手続きが進みません。

そこで、事前に任意後見契約を締結して受任者を決めておき、代わりに手続きを行ってもらうのです。受任者が後見人となったあと、株式譲渡を承認する株主総会での議決権も代理行使できるように、任意後見契約書に記載しておきましょう。

なお、法定後見制度でも同じことができますが、贈与契約を作成するのですから、任意後見契約もセットで用意しておくべきです。

(2) 後見監督人が選任されたことを条件にする

父親に認知症が発症したことを条件に贈与の効力が発生するとしても、その時点をどのように判断するかが問題となります。あとで「贈与されたときには、まだ判断能力があった」として、親族で争いになる可能性があるからです。

そこで、判断能力がなかったことについて医師の診断書の提出を条件にしてい

る贈与契約書もあります。それでも、だれがいつどの医師に依頼するかが明確ではありません。

ということで、任意後見制度とセットにするのですから「家庭裁判所が後見監督人を選任したことを条件に贈与する」とすればよいのです。

なお、停止条件付であったとしても、父親から生前に多額の贈与をしてもらうと特別受益として相続財産に加算されて遺留分の請求の対象となります。

このとき、原則として過去10年間の贈与だけが対象となりますが、例外として他の相続人に損害を与えることを知って行われた贈与は10年間に限定されません。とすれば、30年前の贈与でも、相続財産に加算されてしまうのです。

この判断は、下記の2つの条件を満たしたときと言われています。

❶ 贈与者である父親から受贈者に贈与したときに、その贈与されて残った財産の価額から他の相続人に損害を与えていることを知っていた。
❷ 将来の父親の相続が発生するまでに、財産が大きく増加する可能性がないことを予想できていた。

特に、❷については父親の収入が年金だけとなれば、財産が減ることはあっても増えないことは、だれでも予想できます。

一方、父親が会社で働いていれば、退職金などで大きく財産が増える可能性があるわけですから、❷には該当しないことになります。

父親との間で停止条件付の贈与契約を締結するならば、任意後見契約もセットで締結しておくとよい。

分散している株式でも、強制的に買い取れる？

株主が多いので、買い取って少なくしていきたいんだけど？

定款を変更しておくだけで、強制的に株主から株式を買い取れるらしいよ

種類株式は、自由に9つの事項を組み合わせる

会社が発行する普通株式には持株比率に比例して、支配権と財産権の2つの権利を行使できます。例えば、会社が100株を発行しているところ60株を所有していれば、株主総会では1人で過半数の議決権を確保できます。これが支配権です。そして、配当についても株主総会で決議された総額の60%を受け取れます。会社を清算したときには借金を返済して残った財産である残余財産に対して60%を請求できる権利もあります。これらが財産権です。

会社はこの支配権と財産権を他の普通株式に比べて優遇したり、逆に制限する**種類株式**を発行できます。ただし、種類株式を新たに発行するためには定款を変更するため、株主総会の特別決議が不可欠です。**特別決議**とは株主の過半数以上が出席した株主総会で、その出席した株主の議決権の3分2以上の賛成によって承認されるものです。また現在、すでに発行されている普通株式を種類株式に変更するならば、全株主の同意が不可欠となります。

もし大株主である父親に認知症が発症すれば、株主総会で決議を行うことができず、種類株式を使ったスキームは使えません。

そこで、父親が生前に、子供にすべての株式を渡しておくのがよいのですが、自分の意思が無視されてしまうのではないかという心配も起こります。それでも、生前に渡すことで2つのメリットがあります。

(1) 子供に自覚を持たせる

突然、父親が亡くなり、子供が社長に就任して経営を任されたときに、現実的に今までと同じ経営が実行できるのかは疑問です。

父親が生前に会長などに就任して一線を退き、子供が社長となり、自分で意思決定をして経営を行うことで自立できるように鍛えることができます。

(2) 税金を計画的に支払う

非上場会社の株式は売却して現金化することは、上場会社の株式に比べて難しいと言えます。父親の相続で、突然、この非上場株式に多額の相続税がかかったら、支払えないことにもなるかもしれません。そもそも、非上場会社の株式は儲かった利益が蓄積されていけば、その評価は必ず上がってしまうのです。

そこで、父親が生前に評価が低いうちに、子供に贈与もしくは売却することで税金を抑えるだけではなく、計画的に支払うこともできます。

それでも、父親が躊躇するならば、種類株式を使うことで少しでも気持ちを汲み、同時に株式の評価を下げるという方法があります。種類株式とは、下記の9つの事項を自由に組み合わせて、権利が異なる株式を発行することです。

❶配当の方法を決める。(**配当優先株式**、配当劣後株式)
❷会社を清算したときに、残余財産を分配する。(**残余財産優先分配株式**)
❸株主総会で行使できる議決権の事項を制限する。(**議決権制限株式**)
❹株式を売却するときに、会社の承認が必要となる。(**譲渡制限株式**)
❺株主が会社に対して、株式の取得を請求できる。(**取得請求権付株式**)
❻一定の事項が発生すると会社が株式を取得する。(**取得条項付株式**)
❼会社が株主総会の決議により、全部を取得する。(**全部取得条項付株式**)
❽株主総会または取締役会の決議に加えて、種類株主総会の決議も必要とする。(**拒否権付株式**、**黄金株**)
❾種類株主総会で、取締役または監査役を選任する。(**取締役・監査役の役員選任権付株式**)(非上場会社のみ、認められる)

なお、種類株式は定款を変更するだけではなく、登記を行います。

1

そのため、だれでも登記簿謄本を取得すれば、会社が発行している種類株式とその株数は知られてしまいます。

それでも、それぞれの株主の名前や所有する株数まではわかりません。

父親が黄金株を所有すれば、経営にも関与できる

種類株式は支配権と財産権を分離できるだけではなく、支配権の種類ごとに分離できます。

▼株式の権利を分離する

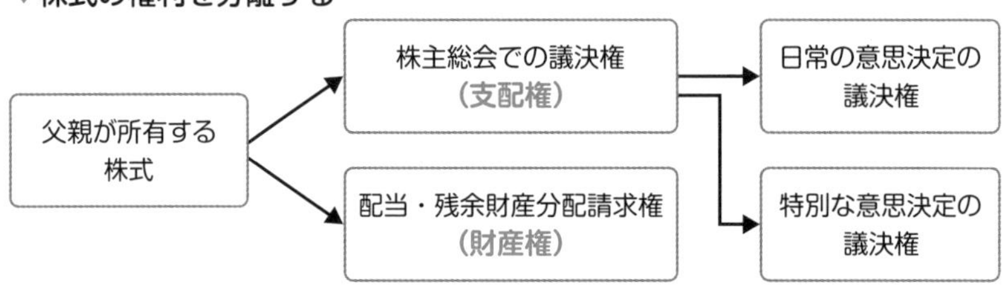

とはいえ、9つも種類があると実際にどれを組み合わせればよいのか、迷うかもしれません。ただし、事業承継のためという目的であれば、基本的に選んでいくポイントは決まっています。

まず、まだ株式の評価が高くなければ、種類株式など発行せずに、今すぐ子供に贈与すれば問題ありません。

ところが、すでに株式の評価が高いと贈与税が高く、生前にすべてを子供に渡すことができません。相続時精算課税を選択して贈与することもできますが、それでも基礎控除を超えた累計金額が2,500万円を超えた部分の20%の贈与税を支払う義務があります。

例えば、3億円の評価の株式を一度に子供に贈与したときに、相続税精算課税を選択すれば贈与税は、5,478万円にもなるのです。

子供は株式を贈与されただけで、お金が手元に入ったわけではありません。相続のときに精算されるとしても、事前に支払うのです。

このお金がなければ、株式を贈与できません。

それでも、このまま父親が株式を所有していれば評価は上がり続けて、かなり高額な相続税を支払うハメになってしまいます。

そもそも高額な株式をめぐって遺産分割のときに親族間で争えば、その議決権が分割されてしまうかもしれません。遺言書があったとしても遺留分を請求されたら、お金で精算しなければいけないのです。

そこで生前に子供に渡せる分だけを議決権のある株式として、それ以外は、❸の議決権を制限する株式に変更します。ここではその中でも支配権をゼロとした株式である**無議決権株式**にします。

親族で争ったときに支配権がない株式を相続されても、会社の経営が巻き込まれることはなくなります。

なお、議決権のある株式と無議決権株式は、相続税を計算するときには原則として同じ評価となりますので、種類株式に変えることによる節税効果はありません。 1

次に、父親が無議決権株式だけの所有者となり、会社の経営に関われないことを嫌がる場合には、下記の2つのうち、どちらかを選択してもらいます。

(1) 父親が、積極的に経営に関わる

贈与税が支払える分まで議決権のある株式を子供に贈与したあと、父親が所有する株式を無議決権株式にしますが、同時に1株だけ❾の役員選任権付株式に変えます。

すると、通常の議決権のある株主による株主総会では、取締役と監査役の選任ができなくなります。子供は父親にお伺いを立て、取締役と監査役をだれにすべきかを承認してもらうのです。

それでも、役員選任権付株式は父親が認知症になったときに決議できなくなるリスクがあります。

そのため、父親が遺言書で役員選任権付株式を相続させる子供を指定しておくだけでは不十分です。父親が完全に引退するときまでに、子供がこの株式を買い取っておくことが肝要です。

(2) 父親は、消極的に経営に関わる

贈与税が支払える分まで議決権のある株式を子供に贈与したあと、父親が所有する株式を無議決権株式にしますが、同時に1株だけ❽の黄金株に変えます。

黄金株は拒否権付株式とも呼ばれて、株主総会や取締役会での重要な決議事項について、拒否権を持つ株式となります。

合併や事業の売却など、会社の経営を左右する重要な事項についてだけ、子供

は父親にお伺いを立てるのです。

こちらは拒否権だけですので、父親に認知症が発症しても何の問題もありません。ということで、父親は遺言書で黄金株を相続させる子供を指定しておくだけで十分です。

相続が発生したら、会社が強制的に買い取る

父親と後継者である長男で会社の株式の100%を所有していればよいのですが、一部は他の親族が所有していることもあります。

原則は、父親が生前にその親族と交渉して株式を買い取っておかなければいけません。その親族が父親の兄などであれば、後継者である長男とは伯父と甥の関係となります。長男が伯父と交渉をして買い取るのは難しいはずです。

ただし、父親が交渉しても買い取れないこともあります。

そのときは、定款を変更して、下記の条項を追加しておきます。

> （相続人等に対する株式の売渡請求）
> 第○条　当会社は、相続その他の一般承継により当会社の株式を取得した者に対し、当該株式を当会社に売り渡すことを請求できる。

これで会社は遺産分割によって株式を取得した相続人に対して、強制的に株式を売り渡すように請求できます。なお、遺言書によって遺贈された株式はこの対象からは除かれます。

期限は相続があったことを知った日から1年以内となり、株主総会の特別決議によって発動します。このとき、相続人は請求を拒否できません。

売買価格についてはお互いの交渉で決定しますが、両方とも請求した日から20日以内に裁判所に対して売買価格の決定を申し立てることができます。

この期限が過ぎてしまい、かつその相続人との間で売買価格が決定できないと請求は効力を失ってしまいます。そのため、裁判所へ申し立てる準備をしてから、売り渡すように請求しましょう。

通常、会社が自己株式を買い取るときには、株主平等の原則から特定の株主だけではなく、すべての株主に対して同じように買い取ってあげると通知しなければいけません。

実際に手を挙げた株主がいれば、買い取らないという選択肢はありません。

ところが、このケースでは特定の相続人からだけピンポイントで買い取って構わないのです。

ところで、この方法は1つだけ注意すべき点があります。

それは、非上場会社の株式を相続した相続人は、売り渡すように請求するための特別決議に参加できないのです。

ということは、父親がまだ長男に株式を渡しておらず、かつ他の親族からも買い取れていない状況で父親が亡くなったとします。すると、父親の株式を相続する長男は株主総会の特別決議に参加できません。

もし他の親族が結託して、逆に長男に対して株式を売り渡すように請求してきたら、会社を乗っ取られてしまうのです。

そこで、父親が遺言書を作成するときに「長男に株式を遺贈する」としておけば、一般承継ではないため、会社に売り渡すように請求されません。もしくは、議決権のある株式を子供に贈与して、父親の所有する株式は無議決権株式に変えておけば、会社に売り渡しても問題ありません。

まとめ

種類株式を発行したり、定款を変更することで、分散してしまった株式を強制的に株主から買い取り、安定的な経営を実現する。

8 生命保険を使えば、遺言書と同じことが実現できるの？

生命保険の受取人って、受け取ったお金を自由に使えるの？

生命保険は、遺産分割や遺留分の対象にならないらしいよ

生活費を保障するための生命保険に加入する

生命保険は、父親の判断能力が低下する前に契約をすれば、現預金の受取人を固定できます。

この生命保険に加入するときの登場人物は、生命保険の契約書に捺印する「契約者」、生命保険料を支払う「保険料負担者」、保険の対象となる「被保険者」、保険事故（被保険者が死傷したなど）が発生した場合に、生命保険金を受け取る「受取人」の4人です。

そして、4人の登場人物の関係によって、下記のように税金も変わります。

▼生命保険にかかる税金の種類

	契約者	保険料負担者	被保険者	受取人	税金
❶	父親	父親	父親	妻	相続税
❷	父親	父親	子供	父親	所得税
❸	父親	父親	子供	子供	贈与税

（注）「妻」は子供から見たら母親

❶から❸の相続税、所得税、贈与税の税金は、実際に受取人が生命保険金を受け取ったときにかかります。

ポイントは、税金は契約者ではなく、保険料負担者と受取人との関係で決まることです。

これを踏まえて、父親に勧めるべき生命保険とその受取人を検討しましょう。

なお、例外として手術給付金や入院給付金は、保険料負担者と受取人が違っても所得税も贈与税もかかりません。手術費用や入院費用として使ったあと残ったお金があれば、本人の相続財産の一部にはなります。

まずは、生命保険の一番重要な役割である親族の生活水準の保障を目的にして、受取人を妻（子供から見たら母親）にして加入します。

(1) 生活費を保障できる

生命保険の目的は、被保険者である父親が死亡したあと、残された妻（子供から見たら母親）や未成年の子供の生活費を保障することです。

そこで、❶の生命保険に加入して、父親の死亡する前の生活水準を保てることを前提に死亡保険金（生命保険金）の金額を設定します。

(2) 民法上の相続財産にならない

妻（子供から見たら母親）が受け取る**死亡保険金**は民法上の相続財産ではないため、遺産分割を協議するときにも、遺留分を計算するときにも、父親の財産としてみなされません。

遺産分割で争っていると父親の預金口座からは一定の金額までしか引き出すことができません。ところが、妻が死亡保険金を受け取れば、それは妻の預金口座に振り込まれるのですから、自由に使えるのです。

さらに、死亡保険金は受取人の固有の財産であることから、父親の借金が大きくて妻が相続放棄をしたときでも受け取ることができます。

(3) 相続税が安くなる

父親の預金口座にあるお金は、相続税を計算するときにはそのままの金額で評価されます。

一方、死亡保険金は民法上の相続財産ではないですが、相続税を計算するときだけ、相続財産とみなされます。というのも、現預金を相続したら相続税がかかり、死亡保険金で受け取ったら相続税がかからないとすれば、不公平だからです。

それでも、死亡保険金は「500万円×法定相続人の数」までは非課税となります。例えば、相続人が妻（子供から見たら母親）と子供の2人ならば、1,000万円の死亡保険金までは相続税がかかりません。

相続の争いを防ぐための生命保険に加入する

次に相続の争いを防ぐという目的で、受取人を長男にして加入します。

(1) 代償金として支払う

被相続人である父親の財産のうち不動産の占める割合が高いときには、各相続人で分割できません。共有とすればあとで争いの原因になりますし、自宅に同居していた相続人がいれば住み続けるため、その不動産の売却もできません。

そこで、不動産を相続したのが長男として、自分の貯金から他の相続人にお金を渡すことで財産の金額を調整するのです。この方法を**代償分割**、渡すお金を**代償金**と呼びます。

それでも、長男に貯金がなければ、代償金は支払えません。そこで、死亡保険金の受取人を長男としておくのです。

(2) 遺留分の請求に対して支払う

被相続人である父親の財産のうち非上場会社の株式の占める割合が高いときには、各相続人で不公平な分割になりがちです。

そのため、株式を相続した相続人は、他の相続人から遺留分を請求される可能性が高くなります。そこで、死亡保険金の受取人を長男にしておくのです。

死亡保険金は相続財産には含まれないため、それだけ遺留分も少なく計算されます。非上場会社の株式は現金化もできませんし、相続したあと儲かり続ける保障もないのです。

ここで注意すべき点が2つあります。

1つ目は、長男が株式を相続するので、他の相続人を死亡保険金の受取人にして公平にしようと考えてはいけないことです。他の相続人を受取人とすると、もらった財産とは別に遺留分を請求できてしまうからです。財産を多くもらう長男を受取人に指定しておくことが肝要です。

現時点で間違っていても契約者と被保険者の同意があれば、いつでも受取人を変更できます。

▼指定する受取人を間違えない

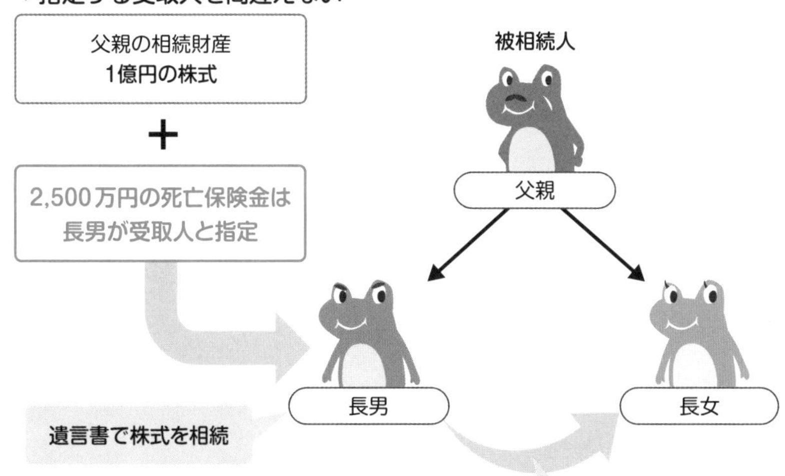

2つ目は、死亡保険金の金額が大きすぎると、遺留分の対象とされてしまうことです。

例えば、父親の財産が1億円の現金だけとします。その全額を生命保険に変えて、その死亡保険金の受取人を長男に指定したとします。終身保険であれば、生命保険料と同額以上の死亡保険金が必ず、受け取れます。

その場合でも他の相続人が一切の遺留分を請求できないとすれば、あまりに不公平なので、遺留分を計算するときの対象とされてしまうのです。

ではいくらまでならば、遺留分の対象にならないのでしょうか？

これは法律で決まっているわけでありませんが、今までの裁判などから下記の計算式が成り立つのであれば問題ないとされています。

父親の相続財産（死亡保険金は除く）　>　死亡保険金　×　2

受取人だけではなく、契約者も変更しておく

❷の生命保険は被保険者が父親ではないため、妻（子供から見たら母親）の生活費を保障する目的も、相続の争いを防ぐための目的もありません。単純に契約期間

が満期になると、生命保険金が戻ってくる金融商品となります。

父親の相続が発生しても、生命保険の契約は続きます。契約者である権利を子供が相続すると通常、保険料負担者も引き継ぎます。

そして、保険料負担者を引き継ぐ子供は、相続が発生した時点で解約したと仮定した場合にもらえる**解約返戻金**で権利が評価されて、相続税がかかります。

そのあと、子供が生命保険金を受け取ったときに、「(生命保険金－父親と子供の生命保険料の合計－50万円(特別控除の額))×1/2」が一時所得となり、他の所得と合算して所得税がかかります。それでも、1/2をかけているため、所得税はかなり安くなります。

生命保険の契約者の地位は遺産分割の対象となります。そのため、父親が遺言書で契約者をだれが相続するのかを決めておくべきです。

ところが、父親が相続財産になることを知らずに遺言書で書き漏らしていると、遺産分割協議で契約者を相続する人を決めることになります。

親族で争って生命保険の契約者が決まらず、生命保険料を支払わなくなれば、契約が失効して損をします。そこで、これを回避する簡単な方法があります。

それは、父親の生前に契約者を相続させる子供に変更しておくのです。

▼生命保険の契約者を変更する

契約者	保険料負担者	被保険者	受取人
父親→子供	父親	子供	父親

契約者を子供に変更しておけば、遺産分割の対象にはなりません。また、変更した時点では、だれも生命保険金を受け取っていないので税金はかかりません。

子供にお金がなければ、保険料負担者は父親のままにしておきます。

生前に満期となって生命保険金を受け取ったとしても、父親は一時所得として安い所得税を支払えばよいため、損をするわけではありません。

そのあと満期になる前に、父親の相続が発生すれば、子供が自動的に契約者となりますが、そのときにやっておくべきことがあります。

それは、受取人を父親のままにしておくと被保険者である子供が死亡したときに、死亡保険金が父親の相続人で均等に分けられてしまうのです。

そこで、父親の相続が発生したら、受取人を子供に変更するのです。

注意すべきは、父親が生前に契約者を変更したときに、そこで受取人を子供に変更してはいけないことです。もし父親の生前に満期になったときに子供が生命保険金を受け取ると❸と同じで、多額の贈与税がかかるからです。

▼保険料負担者の地位を相続する

契約者	保険料負担者	被保険者	受取人
子供	父親→子供	子供	父親→子供

ところで、父親の生前に子供にお金を贈与して、それで生命保険料を支払えば、このような問題は発生せずに財産も減らせます。 1

被保険者を子供ではなく父親にしておけば、死亡保険金を受け取った子供に相続税はかからず、一時所得の安い所得税ですませることもできます。

▼生命保険料を贈与する

契約者	保険料負担者	被保険者	受取人
子供	子供（贈与されたお金）	父親	子供

このように、生命保険は加入するときだけではなく、あとから契約者である父親が自由に契約者や受取人を変更することができます。それでも、父親に認知症が発症したあとでは、生命保険会社が変更を認めてくれません。

そのため、見直すべき生命保険の契約があれば、すぐに実行すべきです。

保険料負担者は父親のままで、生命保険の権利を相続させたい子供に契約者を変更しておくだけで、親族間での争いを防げる。

9 配偶者に住む権利を優先的に相続させることができる？

自分が亡くなったあとでも、配偶者の住む場所を確保できる方法ってある？

配偶者居住権を設定してあげるだけでよいみたいよ

配偶者居住権を設定する理由とは

夫が亡くなったあと、遺産分割で親族がもめて、自宅で同居していた妻が住む場所がなくなってしまうのは、かわいそうです。

そのような事態に陥らないように、同居していた妻が亡くなるまで、無償で自宅に住み続けることができる権利として「**配偶者居住権**」を設定して、相続させることができます。

この配偶者居住権は登記することで、第三者に対抗できる権利となりますが、第三者への売却はできません。また、配偶者が亡くなったときに、その相続人が相続することもできません。

一方、自宅の所有権から配偶者居住権を控除した残りの部分は「負担付所有権」と呼び、妻以外の相続人に相続させることができます。そして、負担付所有権は売却することも、贈与や相続させることもできます。なお、負担付所有権を相続した相続人は、妻に対して配偶者居住権の登記を備えさせる義務を負います。

この配偶者居住権は、下記の３つを満たした場合に成立します。

❶亡くなった人の配偶者であること。
❷その配偶者が、亡くなった人が所有していた建物に亡くなったときに居住していたこと。

❸遺産分割協議、遺言書による遺贈、死因贈与、家庭裁判所の審判のうち、どれかの方法により取得したこと。

例えば、法定相続分までの相続を前提にした場合、配偶者である妻が自宅の所有権を相続すると、それだけで相続財産の2分の1に達して、老後の生活資金を相続できないケースもあります。

このとき、負担付所有権は子供に、妻には配偶者居住権だけを相続させれば、2分の1に達するまでの現預金を相続させることができ、老後を安心して過ごせるようになります。

1

▼配偶者居住権を相続させる

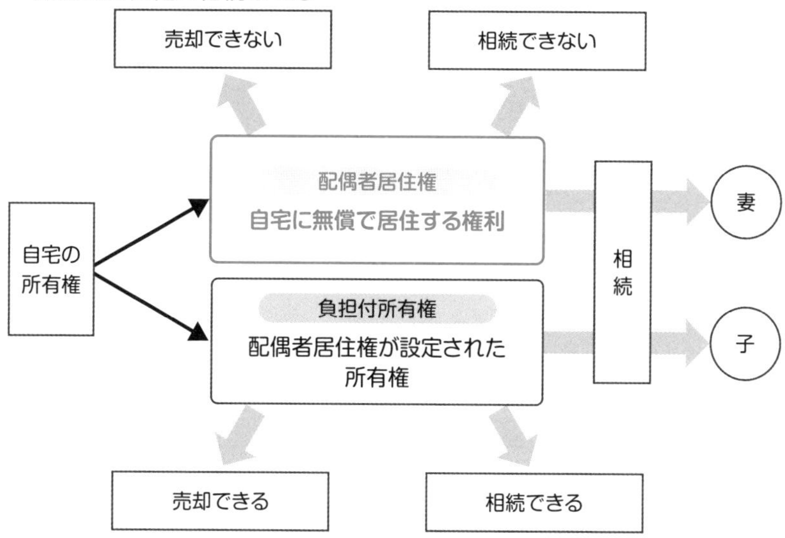

（注）「妻」は子供から見たら母親

もし夫の遺言書がなく、遺産分割協議で妻と子供が争った場合には、家庭裁判所の審判がないかぎり、妻は自宅を相続するどころか、配偶者居住権も取得できないかもしれません。それでも自宅で同居していた配偶者は、「**配偶者短期居住権**」は取得することができます。

配偶者短期居住権の存続期間は、下記に定める期間までとされていて、最低でも6か月間は無償で自宅に居住できることになります。

❶配偶者が居住建物の遺産分割に関与する場合
居住建物の帰属が確定する日までの間（ただし、最低6か月間は保証）
❷居住建物が第三者に遺贈された場合、または配偶者が相続放棄した場合
居住建物の所有者から配偶者短期居住権の消滅請求を受けた日から6か月の期間

とはいえ、配偶者短期居住権は一定の期間が経過すれば、妻は自宅に住めなくなるのです。もし遺産分割でもめる可能性があれば、夫が認知症になる前に、遺言書で配偶者居住権を設定しておくべきでしょう。

配偶者居住権の評価方法と節税効果

配偶者に配偶者居住権を相続させた場合、その評価はどうなるのでしょうか。

実は、民法上では具体的な評価方法は定められていません。それでも、政府から簡易的な評価方法は提示されてはいますが、法的な拘束力があるわけではありません。そのため、実際に遺産分割で争った場合には、不動産鑑定士による鑑定評価が採用されることになるでしょう。

一方、相続税では評価方法が決まっています。

そこで、相続税の評価については、具体的な計算例で確認してみましょう。

【計算例】

同じ年齢の夫婦が35歳で自宅（木造）を新築
夫が75歳で死亡して、妻は遺言書により配偶者居住権を相続
妻の平均余命は第23回生命表により、16年
（6か月以上の端数は切り上げ、6か月未満の端数は切り捨てた年数）
年3％（法定利率）の16年間の複利現価率　0.623

建物の固定資産税評価額　500万円（築40年）
土地の路線価　5,000万円

❶建物の配偶者居住権の評価
500万円 ＝ 500万円 － 0円（築年数が木造の耐用年数33年を超えている）

❷土地の配偶者居住権の評価

1,885万円 ＝ 5,000万円 － 5,000万円 × 0.623

❸配偶者居住権の評価額
2,385万円 ＝ 500万円 ＋ 1,885万円

このように、妻が自宅を相続すれば、その評価は建物と土地の合計で5,500万円（＝500万円＋5,000万円）でしたが、配偶者居住権に分離したことで、建物と土地の合計で2,385万円に評価が下がっています。

実際に、遺産分割で争った場合には、民法ではこの評価をそのまま使うことはできませんが、目安にはなります。

1

ところで、そもそも妻と子供が遺産分割で争うことなどありえず、夫のすべての財産を妻が相続するならば、配偶者居住権など設定する必要はないと考える人もいるかもしれません。**ところが、配偶者居住権を設定すると相続税の節税効果があるのです。**

というのも、妻が亡くなったときに配偶者居住権は子供が相続できないため、自動的に消滅するのです。つまり、妻の２次相続の相続財産を減らすことができます。

遺言書で配偶者居住権を設定しておけば、将来、妻が住むところを確保できるだけではなく、相続税も節税できる。

10 アパートの所有者が認知症になるリスクを防ぐには？

アパートを相続する母親が認知症になるのでは、と心配なんだ？

民事信託を設定しておけば、相続する母親が認知症になっても問題ないらしいよ

民事信託の基本的な仕組みを理解しよう

父親が遺言書を作成するときに、すでに妻（子供から見たら母親）の判断能力がないことがあります。

それでも、父親が亡くなったあとも妻の生活費は必要なので、アパートを相続させようと考えています。

「妻にアパートを相続させる」という遺言書を作成すればよいのですが、そのあとの管理ができません。借主を募集してもらう不動産会社との契約の締結もできません。アパートを修繕するときにも見積書を確認する必要があります。

もし子供に管理を委託するにしても２人いたら、妻がどちらかを選択しなければいけません。子供同士で管理報酬を目当てに争う可能性もあるのです。

結局、管理する子供が決まらなければ、アパートからの利益が妻に渡らないことにもなります。

そこで、父親が生前に子供の１人を選んで**信託契約**を締結して、アパートの名義を変えておくのです。となれば、その子供の名義で賃貸借契約が締結できて、子供の預金口座に賃貸料が振り込まれます。その子供は自分の判断で費用を支払ったり、修繕の見積書をもとに、子供の名義で工事の発注ができます。

そのあと相続が発生しても、アパートの名義は子供のままで変わりません。賃貸料も子供の預金口座に振り込まれ続けます。それでも、アパートからの利益も、預金口座のお金も妻に受け取る権利があるのです。

これと類似した業務として、信託会社が営利を目的として財産の管理や処分の業務を行っています。信託会社の中でも有名なのは信託銀行ですが、これらの業務を**商事信託**と呼び、**信託業法**の規制を受けています。

一方、**民事信託**は営利を目的としない、つまり不特定多数を相手にせずに、親族間で信託の契約を締結することです。それでも、財産の管理や処分を任せる仕組みは同じです。そして任せられた人は報酬を受け取れます。

報酬の金額については、家庭裁判所が公表している下記の後見人の月額報酬の表を参考にするとよいでしょう。

▼後見人の月額報酬の目安

管理財産額	月額報酬
1,000万円以下	2万円
1,000万円超　5,000万円以下	3万円～4万円
5,000万円超	5万円～6万円

父親が財産の「**委託者**」として、財産を管理や処分をする「受託者」である長男と信託契約を締結すると、その時点で財産の名義が変わります。

不動産であれば、「信託によって所有者が長男に変更された」という登記を行い、第三者にも公表します。その財産から発生する利益を受け取る人を「受益者」と呼び、信託契約で指定します。

▼信託設定時の関係

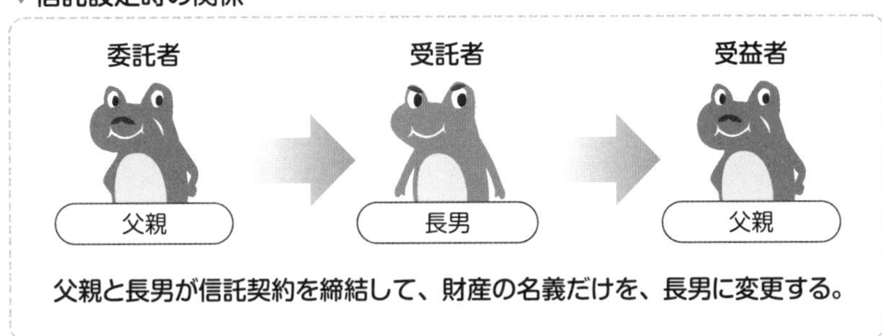

あくまで受益者が不動産からの実質の利益を受け取るため、信託契約によって不動産の名義が受託者である長男に変更されただけでは、贈与税はかかりません。

実質の利益とは、アパートであれば賃貸料からの利益であり、自宅であれば売却したときの代金のことです。

そこで、信託設定時に委託者と受益者が違うと実質の利益を贈与したとみなされるため、通常は「委託者＝受益者」とします。

なお、信託契約は財産ごとに行えばよいため、すべての財産を一度に信託する必要はありません。そして、父親が亡くなったあと、受益者としての地位（**受益権**と呼びます）は信託契約で指定した人が相続します。

つまり、信託契約は遺言書と同じ効果があるのです。

▼**相続発生後の関係**

（注）「妻」は子供から見たら母親

受益権を、すでに認知症を発症している妻（子供から見たら母親）に相続させたとしても、不動産の名義は受託者である長男のままです。

妻は、あくまで不動産からの実質の利益を受け取る権利を持っているだけです。不動産の管理や処分は長男だけの判断で行うことができます。

信託契約の最大の特徴は、委託者と受託者の間で締結することです。

そのため、受益者がすでに認知症であったとしても、または未成年者や障がい者であっても信託を設定できるのです。あとで信託契約の内容を変更するときには、原則、委託者、受託者、受益者の３者の合意によって行われます。ただし、信託契約で別の指定を行っておけば、３者の合意は不要です。

信託契約の内容は自由なので、委託者である父親の意思が実現できるように、柔軟に内容を決めておくことができます。

民事信託は、遺言書よりも優れている点がある

民事信託が、遺言書よりも優れている点が3つあります。

1つ目は、遺言書では父親に認知症が発症したときに財産が管理できなくなるリスクは回避できません。信託契約では、父親の生前から受託者を長男にして名義を変更して管理を任せるため安心です。

2つ目は、遺言書では相続が発生したあとの財産の売却を防げません。

例えば、父親の財産がアパートだけ、相続人は長男と長女の2人として、遺言書で「長男にアパートを相続させる」と記載したとします。

実際に父親の相続が発生したときに、長男が遺言書によって名義を変更しない前であれば、長女が勝手に法定相続分である2分の1で共有持分の登記ができてしまいます。すぐにその持分を第三者に売却すると、長男は取得できなくなるのです。これも信託であれば、このような事態には陥りません。

3つ目は、遺言書では所有権の相続しか選択肢がないことです。

ここでも、父親の財産がアパートだけ、相続人は長男と長女の2人だけとします。このとき、父親が遺言書でアパートを相続させるならば、2つの選択肢しかありません。

まずは、長男と長女の共有で相続させることです。利益は2分の1ずつになりますが、将来の意思決定に不安が残ります。というのも、長男と長女の仲は良かったとしても、その子供（孫）の代になると関係は希薄となるからです。

次に、共有を回避して、長男にアパートのすべてを相続させます。その代わりに、アパートの時価の2分の1に相当する代償金を長女に支払うことにするのです。ただし、長男に貯金がなければ、アパートを担保にしてお金を銀行から借りてくるしかありません。借金を負うことは長男にとってはリスクです。

信託契約であれば、名義は長男として実質の利益だけを2人で相続できます。受益権は共有とはならず、2分の1ずつに分割されます。

▼受託者の名義は変わらない

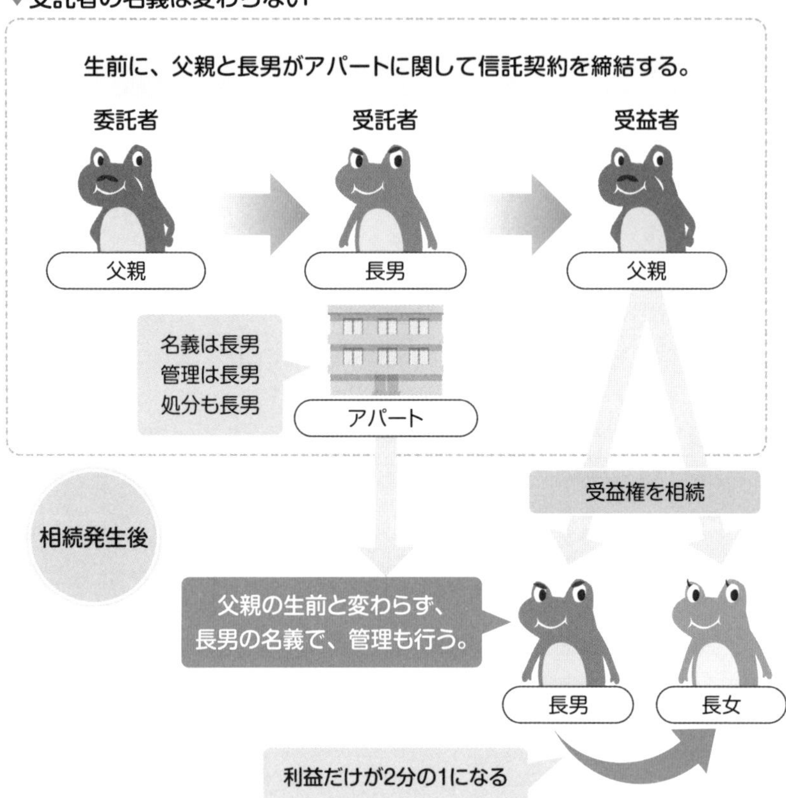

民事信託でも、リスクはゼロにならない

父親がすべての財産を信託してしまえば、認知症のリスクも回避できて、遺言書も不要になると考えるかもしれません。

それでも、父親が加入している生命保険があったり、上場株式で運用していたり、年金をもらっていたり、趣味で骨董品などを所有していれば、それらまで信託するのは現実的ではありません。

父親としても、自分の預金口座にお金を残しておかないと不安でしょう。

また、父親が生前に信託した財産でも、受託者である長男が認知症になったり、亡くなったときに新しい受託者を選ばないと契約が終了してしまいます。

▼新しい受託者を選任する手順

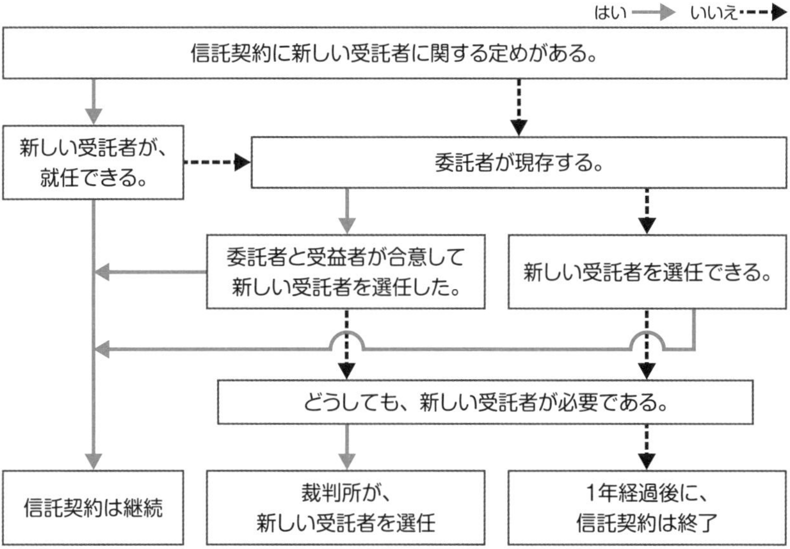

はい ──▶ いいえ ---▶

- 信託契約に新しい受託者に関する定めがある。
  - はい → 新しい受託者が、就任できる。
    - はい → 信託契約は継続
    - いいえ → 委託者が現存する。
  - いいえ → 委託者が現存する。
    - はい → 委託者と受益者が合意して新しい受託者を選任した。
      - はい → 信託契約は継続
      - いいえ → どうしても、新しい受託者が必要である。
    - いいえ → 新しい受託者を選任できる。
      - はい → 信託契約は継続
      - いいえ → どうしても、新しい受託者が必要である。
        - はい → 裁判所が、新しい受託者を選任
        - いいえ → 1年経過後に、信託契約は終了

このような事態を避けるために、会社を設立して受託者にすればよいのですが、設立や経営のコストがかかります。

そこで、父親は信託できない財産について、また信託契約が終了することも想定して遺言書をセットで作成しておくべきです。信託契約と遺言書を上手に組み合わせれば、父親の意思を完璧に実現できます。

1

まとめ

民事信託は認知症対策にはなるが、すべてを解決できるわけではないので、遺言書と組み合わせてリスクは最小限にしておこう。

11 父親が妻の財産を、だれが相続するかまで指定できる？

認知症の妻にまで、財産を相続させるべきか迷うよな？

民事信託を使えば、認知症の妻の財産でも有効に使えるみたいだよ

二次相続のときに、自宅の土地を甥に相続させる

夫が財産を妻に相続させる遺言書を作成するときに、すでに妻に認知症が発症しているケースもあります。

すると、妻への相続は可能であったとしても、妻自身は遺言書を作成できません。それが理由で、妻の相続のときに親族間で争う可能性が残ります。

とはいえ、妻に財産を１円も相続させないとすれば、生活費にも困ってしまいます。そのときには、夫が信託契約において自分の財産を妻に相続させたあと、その次の相続まで指定しておきます。

つまり、夫が妻に代わって、事前に妻の遺言書を作成できるのです。

これについて、具体的な事例で確認していきましょう。

例えば、子供がいない夫婦の自宅が、夫側の先祖代々の土地だとします。

当然、夫が亡くなったあと妻にその自宅に住み続けて欲しいと願うでしょう。

それでも、妻がその自宅を相続したあとで亡くなると、その相続人は妻の両親や兄弟姉妹になってしまいます。これでは、夫の親族は先祖代々の土地を取り戻せなくなります。

妻に遺言書を作成してもらったとしても、いつでも書き換えることが可能です。そこで、夫が自宅について委託者と受益者となり、自分の弟を受託者とする信託契約を締結します。

そこに、受益権を妻に相続させたあと、その次は甥（弟の子供）に相続させると指定しておけば、先祖代々の土地を守れるのです。

▼夫が二次相続まで指定できる

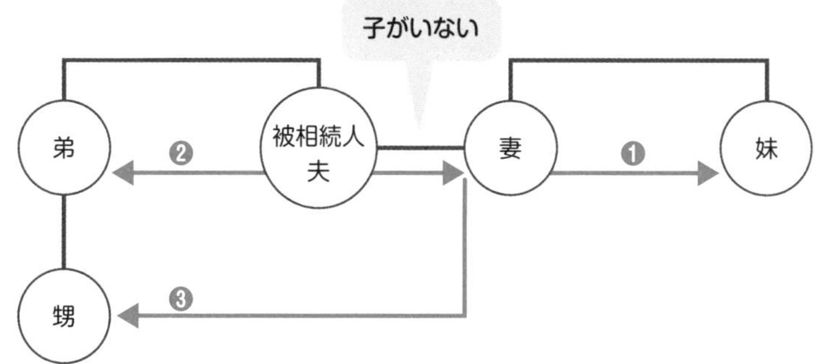

遺言書で、妻に土地を相続させる。

❶妻の相続人の妹が、土地を相続してしまう。

これを防ぐため、生前に❷弟を受託者に設定する。

❸信託契約で、受益者は夫→妻→甥と決める。

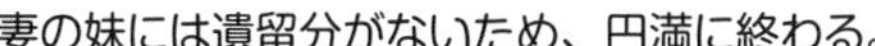

妻の妹には遺留分がないため、円満に終わる。

注意すべきは、30年経過後の受益者から次の受益者が取得した時点で、さらに次の受益者の指定があっても信託契約が終了することです。

そのため、信託設定から30年経過した時点で夫が存命なら、弟との間で契約を締結しなおすことが肝要です。

▼信託契約にも終了がある

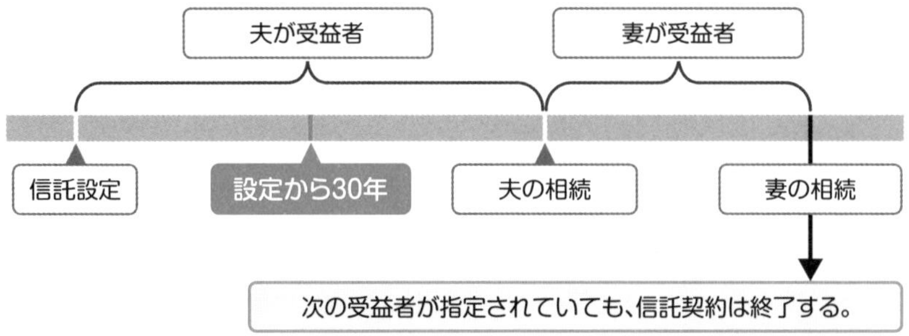

妻に対する相続税の特例を最大限に活用する

両親と長男の家族が同居して、長女は30年前に結婚して他の場所で暮らしていたとします。父親は自宅を妻（子供から見たら母親）と長男に、1/2ずつ相続させたいと考えています。

これにより、妻が相続した自宅の部分は配偶者の税額軽減で相続税がゼロになりますし、長男が相続した自宅の部分には小規模宅地の特例が使えます。

配偶者の税額軽減とは、妻が財産を相続するときには相続税がかなり安くなる特例です。そもそも父親の財産は本人だけではなく、配偶者である妻も一緒に協力したからこそ貯まったと考えられているからです。

具体的には、下記のどちらかを無条件で適用できます。

❶ 配偶者が相続した財産のうち、法定相続分までは、相続税がゼロ。
❷ 法定相続分を超えて相続しても、1億6000万円までは、相続税がゼロ。

この状況で、父親が遺言書を作成するだけでは不十分です。

父親の財産のうち自宅の価値が占める割合が大きいと、長女が納得しない可能性があるからです。父親だけではなく妻も遺言書を作成すればよいのですが、すでに妻の判断能力がないこともあります。

このままでは、妻の相続のときに自宅の1/2の所有権をめぐって長男と長女が争う可能性が残ります。

一方、父親の相続で自宅を長男にすべて相続させると、配偶者の税額軽減が使えません。そこで、父親が自宅について委託者と受益者となり、長男を受託者とする信託契約を締結します。そこに、受益権の2分の1を妻（子供から見たら母親）に相続させたあと、その次は長男に相続させると指定しておくのです。

これで相続での争いを防止して、かつ相続税の特例も最大限に使えます。

▼相続税の特例を最大限に使う

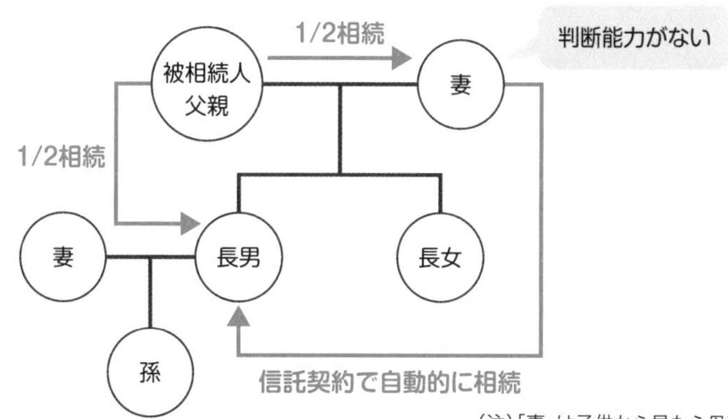

（注）「妻」は子供から見たら母親

父親が信託契約で受託者を長男に指定して名義を変更し、受益権の2分の1は「父親→妻→長男」と決めておくことで、遺産分割協議書がなくても相続は完了する。

1

父親が妻の遺言書まで代わりに作成しておくことで、親族間の争いを防ぐだけではなく、相続税の特例も最大限に使える。

12 株式の議決権だけ、後継者に渡すことができる？

子供に株式を贈与すると、贈与税がかかるんでしょ？

議決権だけを渡すならば、贈与税はかからないんだって

指図権者を設定することで、事業承継を進める

会社が父親に種類株式を発行するためには、株主総会の決議が不可欠です。

そして、実際に発行したときに登記もするため、他の株主だけではなく、取引先にも種類株式の内容とその株数が開示されてしまいます。

そのあと、父親が所有する種類株式の内容を変更したり、制度自体を廃止しようとするならば、父親だけではなく他の株主の同意まで必要となります。

一方、委託者と受益者を父親、受託者を後継者である長男として株式を信託設定するならば種類株式とまったく同じことができます。株主名簿上の名義は長男となるため、他の株主には信託設定をしたことはわかりますが、その契約内容まではわかりません。

そして、登記は行わないため、取引先が知ることもありません。

しかも、信託で登場する委託者、受託者、受益者が同意すれば、信託契約の内容はいつでも変更することも、廃止することもできます。他の株主の同意も不要です。

それでは、具体的にどのような方法で株式を信託すればよいのでしょうか？

単純に、父親が所有する100％の株式を後継者である長男を受託者として預ければ、事業承継は完了します。相続税では株式の実質的な所有者は父親のままであるため、贈与税が課税されることもありません。

株式の所有者については不動産と違って登記はしないため、登録免許税もかかりません。一切の税金をかけずに、議決権だけ長男に移転できてしまうのです。それでも、父親の相続が発生すれば、長男がその受益権を相続するときに相続税がかかります。

そのため、相続税の節税対策は信託の設定とは別途、考えることが肝要です。

それでも、会社の支配権を譲るという点では信託設定だけで完結するのです。

ところが、父親としては、いきなりすべての権限を長男に渡すことには不安があるかもしれません。そこで、例えば役員の選任などの一部の議決権行使につき、父親を**指図権者**に指名しておくのです。

▼指図権者を父親に設定する

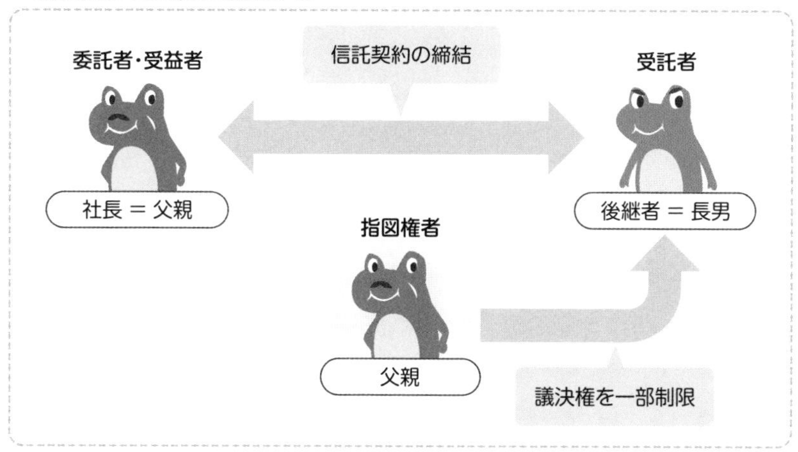

指図する内容は、あらかじめ決めておきますが、後継者である長男が成長してきたらその内容を変更すればよいのです。

そして、父親に認知症が発症したときには、自動的に指図されなくても長男が単独で意思決定できるように信託契約に記載しておきます。

例えば、「指図権者は受託者の議決権行使を制限する場合には、株主総会の10日前までに受託者に対して書面にて指図を行うものとする」と記載します。実際に書面が届かなければ、長男の議決権は制限されません。

受益権を妻に贈与しても、指図権者は変更しない

父親が所有する株式をすべて長男が相続するのではなく、一部は妻（子供から見たら母親）が相続することもあります。

ときどき、非上場会社であっても業績がよく、かつ株主が分散していると配当しているケースがあります。それならば、株式の一部を妻の名義にできれば、その配当を将来の生活費にあてられます。

ただし、妻に認知症が発症すれば、株式の議決権を行使できなくなります。受け取った配当金も使えません。

そこでまずは、委託者と受益者、それに指図権者が父親、受託者を後継者である長男として株式を信託設定します。そのあと、対策によって株式の評価が下がった時点で、父親の所有する受益権を妻と長男にそれぞれ贈与するのです。

株式の評価がそこまで下がらず、贈与税が高くなるのであれば、段階的に少しずつ贈与していきます。

受益者と指図権者が同一人物でなくてもよいので、贈与したあとも指図権者は父親のままとしておきます。もちろん、配当は受益者となった妻と長男が受け取れます。

そのあと、父親に認知症が発症すれば、受益権の贈与を続けることはできません。それでも、最初に父親が所有するすべての株式の名義を受託者である長男に変更しているため、指図権者がいなくても会社の意思決定に支障はきたしません。父親の相続が発生したときでも、妻や長男にすでに贈与された受益権には相続税がかかりません。

そして、信託契約に妻の相続が発生したらその受益権は長男が相続すると記載しておけば、長男にすべての受益権が集まります。これは信託設定時に記載しておくため、妻が遺言書を作成する必要もありません。

最後に、長男が信託設定を解除すれば、株式の真の所有者となります。

▼受益者と指図権者が違う

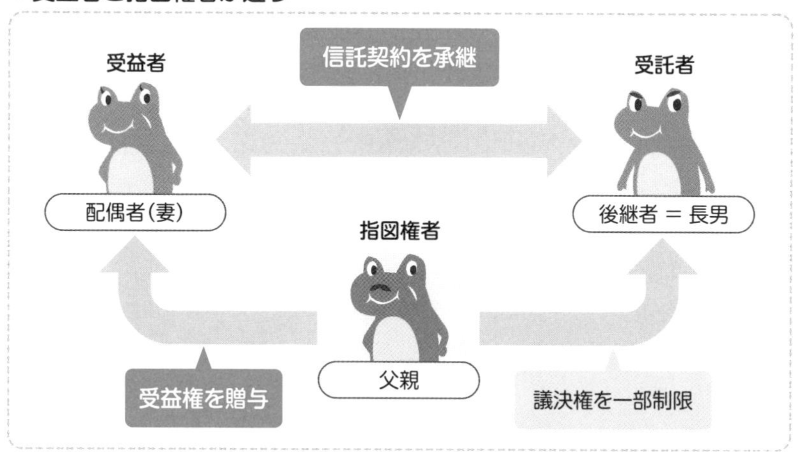

1

民事信託を活用して、会社の経営を安定させる

会社の経営を安定させるために、信託という方法はかなり有効です。

具体的な事例をいくつかみていきましょう。

(1) 散らばっている株式の議決権を信託によって集める

祖父のときの相続で何の対策も取っておらず、株式が親族にばらまかれていることもあります。

父親の判断能力があるうちは、親族もその意向に従ってくれています。

ところが将来、後継者である長男が社長となったときに協力的であるかはわかりません。その親族にも相続が発生して、その子供や孫が株主になれば、関係は希薄となるのです。

そこで、父親がその親族に対して「毎年、配当する」などと説得して、新しく資本金100万円程度で設立した会社を受託者とした信託を設定します。その会社の株主は父親としますが、将来はその株式を長男に贈与します。

その会社は受託者という地位だけのために設立しているため、株式の評価は100万円のままとなり、一度に贈与しても贈与税はかかりません。

株式会社であれば死亡して相続が発生することもなく、その株式を後継者に贈与していくことで議決権を確保できます。信託契約が継続している間に、受益者である親族から受益権を買い戻していくのです。時間はかかりますが、議決権は集約できているため、会社の意思決定に支障をきたすことはありません。

それでも、父親が信託を設定することについて、親族と交渉する時間はかかるはずですので早めに始めましょう。

(2) 会社が使っている土地を信託しておく

父親が所有している土地の上に、会社が本社や工場を建てて経営をしていることもあります。父親としては地代をもらうと給料と合算されて所得税が高くなるため、固定資産税の分だけを会社に負担してもらっています。

父親の所有する株式はすでに長男に贈与しているため、事業承継は完了しています。ところが、父親が所有する財産としては、会社が使っている土地ぐらいしかありません。

とすれば、長女がその土地を相続する可能性があります。長女は会社に無償で土地を貸すことはなく、そもそも貸してくれない可能性もあります。

そこで、委託者と受益者を父親、受託者を会社として土地について信託を設定するのです。これで土地を実際に使っている会社が、受託者として管理できます。

そして、父親の相続が発生したら受益権を長女に移転させて、そのときから会社が地代を支払うことにします。長女はその土地を売却できませんが、地代は受け取れます。

(3) 妻が受益者を指定できる信託を設定する

父親が高齢となってから生まれた子供が2人いて、どちらを後継者にすべきか、決められないこともあります。

そこで、妻（子供から見たら母親）を受託者として信託を設定するとともに、受益権をどちらの後継者に渡すのかを指定できる権限を与えます。

父親の判断能力が衰えてきたら、妻が単独で議決権を行使します。

そして、父親の相続が発生するまでには、その妻が受益者となる子供も指定します。相続が発生したあと信託契約を解除すれば、1人の子供だけが株式を所有する結果となります。

(4) 自己信託で相続税の節税対策を実行する

父親が長男に株式を相続させるよりも、長期間かけて贈与する方が税金は安くなります。そこで、少しずつ贈与して49%まで移転できたとしても、追加で1%を贈与した段階で父親1人では意思決定ができなくなります。さらに、追加で2%を贈与すると長男が1人で意思決定できてしまいます。ということで、49%の段階で父親が躊躇して、贈与を止めていることもあります。

このままでは相続税の節税対策が進まないため、父親が自己信託を設定して、委託者、受託者、受益者をすべて兼任します。そのあと、受益権を長男に贈与していくのです。受託者が父親である限り、議決権は確保できます。

将来、信託契約を解除すれば、議決権は受益者である長男に帰属します。

▼自己信託を設定する

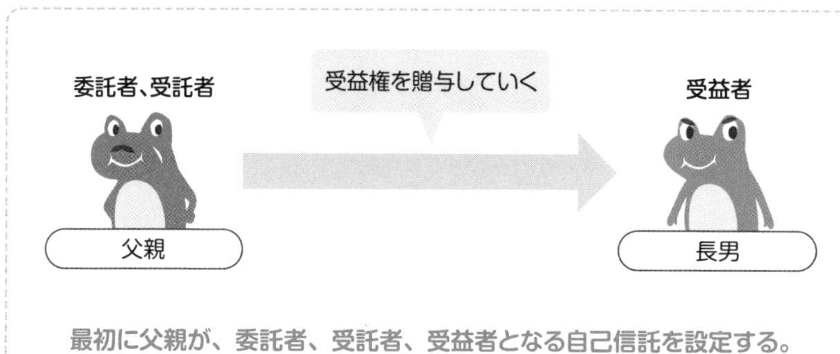

最初に父親が、委託者、受託者、受益者となる自己信託を設定する。

父親が認知症になっても、会社の意思決定に支障がでないように、議決権だけは条件付きでもよいので、後継者に渡しておく。

13 保険金の受取人以外の親族に、お金を管理してもらうことってできる？

死亡保険金の受取人に指定した人がすでに認知症なんだけど、どうしよう？

死亡保険金の受取人が認知症でも、使い方を決める人を別途指定できるって

父親が認知症になったあとも贈与を続ける

子供が生命保険の契約者となり、その生命保険料を父親が子供に贈与していくプランがあります。その場合には、下記のように生命保険に加入します。

▼子供が生命保険料負担者となる

契約者	保険料負担者	被保険者	受取人
子供	子供（贈与されたお金）	子供	子供

一度に生命保険料を贈与すれば、多額の贈与税がかかるため、毎年、少しずつ贈与していきます。そのあと、生命保険が満期となり、生命保険金を子供が受け取った場合には、一時所得として所得税が課税されます。ただし、一時所得に対する所得税は高額にはなりません。

しかも、父親が贈与したお金が生命保険料として使われていることで、子供が無駄遣いをすることから防ぐこともできています。

ただし、この方法には、1つだけ問題があります。

それは、父親に認知症が発症すると、生命保険料の贈与が続けられないことです。もし子供の年収が高くなければ生命保険料が支払えなくなり、意図せず、全額を解約する事態に陥るかもしれません。また、父親の財産を減らすことができず、相続税の節税対策も遂行できないことになります。

そこで、父親が認知症になる前に多額のお金を子供に贈与することで、早期に生命保険料を払い終わってしまう方法もあり得ますが、多額の贈与税がかかるため、採用する人はほとんどいません。

では、父親が認知症になっても、贈与を継続する方法はないのでしょうか?

子供が契約者となるところまでは同じですが、その生命保険料を父親が負担するという方法があります。

具体的には、下記のように生命保険に加入します。

▼父親が生命保険料負担者となる

契約者	保険料負担者	被保険者	受取人
子供	父親	子供	子供

父親は認知症になる前に、生命保険料を一括で振り込んでおきます。そのあと、この生命保険が満期になって、子供が生命保険金を受け取ると保険料負担者が父親であるため、その時点で贈与税が課税されます。つまり、満期まで待ってしまうと子供に多額の贈与税が課税される可能性があるのです。

ということで、満期になる前に、子供が一部ずつ生命保険を解約していくのです。すると、解約に対応した生命保険金のみが贈与税の課税対象となります。なお、一部解約ができない生命保険に加入する場合には、そもそも加入するときに口数を分けて加入しておけば、1口ずつ解約することができます。

この方法には、2つのメリットがあります。

1つ目は、子供が契約者であるため、父親の意思とは関係なく、単独で解約することができることです。父親が認知症になったとしても、解約を継続することができます。

2つ目は、子供がすべての生命保険金の解約が完了しない前に、父親の相続が発生してしまった場合です。あくまで、契約者は子供ですので、この生命保険の契約は遺産分割の対象にはならず、自動的に子供が保険料負担者の地位を引き継ぐことになります。そのとき、解約返戻金の評価に対して相続税がかかりますが、そのあと子供が生命保険金を受け取った場合には贈与税が課税されず、一時所得として所得税の課税対象となります。

一時所得となるのであれば、子供は解約は止めて、満期まで保有するという選択肢でもよいことになります。

死亡保険金の管理は、受取人とは別の人を指定する

子供が障がい者で、かつ妻にも認知症が発症しているケースでは、父親としては自分が亡くなったあとの生活費の管理が心配になります。

父親が亡くなったときに死亡保険金を受け取っても、使えなければ意味がありません。

そこで、死亡保険金の受取人を信託会社に指定しておくのです。

そのことで、父親がそのお金を管理する人（指図権者）を、受取人とは別に決められるのです。

これを**生命保険信託**と呼びます。

指図権者は死亡保険金を自由に引き出せるわけではなく、父親の意思に従って、あくまで受取人のために使わなくてはいけません。

これを実行するときには、下記の手順で行われます。

❶父親が生命保険会社と生命保険の契約を締結して、生命保険料を支払う。
❷父親が委託者、信託会社が受託者となる信託契約を締結する。
❸父親が亡くなると、生命保険会社は信託会社に死亡保険金を支払う。
❹信託契約で選任された指図権者が、お金を管理する。
❺受益者である子供に、指図権者が生活費を渡す。

生命保険信託の仕組みは理解できましたが、具体的なケースで確認してみましょう。

【事例1】子供が障がい者で、かつ妻も認知症を発症した

子供が障がい者のため、死亡保険金は妻を受取人にしていました。

ところが、その妻も認知症になってしまい、老人ホームに入居したのです。

このままでは、死亡保険金が妻に支払われても子供のためには使えません。

そこで、父親がすでに加入していた生命保険の受取人を信託会社に変更して、自分の妹を指図権者として信託契約を締結しました。

信託契約には、死亡保険金のうち２分の１ずつを妻の老人ホームの費用と子

供の生活費で使うと記載されていて、指図権者である妹はそれに従いました。

▼生命保険信託の仕組み

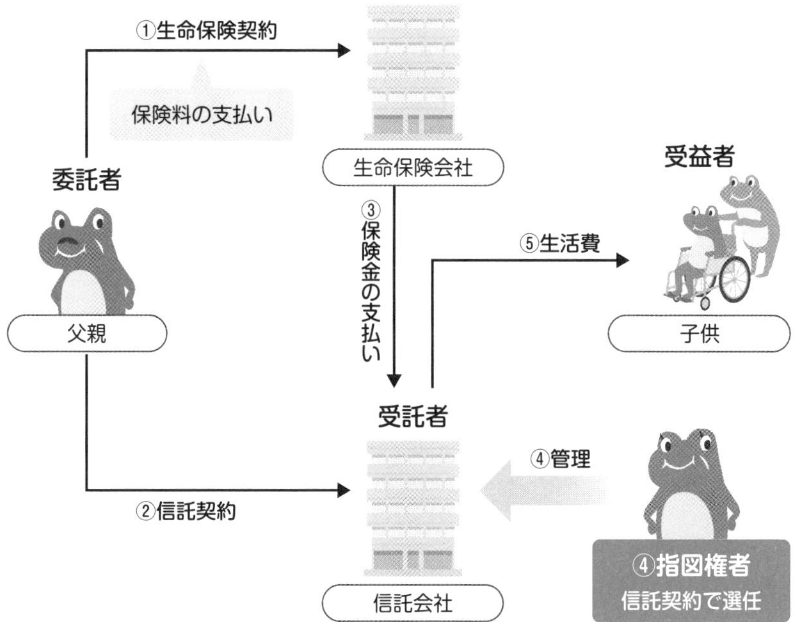

1

【事例2】障がい者の子供について、姪に面倒を診てもらう

父親も高齢となり、妻（子供から見たら母親）はすでに亡くなっているため、障がい者の子供の面倒は姪に診てもらっています。父親の預金口座に入っている現預金を子供が相続したとしても、そのお金を管理できません。また、姪は面倒を見ているため、働く時間が制限されてしまい、生活のお金に余裕がありません。

ただし、一度にお金を相続させると無駄遣いするのではと心配になります。

そこで、父親は生命保険に加入して死亡保険金の受取人を信託会社として、姪を指図権者とした信託契約を締結しました。

信託契約には、死亡保険金を子供と姪に対して毎月15万円ずつ（合計30万円）を振り込むと記載されていて、指図権者である姪はそれに従いました。

余った死亡保険金の使い道を、あらかじめ決めておく

通常、父親の死亡保険金を受け取った子供は自由にそのお金を使えます。

その子供が亡くなったときに、父親の死亡保険金が残っていれば、それは相続

人（孫など）が取得します。

その分け方については、子供が遺言書で指定できますし、遺言書がなければ遺産分割協議で決めます。

ところが、生命保険信託を使えば、父親が子供を**第一次受益者**として指定するだけではなく、**第二次受益者**、第三次受益者も決めることができます。

つまり、父親が死亡保険金を受け取った親族が使いきれなかったお金を、次にだれがこのお金を受け取れるのかを指定できるのです。

これを具体的なケースとして、確認してみましょう。

【事例3】長男の嫁には、お金を渡したくない

父親の相続人は、長男と長女の２人でした。

長男は結婚していますが、子供（父親から見ると孫）がいません。

長女も結婚していて、こちらには子供（孫）がいます。

父親は自分の財産を長男と長女に公平に分配するのはよいのですが、そのあと２人が使い切れなかったお金は、長女の子供（孫）にすべてを相続させたいと考えています。

しかし、長男が亡くなったときに、長男の嫁の法定相続分は４分の３にもなります。父親の意思を理解したとしても、長男が「お金は長女の子供（孫）に遺贈する」という遺言書を作成してくれるかは、現時点ではわかりません。

そこで、父親は生命保険に加入して指図権者を長女に、受益者を長男に指定した信託契約を信託会社と締結しました。

長男には、信託会社が受け取った死亡保険金から毎月20万円が支払われていきます。そのあと、長男が亡くなったときにお金が残っていれば、長女の子供（孫）が受け取れると指定しました。

▼生命保険信託の事例

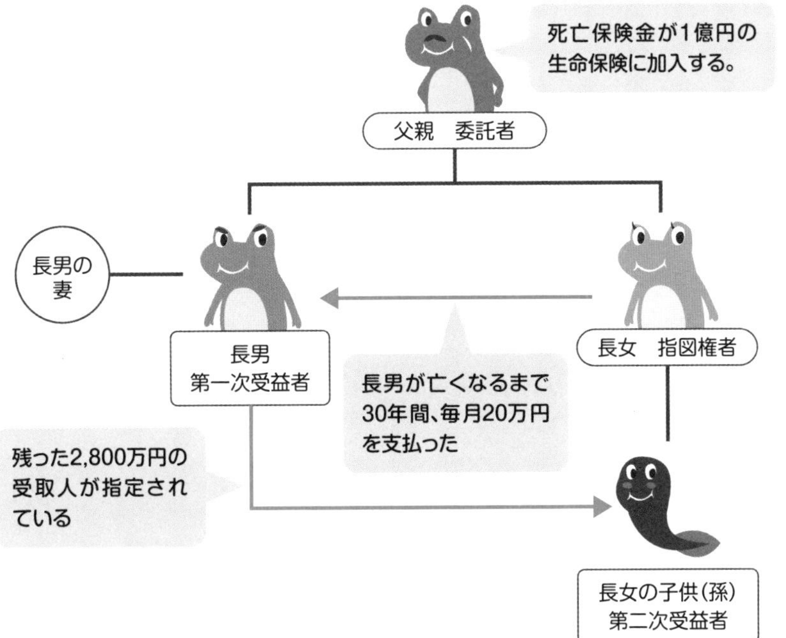

なお、長男の嫁には、長女の子供（孫）に対して遺留分を請求する権利がありますが、長男の他の財産も含めて計算することにはなります。

死亡保険金を受け取る人が認知症や障がい者であっても、生命保険信託を使えば、お金を有効に活用できる。

1

第2章
財産を贈与するときに使える税金の特例

贈与税を支払ってまで贈与することに、意味があるのか？

贈与税って、相続税よりも高いんでしょ？

相続税よりも安ければ、全員が贈与しちゃうからね

早い時期から、贈与税を支払ってでも財産を移転する

父親の財産に占める現金の割合が高ければ、子供に贈与して減らしていく手続きは簡単です。

贈与契約書を作成して、父親が現金を子供の預金口座に振り込むだけです。

ところが、父親の判断能力が低下してしまうと、贈与契約を締結しても無効となります。

そこで、10年間の計画ではなく、もっと早くまとまったお金を贈与しようとすると贈与税の基礎控除である110万円を超えてしまいます。もし毎年、子供に基礎控除である110万円以下の現金だけを贈与していれば税金はかかりませんし、贈与税の申告をする義務すらありません。

相続税はあとで支払う税金で、贈与税はすぐに支払う税金となるため、110万円を超えて贈与するのはためらうことも多いのです。

しかし、贈与税を支払う方が相続税を支払うよりも安くなることが理解できれば、決心もつくはずです。

実際に、国税庁が発表している資料では、令和３年度に贈与税の申告を行っている人が39万人、支払われた贈与税額が3,388億円となっています。

それだけ、贈与税を支払う方法にもメリットがあるということなのです。

具体的に、父親の財産が１億円の現預金だけ、相続人が子供１人のケースで検証してみましょう。

▼贈与税を支払って贈与した方が得になる

●被相続人 … 父親　●相続人 … 子供（1人）　●財産 … 現預金1億円

1年目 110万円を贈与 **贈与税　ゼロ円**	1年目 310万円を贈与 **贈与税　20万円**
あと4年間、同額を贈与 （合計5年間）	あと4年間、同額を贈与 （合計5年間）

父親の認知症が発症して、そのあと、7年後に相続が発生した

贈与税	ゼロ円
相続税	1,055万円
合　計	**1,055万円**

贈与税	100万円
相続税	770万円
合　計	**870万円**

父親に認知症が発症する前に贈与税を支払ってでも、現金を贈与した方が得になりました。

子供に贈与する金額は、限界税率までと決まっている

父親の現金をできるだけ早くから、しかも贈与税を支払ってでも子供に贈与するとしても、いくらが妥当なのでしょうか？

ここでのポイントは、税金の金額ではなく税率を比べることです。

結論から言うと「贈与税の**実効税率**　<　相続税の**限界税率**」となっている間は、贈与し続けた方が得になります。

贈与税の実効税率とは、贈与税を贈与した金額で単純に割った税率のことです。一方、相続税の限界税率とは、法定相続分で分割したと仮定した財産の金額によって区分されている表の中で、自分が適用される最大の税率のことです。

ここでは、比べる税率の定義が違うため、注意してください。

まずは、下記が贈与税の税率の速算表となります。

このとき、**贈与税の基礎控除**である110万円を差し引いた部分が当てはまる税率が、一律にかかるわけではありません。

▼**贈与税の速算表**

贈与金額 －110万円	18歳以上の直系卑属		それ以外	
	特例税率	控除額	一般税率	控除額
200万円以下	10%	0万円	10%	0万円
300万円以下	15%	10万円	15%	10万円
400万円以下			20%	25万円
600万円以下	20%	30万円	30%	65万円
1,000万円以下	30%	90万円	40%	125万円
1,500万円以下	40%	190万円	45%	175万円
3,000万円以下	45%	265万円	50%	250万円
4,500万円以下	50%	415万円	55%	400万円
4,500万円超	55%	640万円		

例えば、父親が500万円を15歳の孫に贈与したならば、110万円を差し引いた390万円に贈与税がかかります。

一覧表で、390万円は「400万円以下」の部分に該当しますが、あくまで390万円のうち200万円までは10%、200万円から300万円までは15%、300万円から390万円に20%の税率をかけるのです。

これを計算するのは面倒なので、速算表には控除額が載っていて、「贈与税額－110万円」が当てはまる税率をかけて、控除額を差し引くだけで贈与税が計算できるようになっています。

また、速算表を見てわかるとおり、18歳以上の直系卑属である子供や孫に贈与するときだけ、贈与税率が低くなっています。

次に、下記が相続税の速算表となります。

ここに記載されている税率は、相続税額から基礎控除である「3,000万円＋600万円×法定相続人の数」を差し引いた金額を民法上の法定相続分で、各相続人に按分した金額に適用します。

各相続人の相続税を計算したあと、それを合算して総額が決まるのです。

▼相続税の速算表

相続財産から基礎控除等を差し引いたあとの法定相続分の金額		限界税率	控除額
	1千万円以下	10%	0
1千万円超	3千万円以下	15%	50万円
3千万円超	5千万円以下	20%	200万円
5千万円超	1億円以下	30%	700万円
1億円超	2億円以下	40%	1,700万円
2億円超	3億円以下	45%	2,700万円
3億円超	6億円以下	50%	4,200万円
	6億円超	55%	7,200万円

2

相続税を計算するときの注意点は、実際の遺産分割の内容とは関係なく、民法上の法定相続分で自動的に按分することです。というのも、遺言書の内容や遺産分割の方法で相続税が節税できたら不公平だからです。

そのため、相続放棄した相続人がいても、基礎控除の計算も、法定相続分での按分も、相続放棄していないとして計算するのです。やはり相続放棄することで法定相続人を増やすこともできるからです。

最後に、相続税の総額を実際に相続した財産に比例して振り分けますので、相続人間では公平となります。

とはいえ、各相続人の話ではなく父親の財産に対する相続税と贈与税を合わせた金額が最小となって、親族が支払う総額の税金が減ればよいはずです。

これで、贈与税の実効税率も相続税の限界税率もわかりましたので、本当に得になるのか、具体的に計算して比べてみましょう。

事例1　1億円の財産があるが、贈与をしないケース

被相続人　父親　相続人　長男（30歳　1人）

相続財産　現金1億円

相続税　1,220万円（相続税の限界税率30%）

事例2　1億円の財産のうち、1,000万円を贈与したケース

贈与者　父親　　受贈者　長男（30歳　1人）
1,000万円の現金を贈与　→　贈与税　177万円
贈与税の実効税率　177万円÷1,000万円　＝17.7%

被相続人　父親　相続人　長男（1人）
相続財産　現金9,000万円　→　相続税　920万円
（現金9,000万円から基礎控除を差し引いた5,400万円に対する相続税の限界税率は30%）
贈与税の実効税率　＜　相続税の限界税率（条件を満たす）
合計　177万円　＋　920万円　＝　1,097万円

事例3　1億円の財産のうち、2,000万円を贈与したケース

贈与者　父親　　受贈者　長男（30歳　1人）
2,000万円の現金を、生前に贈与　→　贈与税　585万円
贈与税の実効税率　585万円÷2,000万円　＝29.2%

被相続人　父親　相続人　長男（30歳　1人）
相続財産　現金8,000万円　→　相続税　680万円
（現金8,000万円から基礎控除を差し引いた4,400万円に対する相続税の限界税率は20%）
贈与税の実効税率　＞　相続税の限界税率（条件を満たさない）
合計　585万円　＋　680万円　＝1,265万円

事例1では相続税が1,220万円のところ、事例2では贈与税と相続税の合計が1,097万円と下がり、これだけで123万円も節税できています。

事例3では、贈与しすぎたことで合計の税金が増えて損をしています。

ここから、下記の方程式が成り立つことがわかりました。

この理論さえ理解してしまえば、贈与税を支払うことは怖くありません。

限界税率　＞　贈与税の実効税率　→　贈与を続ける
限界税率　＜　贈与税の実効税率　→　贈与を止める

相続税を計算するときの法定相続人の数ですが、養子も含みます。

ただし、実子がいる場合には１人まで、実子がいない場合には２人までとなり、法定相続人の数を増やすのは限界があるのです。

一方、贈与税を計算するときには、贈与される人は制限されていません。子供や孫だけではなく、長男の嫁、長女の夫でもよいのです。成人の直系卑属以外への贈与について贈与税率が高いと言っても、１人410万円までは同じ税率なのです。

父親の財産を子供たちに安い税金で移転させるのであれば、早い時期から広く薄くお金を贈与していくのがお勧めです。

贈与税を支払うのは損だという思い込みは捨てて、計画的に贈与税を支払うことで、相続税との合計を最小にできる。

2

結婚して20年経ったら、妻に何がプレゼントできる？

夫から妻に、20年ごとに2,000万円を無税で贈与できるんだって？

20年ごとではなく、一生に一回だけみたいだよ

7年以内に贈与した財産は、相続財産とみなされる

父親が亡くなると、その時点での相続財産を集計して相続税を計算します。

このとき、亡くなった日から７年以内に贈与された財産があれば、相続財産とみなされて相続税がかかるのです。ただし、過去４年から７年前の贈与については総額100万円までは加算されずに、相続税がかかりません。

父親の判断能力が低下しておらず、贈与契約も締結していれば、民法上の贈与は成立します。それでも、税法上では贈与がなかったものと取り扱われてしまうのです。つまり、贈与した財産も相続されたとみなして、相続税の課税対象とします。夫から妻への贈与であっても、父親から子供や孫への贈与であっても同じです。

もちろん、贈与したときに支払った贈与税があれば、相続税を支払うときに差し引いてもらえます。それでも、「過去７年以内の贈与税の合計　>　相続税」となった場合には、支払いすぎた贈与税は戻ってきません。そのため、生前に贈与するならば、相続税を計算して計画的に行う必要があります。

とにかく、相続税の節税対策のために実行した贈与が無意味となってしまうのです。ただし、過去７年以内の贈与が相続財産に加算されるのは、相続で財産をもらう人だけです。

つまり、父親が生前に孫に贈与して、かつ孫が相続財産をもらわないのであれば、相続が発生した日の前日に実行しても相続財産に加算されません。

▼生前贈与が成立しても相続財産に加算される

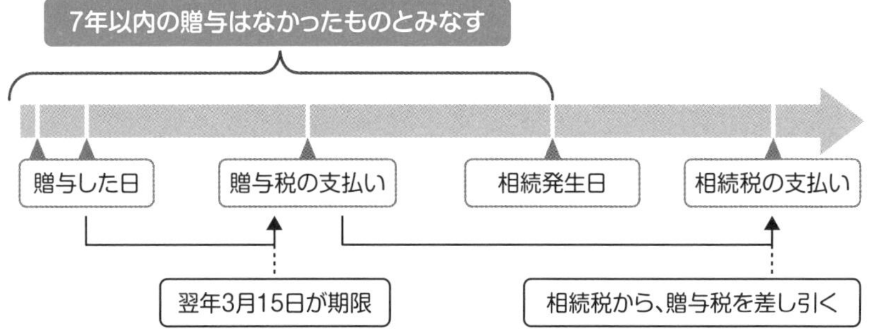

さらに、過去7年以内の贈与が相続財産に加算されることについて注意点が2つあります。

1つ目は、お墓などの非課税財産のみをもらった人も、加算の対象となることです。そのため、非課税財産のみの場合には相続税がかからないと勘違いしてはいけず、過去に贈与された財産に相続税がかかるのです。

2つ目は、相続財産をもらうのは、相続人だけではないことです。

例えば、父親が遺言書に、「孫に不動産を遺贈する」と書くと、孫はその不動産だけではなく、過去7年以内に贈与された財産（総額100万円の控除はある）があれば、それも加算した財産の総額に対して相続税を支払うことになります。

または、父親が契約者かつ被保険者となっている生命保険に加入して、その受取人を孫に指定していると、やはり孫は加算の対象となります。もし孫への贈与を有効にしたいならば、このような生命保険の受取人を今からでも変更すべきです。

夫婦間で贈与するときは、建物の持分を含めておく

結婚してから20年以上が経つ夫婦であれば一生で1回だけ、現在の自宅、または自宅を買うお金として2,000万円まで無税で贈与できます。

この特例を、**贈与税の配偶者控除**と呼びます。この特例で贈与した夫が7年以内に亡くなっても、相続財産に加算されることはありません。そのため、夫の判断能力があることが前提ですが、死亡する前日に贈与しても有効です。

このとき、夫の相続税の節税対策として実行するならば、お金でも建物でもなく、土地を贈与すべきです。

そもそも相続税も贈与税も計算するときには、財産を評価しなくてはいけません。現預金はそのままの評価となりますが、株式や不動産は時価を計算する必要があります。

上場株式であれば第三者間による取引市場がありますので、そこで時価を計算できます。ところが、不動産は形状や前面道路に面している距離の違いによって時価は変わってくるため、実際に売りに出してみないとわかりません。

相続税や贈与税を計算するためだけに、不動産会社に依頼することも現実的には不可能です。そこで一律、土地は**路線価**、建物は**固定資産税評価額**で評価してよいことになっています。

国土交通省は前年の取引事例から毎年1月1日時点における土地の時価である**公示価格**を発表します。ただし、すべての土地ではなく標準地を選びます。

それをもとに、国税庁がすべての道路に路線価という評価額を付けて7月1日に発表します。路線価は公示価格の80%を目安としているため、時価に比べて低くなります。また、路線価がない地域もあり、そこは建物と同様に固定資産税評価額を使って評価します。

一方、建物の固定資産税評価額とは、建築会社の利益を差し引いて再建築した場合のコストとして、市町村の担当者が新築されたときに内見して評価します。おおよそ、建築費の30%から50%となります。

そして、固定資産税評価額は3年に1回見直されて、建物の評価額については下がっていきます。

以上を前提に、夫から妻への自宅の贈与を検証してみましょう。

例えば、夫が時価1億円の自宅（建物5,000万円、土地5,000万円）を買うとします。1億円の自宅を買う直前に2,000万円のお金を妻に贈与しておくと、自宅の5分の4の持分が夫、5分の1の持分が妻となります。

夫が1億円の自宅を買ってから妻に建物だけを贈与すれば、固定資産税評価額は2,000万円程度（＝5,000万円×40%）と想定されるため、ほぼ全部を贈与できます。

ところが、建物は経年劣化するため、必ず固定資産税評価額は下がっていきます。もし夫が亡くなるときに500万円程度になっていれば、1,500万円の節税効果が消えてしまうのです。

そこで、夫が1億円の自宅を買ったあと妻に土地を贈与します。

土地は路線価の評価で4,000万円（＝5,000万円×80%）と想定されるため、そのうち2,000万円分であれば、土地の2分の1を贈与できます。

最初の持分は2分の1しかありませんが、建物と違って今後の経済情勢にもよりますがそのあとの評価が下がらなければ、節税効果が消えることはありません。

では、このことから土地だけを贈与すれば、本当によいのでしょうか？

先ほどの夫が買った1億円の自宅に夫婦で数十年間住み続け、最後に売却するとします。

中古の一戸建ての買い主は建て替えるケースが多いので、建物の価格はゼロと評価しますが、土地の時価は上がっていて1億円になっていたとします。

5,000万円で買った土地なので、5,000万円もの売却益が発生します。ところが、自宅の売却益からは3,000万円を特別控除してくれる所得税の特例があるのです。

実は、この特例を使う条件が建物に名義が入っている人ごとなのです。

ということで、建物の名義が夫だけであれば2,000万円（＝売却益5,000万円－3,000万円）に所得税がかかります。もし建物に妻の名義も入っていれば、2人で2倍の6,000万円が控除でき、所得税がかからないのです。

建物に入れる妻の名義は10分の1の持分でも構いませんし、それによって土地と建物の持分が一致しなくても問題ありません。

将来、自宅を売却する可能性があるならば、夫から妻に土地だけではなく、建物も贈与しておくべきです。贈与の特例と一緒に暦年贈与も使えますので、建物は110万円分だけ贈与するならば、やはり贈与税はかかりません。

ということで、贈与税の配偶者控除と合わせて2,110万円が非課税枠となります。

▼建物を妻に贈与してから売却

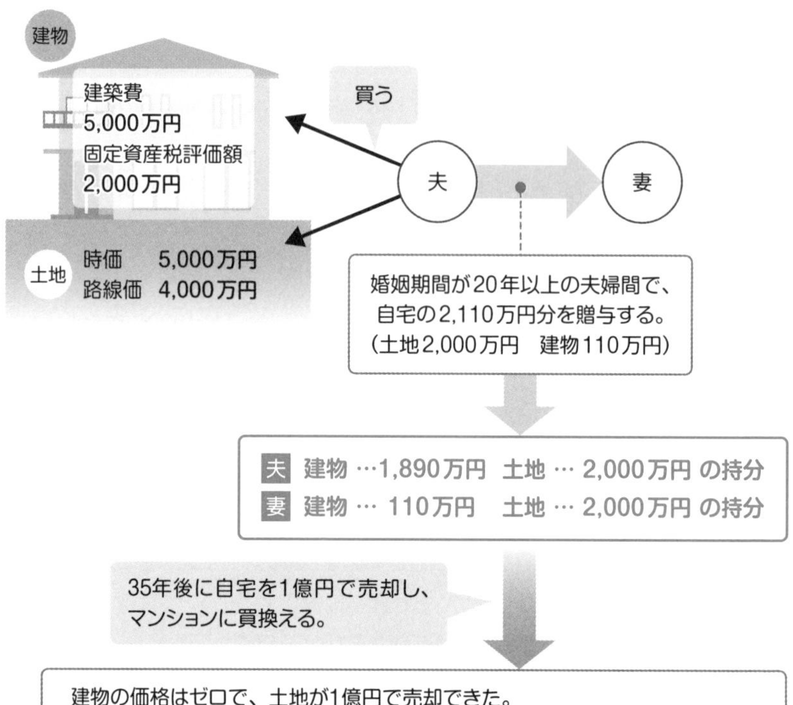

妻への自宅の贈与は、遺留分の対象にはならない

妻であっても、夫の遺言書による遺贈や生前贈与を受けると特別受益とみなされて、相続財産に加算されてしまいます。その金額をもとに、他の相続人は遺留分を計算できるのです。通常であれば妻へ自宅を贈与していたとしても同じように取り扱われるはずです。

ところが、結婚してから20年以上が経つ夫婦間で自宅である不動産を贈与した場合だけは、民法上の特別受益に当たらないとされているのです。

この特別受益から外される金額には、2,110万円という制限がありません。

事例　被相続人　父親
　　　相続人　妻、長男、長女

財産　現預金　　3,000万円　→　父親の相続財産
　　　上場株式　2,000万円　→　生前に長男に贈与が完了している
　　　自宅　　　4,000万円　→　生前に妻に贈与が完了している

上場株式の贈与は特別受益に該当するため、相続財産の金額は5,000万円（＝3,000万円＋2,000万円）となる。

長男は法定相続分をすでに超えているため、妻と長女で贈与されずに残っている3,000万円の現預金を分割する。

妻（法定相続分　1/2）　　2,000万円
長男（法定相続分　1/4）　2,000万円（生前に贈与された上場株式）
長女（法定相続分　1/4）　1,000万円

長女の遺留分である625万円（＝5,000万円×1/8）を侵害していないため、長男は法定相続分である1,250万円（＝5,000万円×1/4）を超過した750万円（＝2,000万円－1,250万円）の返還は不要となる。

2

自宅の贈与が特別受益に該当しないため、妻は将来の生活費としての現預金を相続できます。

もし親族間で争う可能性があるならば、贈与税の配偶者控除にとらわれずに2,110万円を超えて、夫から妻へ贈与するという選択肢でもよいでしょう。

その場合でも、贈与税の配偶者控除は使えるため、あくまで2,110万円を超えた部分だけ贈与税を支払えばすみます。

結婚して20年以上の夫から妻へ自宅を贈与するならば、土地だけではなく建物の一部も一緒に贈与しておこう。

一度に贈与するなら、相続時精算課税を選択する？

相続時精算課税という制度の特徴を知っておく

贈与税は累進課税となっているため、多額の贈与を行うぐらいなら相続税を支払った方が得です。そこで、事前に計画した金額を毎年贈与していくのが原則ですが、父親に認知症が発症すれば、そのときから贈与はできなくなります。

それ以外にも、将来の遺産分割での争いが予想されることから、父親の財産を早急に子供に移したいこともあります。

どちらのケースでも**相続時精算課税**という制度を使えば、一度に多額の財産を贈与しても、一定の贈与税を支払うだけですむのです。

まず、相続時精算課税を選択すると父親から子供に毎年110万円の基礎控除を超えて贈与された財産を累計して、2,500万円までは贈与税が発生しません。そのあと、2,500万円を超過した金額に対して20%を贈与税として支払います。

次に、父親の相続が発生すると相続時精算課税の対象として、毎年110万円の基礎控除を超えて贈与した財産を相続財産に加算して相続税を計算します。過去に相続時精算課税によって支払った贈与税があれば、相続税から差し引いて精算してくれます。過去の年数には制限がなく、20年前、30年前の贈与であっても対象となります。

この制度は使える年齢が決まっていて、贈与する人（贈与者）は60歳以上の祖父母または両親、贈与される人（受贈者）は18歳以上の子供または孫となっています。

相続時精算課税を使ったケース

1年目父親が子供に、2,110万円の現金を贈与した。
2,110万円－110万円－2,500万円　＝▲500万円　贈与税はゼロ

2年目　父親が子供に、1,110万円の現金を贈与した。
(1,110万円－110万円－500万円)×20%　贈与税は100万円

3年目　父親が子供に、1,610万円の現金を贈与した。
(1,610万円－110万円)×20%　贈与税は300万円

4年目　父親の相続が発生した。相続税は、基礎控除を超えて相続時精算課税制度を使った4,500万円(＝2,000万円＋1,000万円＋1,500万円)を相続財産に加算して1,000万円と計算された。
過去に支払った贈与税を差し引くので、支払う相続税は600万円となる。
1,000万円－100万円(2年目)－300万円(3年目)＝600万円

2

ただし、孫に対する贈与で相続時精算課税を選択する場合に基礎控除を超える贈与は、お勧めはしません。というのも、相続時精算課税を選択すると遺言書で財産をもらったわけでもないのに孫に基礎控除を超えて贈与された財産は相続税の対象になり、かつ相続税が20%加算されてしまうのです。

それに、孫が相続時精算課税を選択したことで、基礎控除を超えて贈与された財産が全体の相続財産に加算されてしまい、結果的に叔父や叔母が支払う相続税も増えてしまうのです。孫は、その相続税の申告に参加はしたくないはずです。

さらに、この制度を使うときに、覚えておくことが3つあります。

(1) 暦年贈与の制度は使えなくなる

毎年1月1日から12月31日までに贈与された合計で、贈与税を計算することを**暦年贈与**と呼びます。

暦年贈与の合計が基礎控除の110万円以下であれば、贈与税はかかりません。

翌年の1月1日になると過去に贈与された金額はゼロに戻り、そこから再度計算が始まります。ところが、相続時精算課税を選択すると、その年度から翌年以降

に基礎控除を超えて贈与された金額が累計されていくため、暦年贈与は使えなくなるのです。

(2) 贈与税が戻ってくる

暦年贈与でも相続が発生した日から過去7年前までの贈与はなかったものとみなして、相続財産に加算して相続税を計算します。

もし「過去7年間の暦年贈与で支払った贈与税　>　相続税」となった場合には相続税は支払いませんが、贈与税も戻ってきません。

一方、「相続時精算課税で支払った贈与税　>　相続税」となった場合には、贈与税が還付されます。ただし、一度に贈与すると毎年の110万円の基礎控除が使えないため、相続時精算課税でも、毎年贈与した方が得になります。

それでも、基礎控除のメリットを捨てて、一度の贈与で必要な財産のすべてを移転できれば、父親に認知症が発症したときのリスクは完全に回避できます。

(3) 贈与したときの評価で固定される

この制度を使って贈与した財産は、そのときの評価で相続財産に加算します。

そのため、これから評価が上がる財産があれば、父親の生前の早いうちに贈与しておけば低い評価のままで固定できるのです。

どのような場面で、相続時精算課税を使うべきか

先ほど相続時精算課税を使って、合計4,830万円の現金を贈与した事例を確認しました。ただし、将来4,500万円の現金が相続財産に組み込まれて相続税が計算されるので、基礎控除の部分以外は節税対策にはなりません。

それなのに、「(1) 暦年贈与の制度は使えなくなる」というデメリットがあります。

とすれば、子供が自分で住むマンションを買うための頭金をこの制度を使って贈与してもらっても、あまり意味がありません。その場合には通常、父親から子供に頭金を貸し付けます。そのあと毎年、父親が子供に現金を暦年贈与して、それを返済原資にあてる方法を取るべきです。もしくは、マンションに父親の名義を入れて、その持分を子供に暦年贈与してもよいでしょう。

では実際に、どのような場面で相続時精算課税を使うと、節税対策になるでしょうか？

相続時精算課税を使って節税対策となるのは、3つのケースです。

1つ目のケースは、アパートなどの収入がある建物を贈与するときです。

アパートの建物であれば、その評価額は貸家として「固定資産税評価額×（1－30%（借家権割合））」となります。

結果的に、2,610万円（＝110万円＋2,500万円）以内に収まることも多いはずです。

建物を贈与してしまえば、子供に収入を移転できるため、他にも収入がある父親の所得税を節税できます。つまり、相続税ではなく、所得税を節税する目的で相続時精算課税を使うのです。

2つ目のケースが、相続時精算課税の「(3) 贈与したときの評価で固定される」に着目して、これから確実に評価が上がる財産を選択するケースです。

現金や貸付金の評価が変わるほど、日本がデフレになるとは予想できません。建物や車両は時間が経つと古くなり、評価が下がっていきます。

このことから、土地や株式だけが将来の評価が上がる財産だと気づきます。

ただし、評価が下がってしまうと贈与したときの評価で固定されてしまうため、損をします。それでも、絶対に評価が上がる土地や株式もあります。

例えば、土地の前面道路が拡幅されて容積率が上がる計画があれば、評価は上がります。もしくは、近くに駅ができる土地、現在は**市街化調整区域**にあったが、近い将来には**市街化区域**に指定される土地であれば確実です。

市街化区域とは、すでに市街地を形成している区域、及び10年以内に優先的かつ計画的に市街化をはかるべき区域のことです。

父親がそのような土地を所有しているならば、相続時精算課税を使って今すぐ子供に贈与すべきです。

2

▼相続時精算課税を選択するとき

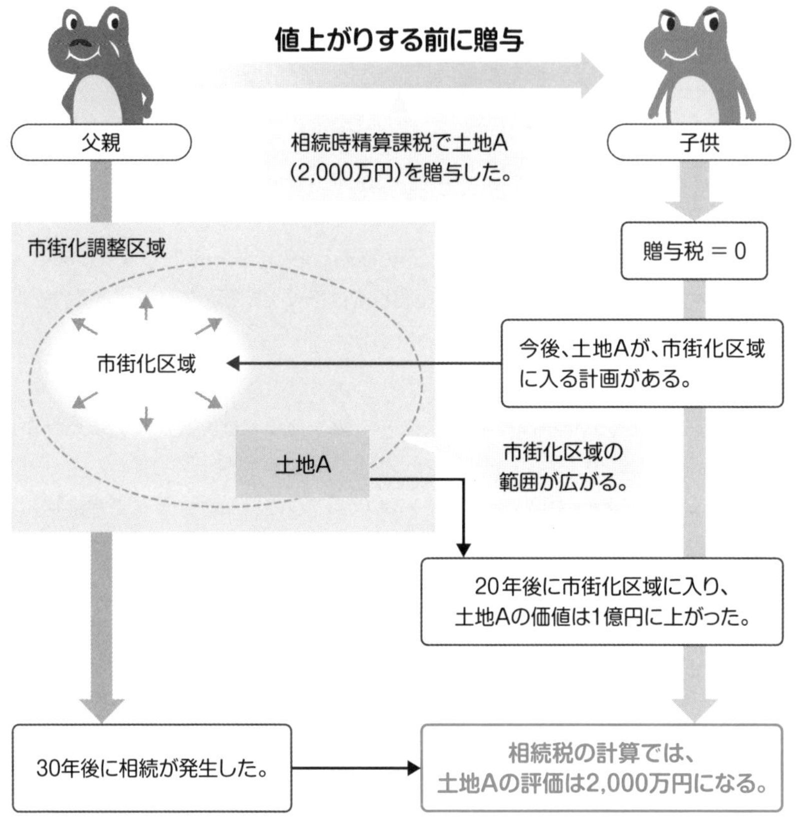

3つ目のケースは、一度に財産を贈与しないのに、相続時精算課税を選択する場合です。

暦年贈与では、110万円の基礎控除以下の贈与は申告する必要がありません。それでも、相続が発生した日から過去7年前の贈与は、それが基礎控除以下の贈与であっても相続財産に加算されてしまいます。ただし、過去4年から7年前の贈与については総額100万円までは加算されません。

一方、相続時精算課税制度でも110万円の基礎控除があるのですが、相続財産に加算されるのは、この基礎控除を超えた部分の金額のみとなるのです。

つまり、そこまで相続財産が多くない、または贈与する人が多いため、毎年110万円を超えて贈与するつもりがない場合には、相続時精算課税を選択した方が得です。なお、110万円以下であっても、相続時精算課税を選択した初年度には選択したことを申告する必要があるため、忘れないようにしましょう。

暦年贈与と相続時精算課税の制度を組み合わせる

相続時精算課税では、贈与する人、贈与される人ごとに選択できます。例えば、父親の相続では**配偶者の税額軽減**が使えるので相続税は安く、妻の相続のときの相続税が高くなると試算していたとします。とすれば、父親からの贈与だけ相続時精算課税を選択し、妻からの贈与は暦年贈与にしておくのです。

▼最適な組み合わせを選択

父親

相続時精算課税を
選択

アパートの
建物を贈与

妻

暦年贈与を
選択

現金を贈与して
財産を減らす

子

納税資金を準備

（注）「妻」は子供から見たら母親

このように相続税の試算をもとに最適な組み合わせを見つけましょう。

相続時精算課税であれば、将来の認知症のリスクを回避するために一度に贈与しても、高い贈与税ではなく低い相続税がかかる。

4 リスクがゼロで相続税が節税できる生命保険ってある？

生命保険って、生命保険料がかけ捨てになるから損じゃないの？

お金が貯まる生命保険の商品も、一杯あるみたいだよ

生命保険には、4種類のタイプがある

父親が生活費で使うお金は別にして、余裕資金を銀行に預けておいても、ほとんど利息はつかず、もったいないと感じます。

とはいえ、父親に認知症が発症したときには、そのあとの運用の指示ができないため、上場株式などの積極的な投資までは行えないと考えているならば、生命保険がお勧めです。

その生命保険は大きく４種類のタイプに分けられます。その中で３種類が死亡を原因として支払われる生命保険で、残りの１種類が医療保険やがん保険など、病気になるリスクに備える保険となります。

それでは、死亡を原因として支払われる３種類の生命保険には、どのような性質があるのでしょうか？

(1) 定期保険とは

定期保険は、保障が一定期間内のみ有効となっています。

被保険者である父親が保障期間内に死亡したり、高度障害となると多額の生命保険金が一時金として、本人または遺族に支払われます。

その代わりに支払事由が起こらなければ、生命保険料はかけ捨てとなり、保険期間が満了したときの満期保険金はゼロとなります。そのため、保険期間が長いほど支払事由が起こる確率が上がるため、生命保険料は高くなります。

基本的に、父親が若いときに万が一の事態が発生して、残された妻（子供から見たら母親）や子供の生活費をまかなうために加入するケースがほとんどです。

(2) 養老保険とは

養老保険は、「保障」と「貯蓄」の両方の性質を持っています。

保障の期間中に死亡したときには死亡保険金が支払われ、保険期間が満了したときには死亡保険金と同額の満期保険金が支払われます。

例えば、父親が40歳のときに60歳満期の養老保険に加入していて、50歳で亡くなったらそれ以降の生命保険料は支払わずに、1,000万円を遺族が受け取れます。父親が死亡せずに保険期間の満期まで生きていても、1,000万円を受け取れるのです。

父親として年齢と貯金の目標を設定すれば、自動的に生命保険料が決定されるため、計画的に必要な資金が準備できます。

2

(3) 終身保険とは

終身保険は、保障が一生涯続きます。

そのため、何歳で亡くなったとしても死亡保険金（生命保険金）が遺族に支払われます。将来の保障が不要となったときに解約すると、その時点での解約返戻金が支払われるのです。

また、生命保険料を支払う期間が終了すると、そのまま終身保険を継続せずに年金として受け取れる商品もあります。

▼ 3種類の生命保険を比較する

種類	保険期間	満期保険金	解約返戻金
定期保険	あり	なし	なし
養老保険	あり	あり	あり
終身保険	なし	なし	あり

父親の定期預金を、終身保険に変えるメリット

父親に認知症が発症する前に、3種類のうちの終身保険に加入しておけば、現預金の一部の受取人について遺言書を作成したことと同じです。

もし契約期間の途中でお金が入用となった場合でも解約すれば、父親に利息がついて戻ってきます。ほとんど、リスクがない商品と言えます。

かなり定期預金と性質が似ているのに、その利息と比べると終身保険の利率の方が高く設定されているケースが多いのです。

▼生命保険料と解約返戻金の関係

●終身保険：保険料払込期間 20年間　1年間の保険料100万円

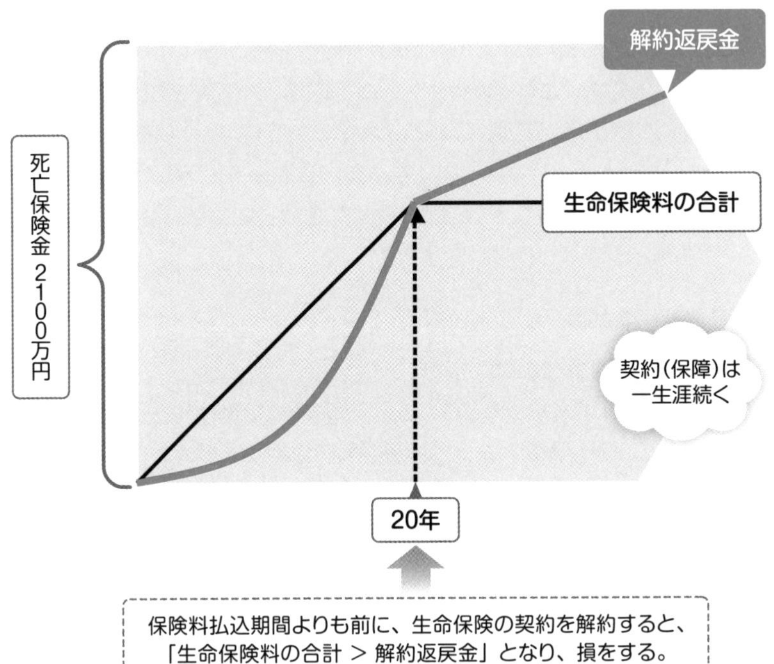

それでも、終身保険は一定期間のうちに解約すると「生命保険料の合計　＞戻ってくるお金（**解約返戻金**）」となり、元本割れになります。

定期預金は、期間満了前に途中解約しても元本割れはしません。

とはいえ、終身保険は解約返戻金を担保にお金を借りることもできるため、通常は解約する事態にはなりません。

しかも、終身保険の死亡保険金を受け取った場合には、❶民法上の相続財産ではないため遺産分割の対象にはならず、❷相続税を計算するときには、「500万円×相続人の数」までは非課税となるメリットもあります。

生命保険は、相続時点の解約返戻金で評価する

すでに父親の体調が悪く、生命保険の被保険者となれないこともあります。

父親の体調が悪くなくても、例えば、90歳を超えていると高齢という理由で、生命保険会社が独自に作ったルールにより、終身保険の被保険者となれないケースもあります。

それでも、子供を被保険者とすれば、下記のように生命保険に加入することができます。

▼子供を被保険者として生命保険に加入する

	契約者	保険料負担者	被保険者	受取人
❶	父親	父親	子供	父親
❷	子供	父親	子供	父親

どちらも、父親の相続が発生しても被保険者の子供が死亡したわけではないので、生命保険の契約は続きます。

ところが、遺産分割のときに❶と❷は決定的に違います。

❶は、契約者が父親ですので遺産分割の対象になります。そのため、他の相続人にとって遺留分の対象にもなります。

❷は、遺産分割の対象とはならず、契約者である子供が自動的に保険料負担者を引き継ぎます。そのため、遺留分の対象にはなりません。

ポイントは、遺産分割での取扱いは違うのに、相続税を計算するときには、❶も❷も生命保険の権利として解約返戻金で評価することです。

このことから、❷の方法で生命保険に加入した方が、相続人の争いは防げますし、子供が契約者ですので、将来、お金を借りるときに父親の判断能力も問題となりません。そして、父親の預金口座から自動的に生命保険料を引き落とす手続きさえ行っておけば、途中で支払の中断も起こらないのです。

毎月1回、1年に1回など支払い方法は選べますが、先ほどの事例と違って一度にすべての生命保険料を支払うことにします。これを一時払いと呼びます。

この一時払い終身保険は解約返戻金が9年目まで80%、10年目以降であれば、解約しても105%が戻ってくることが確定しているとします。

生命保険に加入するときに設計書を渡されるため、それを確認すれば、何年目

で解約返戻金がいくらに設定されているのかは、すぐにわかります。

この場合には、9年目までに権利を相続した子供は80%の評価で計算された相続税を支払えばよいのです。解約返戻金を担保にお金を借りることもできるため、相続税の支払いに困ることはありません。

そして、子供は相続したときに父親が一時払いで支払った生命保険料を所得税を計算するときの経費として引き継げます。

つまり、10年目以降に解約して戻ってきたお金は支払った生命保険料を超えた部分だけ、一時所得として所得税を支払えばよいのです。もちろん、入院保障も付く終身保険であれば、子供が相続したあとも解約せずに権利を所有し続けてもよいでしょう。

なお、一時払いの終身保険を生前に父親から子供に解約返戻金の評価で贈与はできないので、注意してください。最初に、父親が契約者となっていた❶の終身保険を、契約者と受取人を子供に変更しても贈与したことにはなりません。

さらに、10年目になっても父親の相続が発生していなければ一度解約して、再度一時払い終身保険に加入しなおせば、同じことができます。

そのとき、被保険者はあくまで子供ですので、体調や年齢が問題になることはないでしょう。

ただし、父親に認知症が発症していると新たに預金口座から生命保険料を引き落とす手続きができません。そのため、解約返戻金ができるだけ長い間、低くなる終身保険を選択すべきです。

▼一定期間の評価が下がる生命保険

●契約者及び受取人 … 父親　●被保険者 … 子供
子供の告知で、父親が一時払い終身保険に加入する。

年数	生命保険料	解約返戻金	評価	契約者貸付
1年目	2,000万円	1,600万円 (80%)	1,600万円 (80%)	1,440万円 (解約返戻金×90%)
2年目	0円			
3年目				
4年目				
5年目				
6年目				
7年目				
8年目				
9年目				
10年目		2,100万円	2,100万円	1,890万円

10年目以降に、父親が解約すると、「解約返戻金 − 支払った生命保険料の合計」の差額が一時所得となり、所得税がかかる。

契約者貸付は、「解約返戻金 × 90%（生命保険会社によって率は変わる）」で借りることもでき、相続税の最高税率55%よりも高いので支払える。

相続対策で一時払い終身保険を使えば、生命保険料はかけ捨てとならず、運用のリスクもなくお金が貯まる。

5 父親の収入を下げれば、所得税と相続税が節税できる？

父親にお金が貯まらないように、子供に収入を移転したいんだけど？

父親の所有するアパートの建物だけを贈与するのが、よいみたいだよ

アパートの敷金と同額のお金を付けて贈与する

父親がアパート経営をしているときに、認知症を発症するリスクを回避するだけならば、民事信託によって名義を子供に変更するだけでも十分です。

ただし、民事信託では受益者である父親の収入は高いままですし、財産も貯まっていきます。これでは、所得税も相続税もまったく節税できていません。

そこで、アパートの建物を子供に贈与して収入自体を子供に移転させれば、利益が分散されて累進課税である所得税が節税できるはずです。父親の収入が減れば、自動的に財産も貯まらなくなります。

ただし、建物を贈与するときには注意すべき点が、いくつもあるのです。

(1) 相続時精算課税の制度を使う

建物を父親から子供に贈与するときには、固定資産税評価額で贈与税を計算します。それがアパートであれば、借家権を控除した評価に下がります。

そもそも固定資産税評価額とは建築会社の利益を差し引いて再建築したときのコストのことなので、建築費の30%から50%の評価になります。

例えば、父親が1億円で建てたアパートの固定資産税評価額が40%とすれば、30%の借家権を控除して2,800万円（＝1億円×40%×（1－30%））の評価で、子供に贈与できます。

相続税や贈与税を計算するときの借家権は、全国どこでも一律30%と決まっています。

それでも、1年間で2,800万円も贈与したら贈与税が高すぎます。

確かに、贈与税を低くするために何年間にも渡って、子供に贈与する方法も考えられます。しかし、途中で父親に認知症が発症すれば、そのまま共有状態となります。

そして、相続のときに親族で争えば父親の持分を他の相続人が取得する可能性もあります。争わなくても、アパートが相続財産のうち大きな割合を占めれば、他の相続人との共有しか選択肢がないかもしれません。

共有の建物の権利は、下記のように決まっています。

❶現状を維持する保存は、各共有者が単独で行える。
❷借主に貸すなどの管理は、共有者の過半数の同意が不可欠となる。
❸大規模修繕や売却などの変更は、共有者の全員が同意した場合だけ。

2

認知症の父親と共有であったり、争っている親族と共有となると❸の大規模修繕や売却が難しくなってしまいます。

そこで、このような事態に陥らないために、相続時精算課税の制度を使って1回で贈与してしまいましょう。そもそもの目的が収入を父親から子供に移転させて所得税を節税することであれば、早くやった方が効果は高くなります。

先ほどの2,800万円の贈与であれば、38万円（＝（2,800万円－110万円－2,500万円）×20%）の贈与税を支払うだけで、建物を移転できるのです。

なお、アパートの贈与が特別受益に当たり、遺留分の請求の対象となったとしてもお金で精算すればよいので、共有となることはありません。

(2) 敷金と同額のお金を付ける

父親が銀行から1億円の借金をして、アパートを建てるとします。

建物の評価は、固定資産税評価額から借家権を控除して、2,800万円でした。

このあとすぐにアパートの建物と借金の2,800万円を一緒に、子供に贈与したとします。子供は「2,800万円の建物－2,800万円の借金＝0」を贈与されたとなれば、贈与税はかかりません。

一方、父親には7,200万円の借金が残っているため、これは将来の相続税を計算するときに債務として差し引けます。

これが本当に有効ならば、相続税の節税対策は簡単です。

そのため、不動産を借金などの負債と一緒に贈与するときには、これを**負担付贈与**と呼びますが、不動産を売買価格（時価）で評価するとされているのです。

つまり、先ほどの計算を修正すると1億円で建てたアパートの時価は1億円なので、「1億円の建物－2,800万円の借金＝7,200万円」が、子供に贈与されたとみなします。そのため、借金も一緒に引き継がせる場合には、時価での贈与を前提に、贈与税を準備する必要があります。

▼建物と現金を同時に贈与

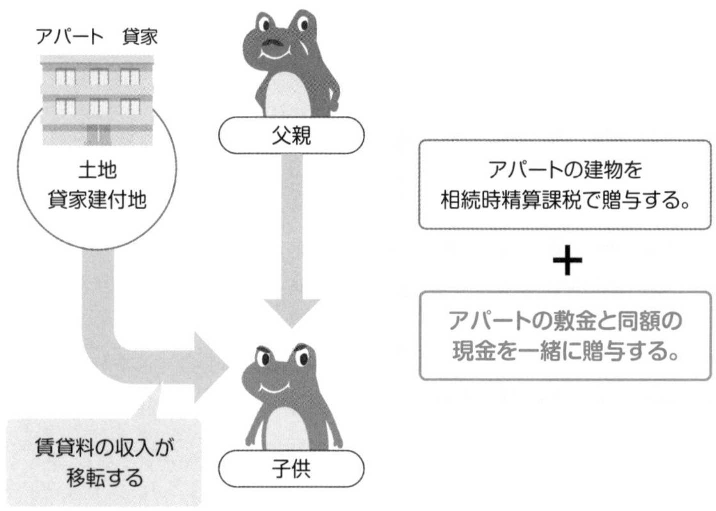

一方、すでに父親がアパートの借金は返済した、または借金せずに建物を建てているケースもあります。

この場合でも、アパートを借主に貸すときに敷金を預かるはずです。敷金は賃貸料を支払えなくなったら相殺しますが、それ以外では原則、退出するときに返還するという借金です。そのため、建物だけを贈与したとしても敷金を返還する義務という借金付きで贈与したと、自動的にみなされてしまいます。

そこで、父親が預かっている敷金と同額の現金をアパートと一緒に贈与するならば、借金付きではなくなり、建物は時価で評価されずに低い評価でよいことになります。

建物を贈与するならば、事前にサブリースしておく

父親から子供がアパートの建物を贈与されたあと、原則、子供は地代を支払わずに使用貸借の契約とします。その代わり、将来は建物を取り壊して更地で返還することを約束します。地代が無料であれば、借地権は発生していないとみなされます。

ただし、土地を返還する前に父親の相続が発生したときにはアパートの敷地でも貸家建付地の評価とはならず、原則は自宅の敷地と同じ自用地の評価となります。

そもそも自宅を相続した相続人は、そこに住むことも取り壊すことも自由です。ところがアパートを相続したときには、その土地は相続人が自由に使えないため、**貸家建付地**として下記のように評価が下がるのです。

2

貸家建付地の評価 ＝ 路線価 ×（1－30% × 借地権割合 × 賃貸割合）
（※）一時的な空室は貸しているとみなして賃貸割合を計算する。

今回は使用貸借とするため、貸家建付地の評価には下がりません。所得税は節税できていますが、父親が所有する敷地の評価は高くなり、相続税の節税対策としてはマイナスです。

ところが、これには例外があり、アパートの建物を贈与する前と後で借主が同一ならば、つまり、先に借主が賃貸借契約を締結しているので、あとの使用貸借契約よりも優先されて、その敷地は貸家建付地で評価してよいのです。

そこで、贈与する前に不動産会社に**サブリース**してもらえば借主を固定できます。自分たちでサブリースする会社を設立しても構いません。

そのあと、サブリースした不動産会社が転貸した先の借主が入れ替わっても敷地は貸家建付地の評価のままとできます。

▼サブリースで借主を固定する

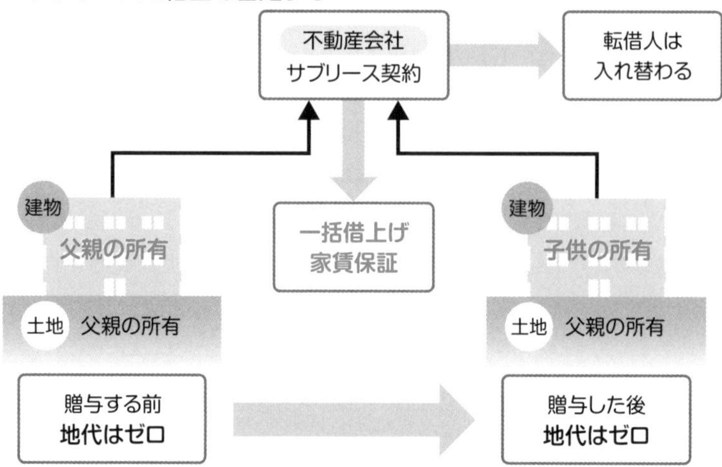

修繕しても、建物の固定資産税評価額は上がらない

アパートの建物が古いときには、父親が事前に修繕して収益力を上げておくと節税対策となります。

このとき、通常の維持管理で壁紙の張替え、床の補修、屋根や外壁の塗装などの原状回復を行った場合には**修繕費**として、父親の確定申告のときの経費になります。

また、壊れた設備の交換も原則は修繕費となりますが、システムキッチンに入れ替えるなど、価値を増加させると**資本的支出**とみなされます。

資本的支出は固定資産として計上されて、減価償却によって将来の経費になります。つまり、建物を贈与された子供が、そのあとアパートからの収入をもとに確定申告を行うはずですが、そこでの経費として計上できるのです。

基本的には、原状回復に近い資本的支出では、建物を贈与するときの固定資産税評価額が上がることはなく、贈与税が増えることはありません。

一方、建物の床面積が変わるような増改築を行うことで物理的な増加があると、固定資産税評価額は上がります。

▼固定資産税評価額が上がる境界

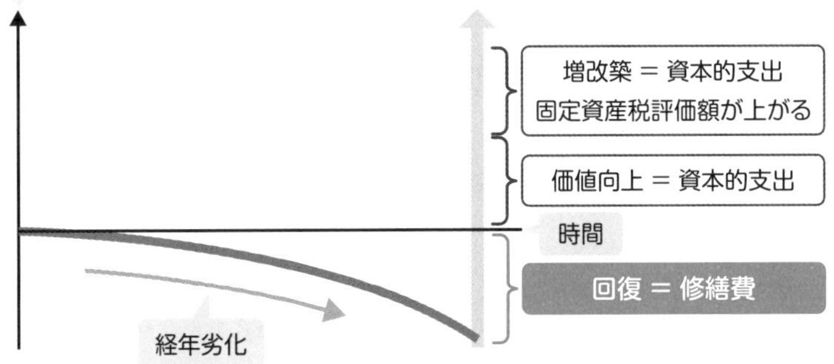

2

固定資産税評価額は、基本的に1月1日時点で市町村が計算します。

とすれば、増改築を行っても、その12月31日までは固定資産資産税評価額は変わりません。それならば、増改築をして、すぐに贈与すればよいというわけではありません。それを無視して贈与税を計算すると、あとで税務署から指摘されて、ペナルティの税金が発生します。

増改築があった建物を贈与するときには、その固定資産税評価額に下記のどれかを加算して、固定資産税評価額を評価すると決まっています。

❶増改築部分に固定資産税評価額が付いている場合には、その評価額
❷増改築部分と類似した付近の家屋の固定資産税評価額
❸付近に類似した家屋がない場合には、(増改築部分の再建築価額−増改築部分の減価償却累計額) × 70%

それでも、増改築によって固定資産税評価額が改訂されることは多くなく、かつ類似の家屋を見つけることも難しいため、通常は❸で対応します。

父親が経営するアパートの建物だけを子供に贈与すれば、最小限の贈与税を支払って収入を移転できる。

6 自宅を二世帯住宅に建て替えるだけで、評価が下がる？

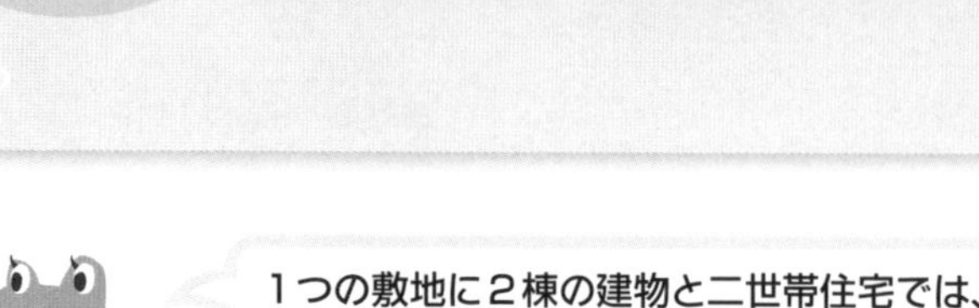

1つの敷地に2棟の建物と二世帯住宅では、どちらの方をお勧めする？

二世帯住宅の方が、敷地の評価が下がるみたいだよ

二世帯住宅を建てても、区分所有登記はしない

父親が古くなった自宅を建て替えると建物の固定資産税評価額は建築費の30%〜50%になるため、父親の財産が減って相続税の節税対策になります。

このとき、父親に認知症が発症する前に、自宅を建て替えて**二世帯住宅**にするという方法があります。子供にとっても、父親のお金で無料で住むことができます。

そのあと、父親の相続が発生したときには、**小規模宅地の特例**を使って敷地全体の評価が20%に下がるのです。これは、父親がそのときまで住み続けていた場合には当然として、父親が老人ホームに入居してその部屋だけ空き家のままになっていたとしても、適用できます。

もともと亡くなった父親と同居していた妻（子供から見たら母親）や子供がその自宅を相続したときに敷地の評価が高くて、その相続税を支払うために売却するハメになるのはかわいそうです。

そこで、その敷地の評価を80%減額して、20%の評価にしてくれるのが小規模宅地の特例なのです。それでも、そこまで広い敷地を保護する必要性はないため、自宅は330㎡までと制限されています。

なお、330㎡を超える土地にはまったく適用できないのではなく、500㎡の土地であればそのうち330㎡まで減額してくれます。

それでも、330㎡とは約100坪ですので十分な広さです。しかも、金額の制限がありません。この小規模宅地の特例はあくまで相続人の住居を確保してあげるという目的で作られているからです。

例えば、都市部なら100坪で10億円という土地もあります。そのときには8億円も評価を減額してくれるのです。

父親の自宅の敷地に小規模宅地の特例を適用できるケースは3つあります。

❶妻が相続するケース
❷一棟の建物に父親と同居していた親族が相続するケース
❸父親と同居していないが、家がない親族が相続するケース

まず❶では、妻は父親と同居していなくても相続するだけで、無条件で特例が使えます。相続したあと住み続けなくてもよく、売却しても構いません。

次に❷ですが、一棟の建物とは二世帯住宅を含み、玄関が違っていても、家の中の壁で行き来できなくても無条件で同居していると認められます。

政府として国全体の医療費を削減するという目標から、同居している子供に父親の面倒を診て欲しいという政策なのです。その代わりに、小規模宅地の特例を適用させて相続税を軽減してくれるのです。

それでも、父親に認知症が発症して要介護や要支援の認定を受け、老人ホームに入居させることもあります。そのときでも、相続が発生したときには子供は父親と同居していたとみなされます。

二世帯住宅に住んでいた子供がその敷地を相続すれば、全体に小規模宅地の特例が適用できるのです。

ただし、3つだけ守るべきことがあります。

1つ目は、二世帯住宅を1階と2階で区分所有登記していると同居しているとみなされません。区分所有登記するだけでなぜダメなのかと疑問がわくかもしれません。

これは同じマンション内で2戸にそれぞれ父親と子供が住んでいるときにも、その敷地に小規模宅地の特例が適用できないのですが、それと整合性を合わせるためです。

もし銀行からの要求などによって、すでに二世帯住宅が区分所有登記となって

いる場合には、今から登記内容を変更すれば問題ありません。

1階も2階も父親の所有であれば物理的に建物を改造せず、合併の登記ですみます。

ところが、1階と2階で区分所有登記の記載内容が異なる場合、例えば、それぞれが父親と子供の単独所有となっていると物理的に建物をつなげる工事を行って合体の登記を行うことになります。これにより、父親と子供の共有の建物として、新規に表題登記がなされます。

2つ目は、父親が老人ホームに入ったあとも他人に貸さずに空き家にしておく必要があります。それでも長期間、空き家のままにしておくのはもったいないのであれば、**賃貸併用住宅**に転用して賃貸するという判断もあります。建てるときに住宅メーカーに依頼すれば、転用できる仕様で設計図を作ってくれるはずです。そのときは小規模宅地の特例について、父親の部屋の面積に相当する部分は貸家建付地の評価として、かつ、200㎡までの面積となりますが敷地の評価の50%が減額できます。

3つ目は、空き家にしておいて相続するならば、相続の申告期限である10か月間は子供が自分の部屋に住み続けて売却してはいけません。

それでも、相続が発生したあとは父親の空室部分を他人に貸し付けることは問題ありません。

父親が存命のうちは戻ってくる可能性がゼロではないため、空き家のままにしておいたとしても、相続が発生したら使う人はいないため、他人に貸してもよいでしょう。

自宅に住む子供が、母親に賃貸料を支払う

妻（子供から見たら母親）が存命であれば二世帯住宅を相続して、小規模宅地の特例を適用するはずです。そのあと子供が転勤になったり、嫁姑問題で子供が二世帯住宅に住み続けないケースもあります。

そして、妻の相続が発生したときでも、子供が❸に該当して自分の自宅を所有しておらず、かつ相続した二世帯住宅を引き継いで申告期限まで所有していれば、敷地全体に小規模宅地の特例が使えます。

一方、妻は、子供が帰ってこないのであれば空室部分を他人に貸して生活費の一部にあてるかもしれません。その場合で、子供がその二世帯住宅を相続したときには、妻が居住していた建物の面積に相当する部分には80%の減額、賃貸して

いた建物の面積に相当する部分には貸家建付地の評価を行い、かつ50%の減額が適用できます。

▼二世帯住宅の建物も、土地も、妻が相続して所有している前提

妻が居住している土地に、80%の減額を適用する条件

①子供が、自宅を所有していないこと。
②相続した子供が、申告期限まで所有すること。

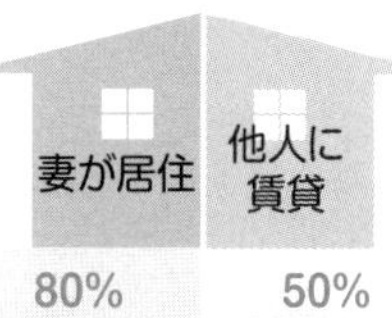

逆に、子供は二世帯住宅に住み続けますが、妻が二世帯住宅の部屋が広すぎるため、住みやすいマンションに移り住んでしまうこともあります。

先ほどの父親が老人ホームに入居したケースでは認知症になって、介護ができないなどの理由がありましたが、今回はそのような理由はありません。

そして、妻の相続発生したときには、子供は妻（子供から見たら母親）が住んでいた自宅を相続したわけではないので、その敷地に小規模宅地の特例を使わせることは認めていません。このままでは、一切の減額ができません。

そこで、子供は妻（子供から見たら母親）と賃貸借契約を締結して、自宅の賃貸料を支払うことにします。これにより、子供としては、妻から借りている建物ということで、その敷地を貸家建付地に変えるのです。

貸家建付地となれば200㎡までの面積ですが、50%の減額が適用できます。子供から賃貸料を受け取った妻にお金は貯まりますが、自宅の土地の評価が下がる方が節税効果は大きいはずです。

同時に、二世帯住宅の妻の自宅の部分も、他人に貸し付けます。

▼二世帯住宅の建物も、土地も、妻が相続して所有している前提

子供だけが住む自宅の土地に、50%の減額を適用する条件

①子供が、妻に賃貸料を支払うこと。
②妻の自宅部分を、他人に貸し付けること。

他人に
賃貸
子供が
居住
50%
減額あり
50%
減額あり

別棟で建てると、二世帯住宅とはみなされない

父親が二世帯住宅を建築するのではなく、引っ越しが面倒などという理由から同じ敷地内に子供の建物を新しく建てることもあります。子供のお金で建ててもよいですが、父親のお金を使うと相続税の節税対策となります。

というのも、例えば、父親の5,000万円の貯金を使って建てると自宅の固定資産税評価額は2,000万円程度となるからです。それだけで、父親の財産の評価が3,000万円も圧縮できています。**2棟の建物となると二世帯住宅とは違うため、同じ敷地内であっても同居しているとはみなされません。**

それでも、父親の相続のときに、父親が住んでいた建物だけではなく、父親と生計が一の子供が住んでいた建物も、妻（子供から見たら母親）が相続するならば、両方の敷地に小規模宅地の特例が適用できます。

子供と父親の生計が一でなければ、妻が相続した父親の自宅の敷地の部分のみ、小規模宅地の特例を適用します。ここで**生計が一**とは、原則として父親と同じ建物の中で同居しているケースを指します。

ただし、別棟となっていて1つの建物の中で同居していなくても、父親の通帳などから子供の生活費、療養費、孫の教育資金等などを支出していれば生計が一とみなされます。子供が会社で働いていて、父親とは別の収入があっても構いません。

または、年金の収入しかない父親に対して、子供が常時仕送りをしているならば、それでも生計が一とみなされます。

▼父親が土地も、2棟の建物も所有している前提

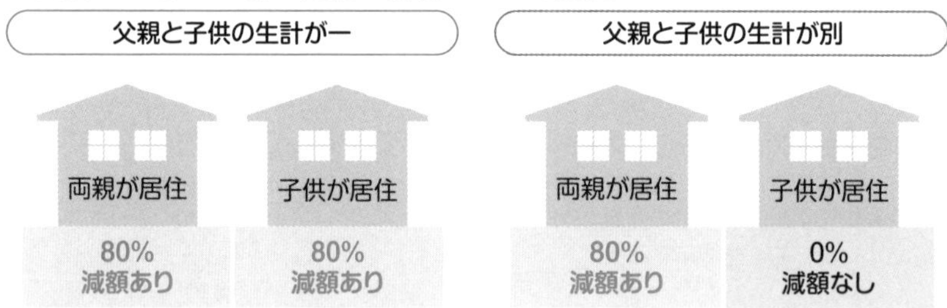

父親の相続のときに生計が一の子供の自宅について、妻が相続すべきか、子供が相続すべきか、迷うかもしれません。

特に、小規模宅地の特例と**配偶者の税額軽減**を使えば、相続税がゼロになる場合には、妻が相続する方を選択してしまいがちです。

ところがそのあと、妻が老人ホームに入居した場合には、妻と子供が生計が一でなければ、妻の相続のときに子供が相続した敷地は二世帯住宅ではないため一切、小規模宅地の特例が適用できないことになってしまいます。

1つの敷地に2棟の建物を建てている場合には、父親の相続のときに、父親と生計が一の子供が自分の自宅部分を相続して小規模宅地の特例を適用すべきです。

▼妻が土地も、2棟の建物も所有している前提

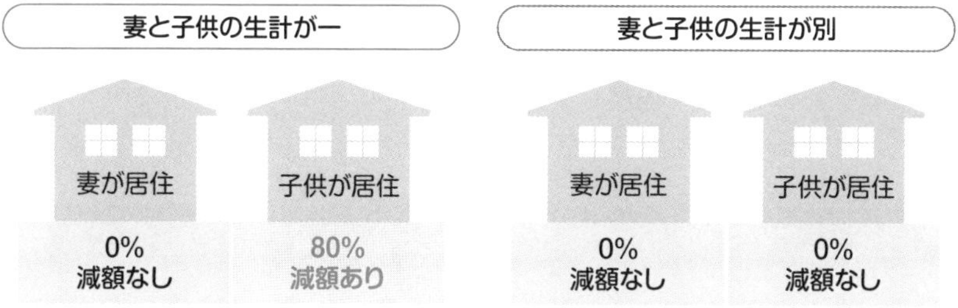

妻と子供の生計が一		妻と子供の生計が別	
妻が居住	子供が居住	妻が居住	子供が居住
0% 減額なし	80% 減額あり	0% 減額なし	0% 減額なし

まとめ

1つの敷地に2棟の建物を建てるのではなく、二世帯住宅として建てた方が小規模宅地の特例が使えるケースは増える。

自宅の前にアパートを建てるのは、本当に有効な対策なのか？

借金すればするほど、相続税って安くなるんでしょ？

どんなに借金をしても、まったく相続税の対策にはならないみたいだよ

過去に土地の有効活用で失敗した理由を知っておく

父親が自分の所有している土地にアパートを建てるだけで相続税の節税対策になるという手法は、昔からある有名な話です。

ところが、銀行から借金をしてアパートを建てたら、そのあと賃貸料が下がり、予定どおりの返済ができなくなった人もいます。

破産した人までいて、ニュースに取り上げられたこともありました。それを見て「アパートを建てる＝騙される」と思い込み、拒否反応を示す人もいます。

しかし、その失敗した理由を知れば、恐れることはありません。

(1) 自分の所有する土地を過信した

だれでも自分の所有するものは、ひいき目になりがちです。

自宅の土地が**旗ざお地**でも、大どおりから奥に入っているので人目を気にせず、騒音もなく静かで住みやすいと感じます。ところが、その自宅を取り壊して駐車場付のアパートを建てると入り口で借主同士の車がすれ違えず、突然使いにくい土地となります。

また、部屋の面積を大きくできると郊外の土地にアパートを建てました。

ところが、その地域は電車通勤のサラリーマンが多く、部屋の広さよりも駅に近いことが重要視されていたので賃貸料は高くなりませんでした。

このように自分の土地に愛着があるほどその需要を見きわめ、どのように利用するのがもっともよいのか、冷静な判断ができません。

無理やり畑の真ん中に巨大なアパートを建てて、ほとんどが空室で廃墟となっているケースも見たことがあります。

最初からアパートを建てることを前提にせず、収支が合わないのであれば更地しておくか、売却して現金に換えるという選択肢も入れておきましょう。

(2) 借金は多い方がよいと勘違いした

父親に認知症が発症していないのに「アパートを建てるお金を銀行から借りると、相続税が安くなる」「借金が多い＝節税効果が大きい」と話していたら、大きな勘違いをしています。

例えば、路線価で1億円の土地（借地権割合60%）を所有している父親が、銀行から1億円のお金を借りてアパートを建てたとします。

すると、建物は貸家、土地は貸家建付地の評価に下がります。

貸家の評価＝4,000万円（建築費の40%）×（1－30%×100%）＝2,800万円
貸家建付地の評価＝1億円×（1－30%×60%×100%）＝8,200万円
アパートの相続税の評価額＝2,800万円＋8,200万円＝1億1,000万円

結果、アパートの評価は1億1,000万円になるのですが、借金が1億円あるので差し引きます。

父親の財産の評価として、アパートを建てる前は路線価の1億円、アパートを建てたあとは「1億1,000万円（評価）―1億円（借金）＝1,000万円」となります。これで、9,000万円も評価を圧縮できました。

しかし、これは借金があったからではありません。

父親が路線価で1億円の土地だけではなく、1億円の現預金も所有していて、相続財産の合計が2億円のケースを考えてみればわかります。

借金をせずに1億円の現預金でアパートを建てると建物の評価は2,800万円となり、土地の評価は8,200万円に下がるため、合計で1億1,000万円となります。現預金はゼロになっているため、父親の財産の評価はアパートだけです。

父親の財産の評価として、アパートを建てる前は2億円、アパートを建てたあとは1億1,000万円ですので、やはり9,000万円を圧縮できています。

つまり、借金があってもなくても、節税効果はまったく同額なのです。

2

そのため、無理やり借金を大きくする行為は、金利の支払いを増やすだけで損をするだけです。

▼借金と節税対策は関係ない

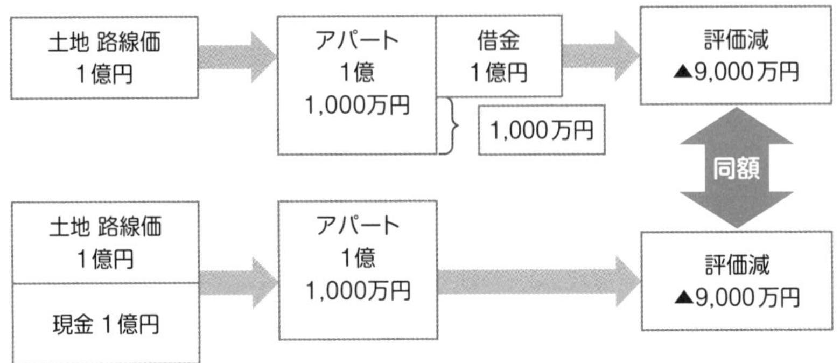

庭を合理的に分筆してから、アパートを建てる

父親が広い土地に住んでいるのであれば、庭を分筆してアパートを建てると、メリットが3つあります。

1つ目は当然ですが、収入が増えることです。

アパートの建物だけが新規の投資となり、土地への投資がないため借金をしても収支が赤字になることは考えられません。そのため、借金が返済できなくなり、賃貸事業が失敗する確率はほとんどないはずです。

2つ目は、**小規模住宅用地**となり、毎年支払う固定資産税が下がることです。小規模住宅用地は1戸につき200㎡まで固定資産税が6分の1、都市計画税が3分の1に減額されます。あくまで「1戸につき」となりますので自宅の敷地を200㎡以下にして、残りをアパートの敷地にして分筆すればよいのです。

そのことで、固定資産税が減額される面積が一気に広がります。

▼固定資産税が減額できる

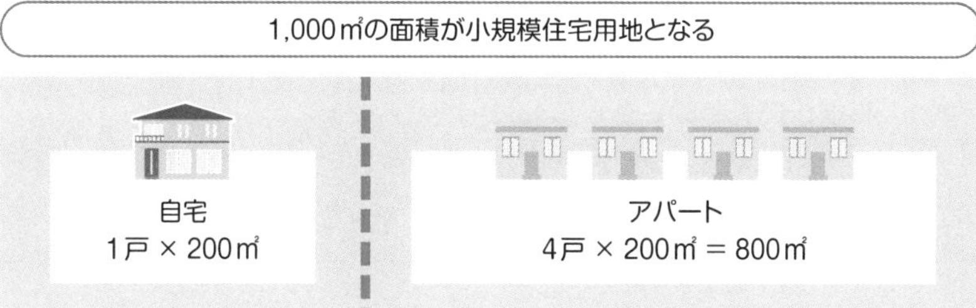

3つ目は、相続税の節税対策です。

土地を旗ざお地で分筆して前面にアパート建てることで利用方法を変えれば、それごとに評価できるのです。旗ざお地は利用価値が低下するため、相続税を計算するときの評価もかなり減額されます。

2

▼旗ざお地は評価が下がる

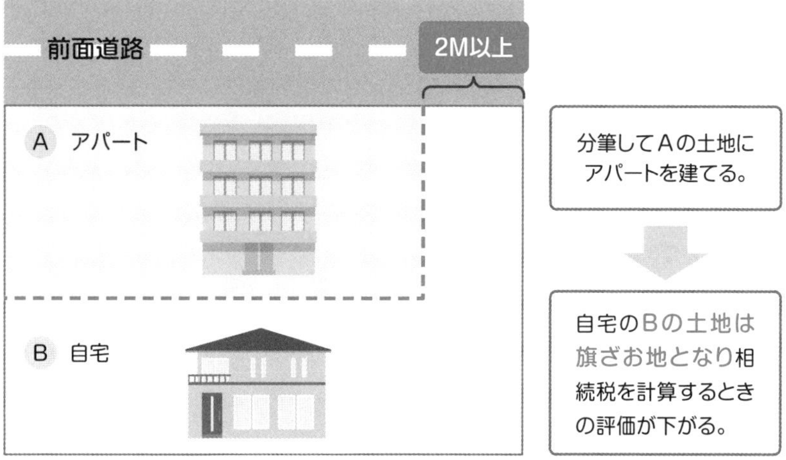

もともと自宅を売却する気がなければ利用価値が低下しても、デメリットはありません。アパートは前面道路に面しているため、借主にとっては利便性が高くなっています。

このとき、建築基準法では道路に面する間口が2M以上（条例で変更可能）ないと建物の建築ができないと決められています。もし間口を2M未満で切ると旗ざお地が単独では使えない土地とみなされて、一面で評価するのです。これでは、分筆した意味がなくなるので気を付けましょう。

高層階の建物を建てたら、区分所有登記を行う

父親が所有する自宅が都市部にあり、容積率が高いこともあります。そこにはアパートを建てても、有効に使えているとは言えません。

そこで例えば、1階がコンビニ、2階から5階がマンションの5階建ての自社ビルに建て替えるのです。最上階も含めて、すべて貸すこともできますが、その一部に父親が住んでも構いません。

このとき、二世帯住宅のときとは違い、部屋ごとに区分所有の登記をしておくとメリットがあります。

区分所有の登記とは部屋ごとに敷地を紐づけることで、1部屋ごとに独立して所有権の対象となります。

もし父親が最上階に住んで妻（子供から見たら母親）がそこを相続するか、そこに子供が同居して相続するならば、その面積に相当する土地は小規模宅地の特例によって80%の減額ができます。1階から4階までの賃貸部分の面積に相当する土地は貸家建付地の評価となり、かつ小規模宅地の特例によって50%の減額となります。

また、父親が老人ホームに入居することになり、現金が入用となったときでも一部の部屋を売却してねん出できます。

父親の相続のときも部屋ごとに相続できるため、親族間の争いも防げます。相続人も相続税を支払うために、すべてではなく部屋ごとに売却できます。

しかも1棟のビルを買える人は少ないですが、1部屋であれば買える人も多くなります。つまり、部屋ごとに区分所有の登記をしておいた方が、不動産の価値は高くなるのです。

▼建物を区分所有で登記する

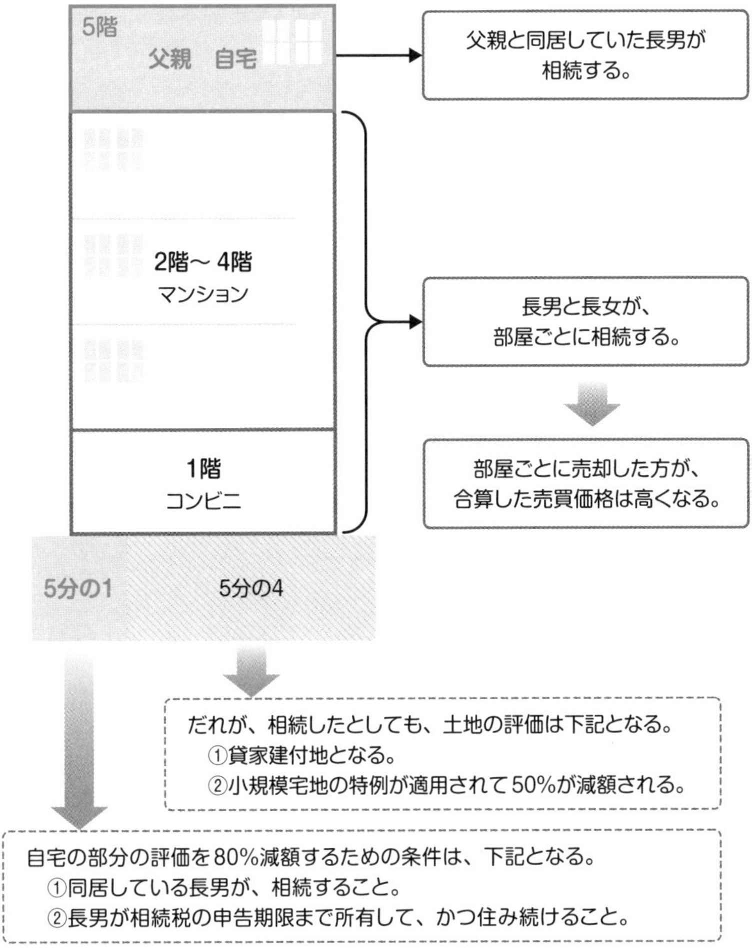

5階	父親　自宅	父親と同居していた長男が相続する。
2階〜4階	マンション	長男と長女が、部屋ごとに相続する。 ↓ 部屋ごとに売却した方が、合算した売買価格は高くなる。
1階	コンビニ	（同上）

土地	5分の1	5分の4

だれが、相続したとしても、土地の評価は下記となる。
①貸家建付地となる。
②小規模宅地の特例が適用されて50%が減額される。

自宅の部分の評価を80%減額するための条件は、下記となる。
①同居している長男が、相続すること。
②長男が相続税の申告期限まで所有して、かつ住み続けること。

アパートを建てて相続税の節税対策を実行してもよいが、借金はできるだけ保守的に少なくしておく。

2

8 株式交換を使うと、相続税がかかる株式が１つに減る？

会社が２つあれば、それぞれの株式に相続税がかかるんでしょ？

親子会社にすれば、親会社の株式にのみ相続税がかかるんじゃない

非上場会社の株式は、どのように評価されるのか

父親が不動産などに投資するときには、自分が経営する会社の名義で買うのではなく、そのためだけに新しく会社を設立することがよくあります。

会社の従業員に自分の財産を知られたくない、または本業と関係ない不動産の管理に従事させるのはよくないなど、理由はいろいろです。

また、種類の違う２つの事業を行うときに会社を分けることもあります。事業が違えば、従業員の就業規則や給料体系が変わるためです。

このままでは、２つの会社の株式が相続税の対象となります。そこで、**株式交換**という方法を使うと１つの会社の株式だけを相続税の対象に変えられるのです。ただし、株式交換を行うためには株主総会の決議が不可欠となります。

父親が退任して長男が社長に就任したあとも、父親が株式だけは所有し続けていることがあります。その場合には、社長である長男ではなく、株主である父親の同意が必要となるため、父親に認知症が発症すると株式交換は実行できなくなります。

株式交換ならば、無駄な税金は発生しないため、早期に実行すべきです。

そもそも上場株式であれば第三者間による取引市場がありますので、そこで時価が計算できます。ところが、非上場会社の株式は取引市場がなく、実際に売りに出してみないと時価がわかりません。

不動産とも違い、非上場会社の株式には相場というものもありません。

そこで、相続税法では非上場会社の株式については、評価するための一定のルールを決めているのです。

(1) 純資産から評価する方法

非上場会社の株式は**純資産価額**で評価することが、原則です。

その株式を相続した人が会社を継がずに、その時点で会社を清算すると株主は純資産価額に相当する財産を受け取れるからです。純資産価額とは、会社が所有する資産から借金などの負債を差し引いた差額を指します。

会社を清算するときには資産を売却するので、純資産価額を計算するときにも資産を時価で評価し直します。建物や土地の時価は売却してみないとわからないため、個人で所有していた場合と同じように建物は固定資産税評価額、土地は路線価で評価します。

その不動産がアパートであれば、建物は貸家の評価、土地は貸家建付地の評価に下がります。そして、その評価した金額が買った金額よりも高ければ含み益になります。

会社を清算するためにその資産を売却すれば、含み益が実現して法人税がかかってしまいます。そこで、純資産価額を計算するときには、含み益から法人税相当額の37%を控除できるのです。

▼会社を清算すると仮定して計算する

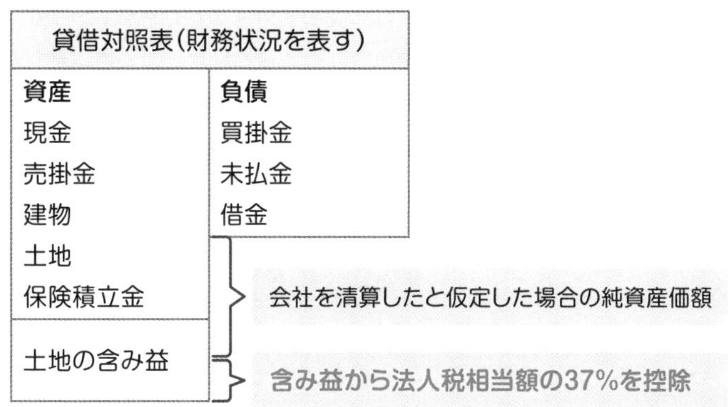

(2) 利益から評価する方法

会社は資産がなくてもノウハウがあれば、儲かります。そのノウハウで稼いだ利益から株式を評価したものが、**類似業種比準価額**となります。

▼類似業種比準価額の計算式

$$\text{1株当たりの類似業種比準価額} = A \times \frac{Ⓑ \div B + Ⓒ \div C + Ⓓ \div D}{3} \times \text{斟酌率}$$

「A」= 類似業種の株価
「Ⓑ」= 評価会社の1株当たりの配当金額
「Ⓒ」= 評価会社の1株当たりの利益金額
「Ⓓ」= 評価会社の1株当たりの純資産価額(帳簿価額)
「B」= 課税時期の属する年の類似業種の1株当たりの配当金額
「C」 = 課税時期の属する年の類似業種の1株当たりの年利益金額
「D」 = 課税時期の属する年の類似業種の1株当たりの純資産価額(帳簿価額)
斟酌率 = 大会社0.7、中会社0.6、小会社0.5

類似業種比準価額の計算式を見ると、利益だけではなく配当も評価に影響を与えることがわかります。

相続ではなく、贈与で株式を移転した方が得になる

後継者である長男が、父親の非上場会社の株式を取得するときには、それが相続、贈与、売買のどれであったとしても、原則的評価方法で評価されることになります。**原則的評価方法**とは、純資産価額と類似業種比準価額を組み合わせる方法です。

もともと非上場会社の株式の評価は純資産価額で計算することが原則であるため、「純資産価額＜類似業種比準価額」であれば、純資産価額で評価してよいことになっています。ところが一般的には、「純資産価額＞類似業種比準価額」となります。

とすれば、類似業種比準価額が使える割合が高いほど有利なのですが、勝手に組み合わせの割合を決めることはできません。

非上場会社の従業員数、純資産価額(帳簿価額)、売上などの規模から、大会社、中会社、小会社と区分します。そして、類似業種比準価額が使える割合は、「大会社 ＞ 中会社 ＞ 小会社」の順番で大きくなります。

例えば、従業員が70人以上在籍しているならば、無条件で大会社と判定されます。そうなると、類似業種比準価額だけで評価できるのです。

それでも、株式の評価を下げるためだけに従業員を雇うことはできるはずもなく、区分を意図的に変更するのは困難なのです。

▼会社の区分ごとの評価方法

区分	原則的評価方法	任意で選択可能な評価方法
大会社	類似業種比準価額	純資産価額
中会社	類似業種比準価額×L ＋純資産価額×（1-L） ※Lの割合 中会社「大」＝0.90 中会社「中」＝0.75 中会社「小」＝0.60	純資産価額
小会社	純資産価額	類似業種比準価額×0.5 ＋純資産価額×（1－0.5）

それでも、父親が辞めるときに退職金を支払えば、純資産価額は一気に減少します。また、類似業種比準価額は直近の利益さえ小さくできれば、評価は下がります。もし配当をすることでも類似業種比準価額が下がるのであれば、株主総会で決議してもよいでしょう。

このように、非上場会社の株式の評価について限界はありますが、意図的に変動させることができるのです。とすれば、父親の相続のときではなく、生前に計画を立てて贈与によって後継者である長男に移転させるべきです。

相続のときにたまたま会社の利益が高くて、類似業種比準価額も上がって相続税を支払ったとします。長男が継いだあと利益が下がれば、高い相続税を支払った分だけ損です。

また、会社の株式をだれが相続して意思決定していくのかを従業員に示すことは、経営者である父親としての責務でもあります。

それでも父親に認知症が発症すれば、生前に株式を移転できなくなります。できるだけ早い時期から計画を立てましょう。

株式交換によって、無税で株式の評価を下げる

父親が経営する会社が2つ以上あれば、どちらも会社の区分の判定を行い、それぞれが評価されて相続税の対象となります。

そこで、株式交換という方法を使って、2つの会社を親子会社の関係に変えるのです。

右の図において、例えば、父親が会社Xと会社Yの2つの会社を経営していたとします。会社Xは従業員も多く、かなり利益が出ていて大会社に区分されます。会社Yは不動産などに投資している会社で、従業員はほとんどいませんし、利益も少ないですが、純資産価額だけは高くなっています。

とすれば、会社Yの株式を会社Xの株式と交換して、親子関係にします。

手続きとしては、父親が会社Yの株式を会社Xに売却します。すると、会社Xは新しく自分の株式を発行して父親に交付するのです。これで、父親が所有していた会社Yの株式は、会社Xの株式に交換されています。このとき、父親が会社Yの株式を売却しているので、税金はかからないのかという疑問がわきます。

どちらの会社も親族で100%を所有しているならば、つまり、親族だけで株主の100%を占めているならば、会社Yの株式と会社Xの株式を等価交換しただけとして、一切の税金がかかりません。

結果、会社Yの株式は会社Xの資産として計上されます。

そのため、会社Xの類似業種比準価額を計算するときの「1株当たりの純資産価額（帳簿価額）」は増加するため、評価は上がります。それでも、会社Yの「1株当たりの利益金額」や「1株当たりの配当金額」については合算されません。類似業種比準価額の計算式ではそれらを3で割っているため、影響は3分の1に留まります。

しかも、会社Xは大会社ですので、類似業種比準価額しか使いません。会社Xの株式の純資産価額にプラスされるはずの会社Yの株式の純資産価額はまったく無視されるのです。

これで、会社Xの株式だけが相続税の対象となり、しかも会社Yの評価がそのまま合算されないことから節税対策となるのです。

▼株式を交換して親子関係にする

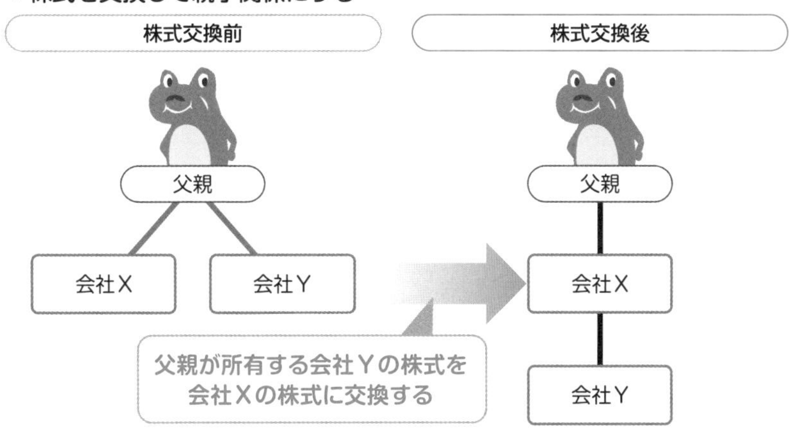

2

　このとき逆に、会社Xの株式を会社Yの株式と交換することで、会社Yを親会社、会社Xを子会社にした方がよいケースもあります。

　それは、会社Xの利益が大きいとどうしても類似業種比準価額が高くなりがちです。そこで、会社Xを子会社とすれば、会社Yの類似業種比準価額を計算するときには、「1株当たりの利益金額」は2社を合算せずに計算できるのです。

　どちらを親会社にすべきかについては、贈与する前にシミュレーションすれば、すぐにわかるはずです。

まとめ

2つの非上場会社を株式交換によって親子会社の関係にしても、両方の株式の評価がそのまま合算されるわけではない。

9 持株会社の株価が高くなってしまう落とし穴がある？

持株会社を設立するのって、最近、流行っていると聞いたけど？

持株会社を使うのはよいけど、その株式が相続税の対象になるからね

名義株を真実の名義に戻せないときの対処法とは

昔は株式会社を設立するために、最低7人の発起人が不可欠でした。

発起人は最低1株を引き受けなければならず、親族に頼んで名義だけを借りたので、世の中には**名義株**がたくさん存在するのです。

この名義株の問題は、一度でも会社が配当を渡してしまうと株主としての権利が確定することです。つまり、名義株ではなくなり、その人の名義の株式となります。それでも、非上場会社は配当していないケースが多いはずです。

もともと設立したときは1株50円だった株式の評価が、長い年月を経て、今ではかなり高額になっている非上場会社がたくさんあります。

後継者である長男には名義株なのか、お金を出してもらったのか、真実はわかりません。そこで創業者である父親などが認知症となる前に「名義を借りただけなので、元に戻して欲しい」と依頼して、本来の名義に戻しておきましょう。

このとき、相手からは名義変更の承諾書をもらってください。

もしかしたら、**印鑑代**を要求されるかもしれませんが、禍根を残さないように支払ってでも名義を変更しておくべきです。

さらに、すでに名義を借りた親族が亡くなっていて、その相続人の住所がわからないこともあります。このような株式については「5年間継続して、その株主に通知または催告が到達しない（1年間に短縮できる特例もある）」ことを条件に、取締役会で会社の買い取り（競売や時価での売却もできる）を決議します。今まで株主に**株主総会の招集通知**を送付していない場合には、今後は送付するしかありません。

▼連絡が取れない株主への対応

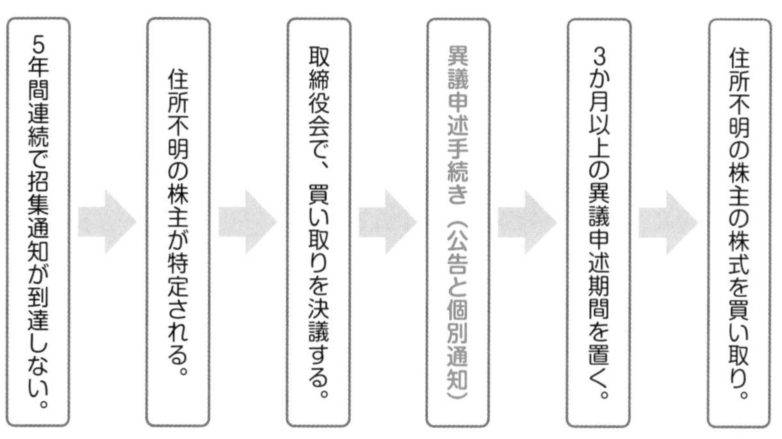

結局、親族が名義株であることを認めなかったり、実際に名義株でないことがあれば、どちらにせよ買い取る必要があります。

そのとき、株式の売買価格は勝手に決めることはできず、会社を支配している父親や後継者の子供が買うのであれば、原則的評価方法となります。親族も株式を安く売却してくれる理由もなく、こちらから計算して売買価格を提示しましょう。

また、株主がかなり分散していて、個人では買い取るお金が不足するならば、会社が自己株式として買い取るという選択肢もあり得ます。

このとき、親族が株式を父親に売却したときの売却益には20.315%の所得税がかかります。ところが、株式を発行している会社に売却すると売却益が配当とみなされて、最大で55%もの所得税がかかってしまうのです。

そこで、長男を株主とする**持株会社**を設立して親族から株式を買い取ってあげれば、株式を発行している会社への売却ではないため、20.315%の安い所得税ですむのです。ただし、設立したばかりの持株会社にはお金がありませんので、銀行から借金をします。当然、父親が創業した会社、ここでは持株会社に対して一般事業会社と呼びますが、銀行から連帯保証することを要求されるでしょう。

2

そのあと、持株会社は一般事業会社からの配当で銀行に返済していきますが、持株比率を3分の1超にしておけば、配当から銀行からの利息を控除した金額には法人税がかかりません。

控除した利息は経費にはなりますので、ほとんど税金はかからないはずです。

▼持株会社を利用した株式の買い取り

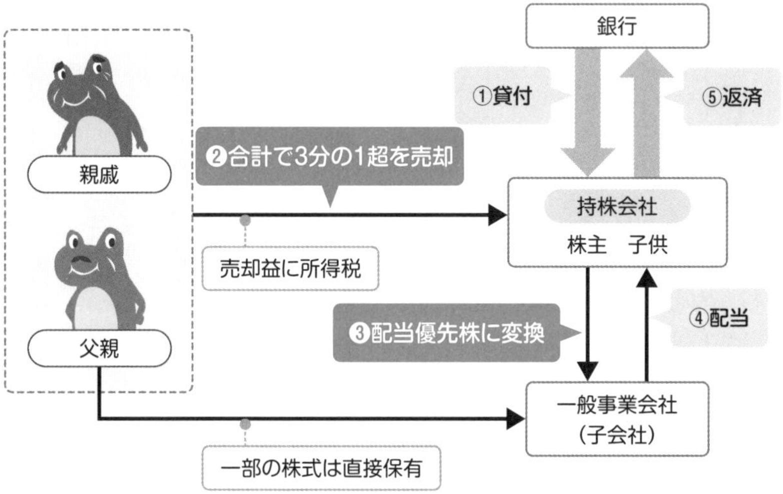

銀行
①貸付
⑤返済
親戚
❷合計で3分の1超を売却
持株会社
株主　子供
売却益に所得税
父親
❸配当優先株に変換
④配当
一般事業会社
（子会社）
一部の株式は直接保有

持株会社が所有する株式と父親の所有する株式の合計で、持株比率が特別決議ができる3分の2以上となったら株主総会を開催して、持株会社の株式と株式交換します。

これにより、父親と子供が持株会社の株主となり、一般事業会社はその持株会社の100%の子会社になるのです。今まで、どうしても株式を売却してくれない親族もいますので、その人たちも強制的に持株会社の株主に変わります。

このあと、一般事業会社に利益が出て株式の評価が上がっていくと、持株会社の株式の純資産価額を計算するときに、その含み益から法人税相当額である37%を控除できるのです。

ということは、できるだけ早い時期から持株会社を設立しておくほど、株式の評価が上がるのを抑制できます。

▼持株会社の子会社にする

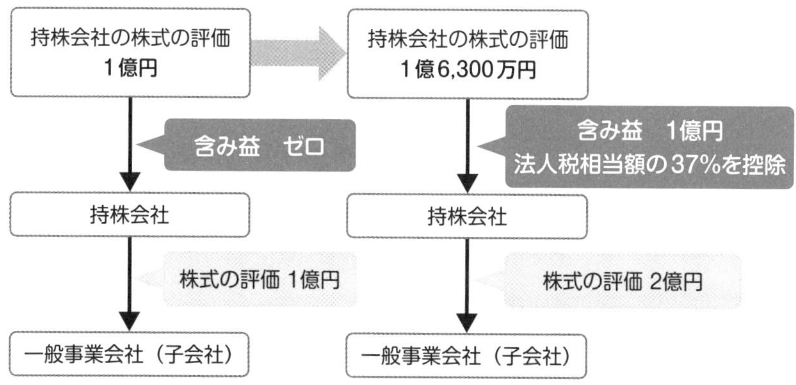

不動産に投資して、賃貸事業の実態を備える

2

持株会社を設立するのはよいとしても、所有する子会社の株式の評価が、資産に占める割合の50%以上となると**株式等保有特定会社**に該当します。

株式等保有特定会社となると、会社の規模に関係なく純資産価額だけで評価されてしまいます。これでは、持株会社を設立した節税効果が小さくなります。

そこで、持株会社が事業を行うことで資産を組み替えるのです。ただし、見せかけの事業でよいわけではなく、実態があることが前提です。

例えば、一般事業会社の管理部が異動してそこから業務を委託されるだけでは、持株会社の事業にはなりません。売上も小さすぎます。儲かった利益が蓄積されていき、資産に占める子会社の株式の評価の割合が50%未満になるまでにも相当の期間がかかります。

そこで例えば、持株会社が不動産に投資して賃貸事業を始めるならば実態もあり、資産も組み替わります。

▼株式等保有特定会社から外す

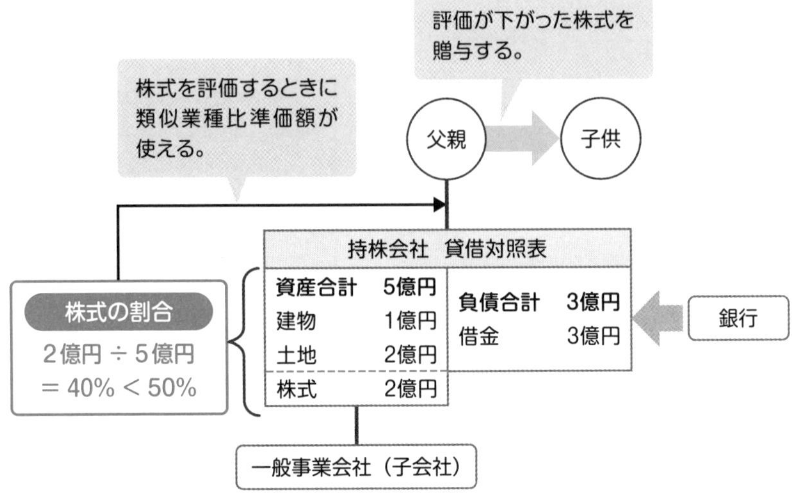

ここで、注意すべき点が2つあります。

1つ目は、将来、一般事業会社の株式の評価が上がると予想することです。

特に、賃貸事業を行う不動産の建物の評価は貸家となり、時間が経過すれば下がっていきますし、土地の評価は貸家建付地になるのです。

そのため、資産に占める子会社の株式の評価の割合がギリギリ50%になる不動産へ投資するのではなく、余裕を持ちましょう。

2つ目は、会社が不動産に投資してから3年間は土地も建物も時価、つまり買った金額で評価されることです。持株会社でなくても、とにかく会社が不動産に投資したときには、3年以上経たないと純資産価額は下がらないのです。

生命保険に加入して、資産の構成を変える

建物の評価は下がっていくため、持株会社を株式等保有特定会社から外すためには、アパートなどの土地の比率が高い不動産に投資します。

ところが、持株会社の資産に占める土地の評価の割合が70%以上（中会社、小会社の区分は90%以上）となると**土地保有特定会社**に該当します。土地保有特定会社も会社の規模に関係なく、純資産価額だけで評価されてしまうのです。

このときには、持株会社が生命保険に加入することで保険積立金を計上して、会社の資産に占める土地の評価の割合を70%未満にします。

この方法は、子会社の株式の評価が上がり、株式等保有特定会社に該当しそうなときにも有効な方法です。

▼土地保有特定会社から外す

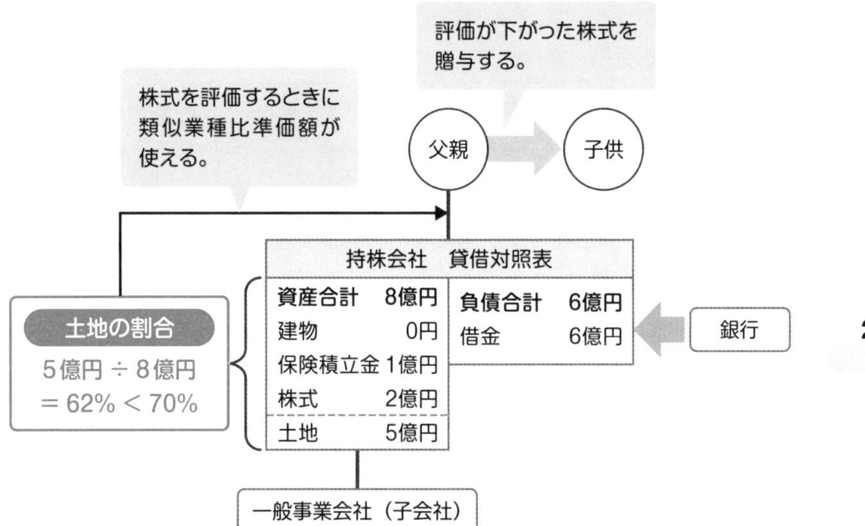

まとめ

持株会社を設立したら、そのあとの資産合計に占める株式や土地の評価の割合も管理して、必要となれば資産を組み替える。

10 従業員持株会を作る本当の目的とは、何？

従業員持株会を作るのって、上場会社だけじゃないの？

非上場会社でも、多くの会社が従業員持株会を作っているみたいだね

従業員持株会とは、配当還元価額で売買できる

従業員持株会とは従業員が集まって代表者を決めて、みんなで株式を所有する仕組みです。取締役は従業員持株会には参加できず、あくまで従業員だけで構成されます。それでも、子会社の従業員などは参加できます。

従業員持株会も株主総会での議決権を持ちますが、それは代表者が行使します。そして、会社からの配当があれば、その持分比率に応じて受け取れます。

法的な性格としては、民法の**任意組合**、**人格のない社団**、任意団体、一般社団法人のどれかで設立されます。このうち、任意団体は信託銀行に株式を運用してもらう方法であり、一般社団法人も設立コストやランニングコストがかかり、かつ税務上も不利となるため、非上場会社では通常は選択しません。

残りは2つとなりますが、ほとんどが任意組合となります。というのも、任意組合であれば受け取る配当について**配当控除**を適用できるため、従業員にとって税務上のメリットがあるからです。

従業員を全員参加させるのか、一定の役職または勤続年数以上の従業員のみを参加させるのかは、最初の設計段階で決める必要があります。どのくらい従業員持株会に株式を所有してもらうのかも含めて、検討していきましょう。

まず、非上場会社でも従業員持株会を導入するケースが多いのは、次のメリットがあるからです。

従業員持株会を導入するメリット

❶従業員が、会社の経営への参加意識を持てる。
❷奨励金を出すことで、従業員の自己負担を減らせる。
❸配当することで、従業員の福利厚生となる。
❹父親の相続税の節税対策に効果がある。
❺他の親族からの買取りのときにも活用できる。
❻従業員の共有となるため、単独で株式を売却できない。

この中で❷ですが、従業員持株会は強制ではなく、任意に参加してもらう制度です。そこで、奨励金を出すことで従業員持株会に参加したい従業員を増やすのです。ただし、奨励金は給料として所得税がかかります。

次に、❸ですが、父親の株式を従業員持株会に売却しておけば、子供が相続する株式からは除くことができ、かつ敵対的な株主にもなりません。

特に、父親が従業員持株会に売却するときの価格は**配当還元方式**で計算した**配当還元価額**でよいのです。

▼配当還元方式の計算式

$$\text{配当還元価額} = \frac{\text{年配当金額}}{10\%} \times \frac{\text{1株あたりの資本金等の額}}{\text{50円}}$$

$$\text{年配当金額} = \frac{\text{直前期末以前2年間の配当金額}}{2} \div \text{1株あたりの資本金等の額を50円とした場合の発行済株式数}$$

※年配当金額が2円50銭未満となる場合、または無配当の場合には2円50銭として計算する。

配当還元価額には純資産価額や類似業種比準価額は反映されず、折衷としても使われないため、配当還元価額はかなり低い評価となります。

例えば、資本金の10%の配当であれば、父親が出資した額面金額となり、無配当であれば、1株当たりの年配当金額を2円50銭として計算するため、その半額となるのです。

ケース1
❶ 直前期末の資本金等の額　1,000万円
❷ 発行済株式数　1,000株
❸ 1株あたりの資本金等の額　＝　❶÷❷　＝　10,000円
❹ 直前期、及び2年前の配当金　1,000,000円（2年連続同額を配当）

1株あたりの資本金等の額を50円とした場合の発行済株式数
＝（1,000万円÷50円）＝200,000株
年配当金額　＝（2,000,000円÷2）÷200,000株＝5円
配当還元価額＝（5円÷10%）×（10,000円÷50円）＝10,000円

ケース2
❶ 直前期末の資本金等の額　1,000万円
❷ 発行済株式数　1,000株
❸ 1株あたりの資本金等の額　＝　❶÷❷　＝　10,000円
❹ 直前期、及び2年前の配当金　0円（2年連続無配当）

配当還元価額＝（2.5円÷10%）×（10,000円÷50円）＝5,000円

売買価格が配当還元価額でよいのであれば、最初に従業員持株会を設立して父親の所有する株式を買い取るときにも多額の資金は不要であり、奨励金も少なくてすみます。

そして、従業員が退会するときに従業員持株会または他の従業員が株式を買い取ってあげるのですが、その売買価格も配当還元価額でよいのです。

そのため、従業員持株会として多額のお金を用意しなければいけない場面はありません。

従業員持株会を作ったことによるデメリット

従業員持株会を導入したことによるデメリットもあります。

従業員持株会を導入するデメリット
❶ 従業員持株会の持株比率が高くなると、支配権が揺らぐ。
❷ 父親や後継者である子供に売却するときには、配当還元価額が使えない。
❸ 配当をしないと不満が表面化して、逆効果となる。

❹ 参加できない契約社員やパートとのあつれきが生まれる。

❺ 従業員の出入りが激しいと、手続きが煩雑となる。

この中で❷ですが、父親が従業員持株会に売却した株式を買い戻すときの評価は配当還元価額が使えません。そのため、従業員持株会の持株比率をどのくらいにしておくか、あらかじめ決めておくことが肝要です。

一般的には5%程度が多いようですが、20%近くまで所有させているケースもあります。基本的には、父親と後継者である長男で全体の3分の2の議決権を確保しておけば、会社の意思決定に支障をきたすことはありません。

また❹ですが、従業員持株会はどうしても正社員が対象となります。

同じ仕事をしているのに、契約社員は参加できないとすれば、不満を持つかもしれません。子会社や関連会社の従業員も参加できなければ、あつれきが生まれる可能性があります。

最後に、従業員持株会を作ったあと、どのくらいの期間をかけて株式を買い取ってもらうのかを決めます。

基本的には、従業員持株会に参加する意思を表明した従業員に奨励金を出すことで、毎年少しずつ買い取ってもらうケースが多いようです。

ただし、父親がすでに高齢で相続税対策を急いでいるときもあります。

そのときは、従業員に対して賞与としてまとまったお金を渡して、一気に従業員持株会の持株比率を増やしましょう。

それでも、賞与には所得税がかかるため、そのあと配当を行うなどして従業員に還元する必要があります。

有償の新株予約権を、あらかじめ長男に発行しておく

父親が従業員持株会に売却するときには配当還元価額でよいのですが、後継者である長男に売却するときには、原則的評価方法で評価するしかありません。

長男に買い取るお金がなければ贈与するのですが、そのときも原則的評価方法となるため贈与税は高くなってしまいます。

これを回避するためには少しずつ贈与するしかありませんが、あまりに時間がかかりすぎれば、途中で父親に認知症が発症するリスクがあります。

将来、長男以外にも会社の後継者として手を挙げる相続人がいたり、父親が遺

言書を作成していなければ、贈与できずに残った株式の取得をめぐって親族で争う可能性もあります。

この事態を避けるために、長男に**新株予約権**を有償で発行しておくという方法があります。新株予約権とは、あらかじめ決められた価格を払い込めば株式を取得できる権利のことです。しかも、**行使期間**は任意なので、長期間で設定しておけばよいのです。

例えば、発行済株式数が100株の会社で、父親が100%所有して、その原則的評価方法が1億円だとします。そこに長男へ追加で101株を取得できる新株予約券を有償で発行します。このときの**発行価額**は原則的評価方法の10%程度となることが多いようです。

とすれば、1,010万円で101株の新株予約権を取得できることになります。

このあと、長男が新株予約権を行使するだけで、50%超の議決権の株式を確保できます。この新株予約権にはメリットが2つあります。

(1) 行使する株数を最小限にできる

101株を取得できる新株予約権を所有した長男ですが、すべてを行使する義務はありません。父親が生前に50%超の株式を長男に移転できたのであれば、すべて行使しなければよいのです。

もし50%超に達しない株式しか移転できなかったとしても、残りを新株予約権の行使によって超えればよいのです。このとき、一部の行使しなかった新株予約権は放っておいて構いません。

(2) 行使価額が安い金額で固定できる

新株予約権の発行価額を有償とするだけではなく、発行時の**行使価額**も時価で設定しなければいけません。新株予約権を無償で発行したり、行使価額を低額とすると、将来、長男が行使したときに多額の所得税がかかってしまうからです。それでも、新株予約権を発行したときの「株式の原則的評価方法＝発行価額＋行使価額」としておけば、問題はありません。

しかも、そのあと株式の評価が上がったとしても行使価額は変動しないため、安い払込金額で、かつ無税で株式を取得できるのです。

▼新株予約権を有償で発行しておく

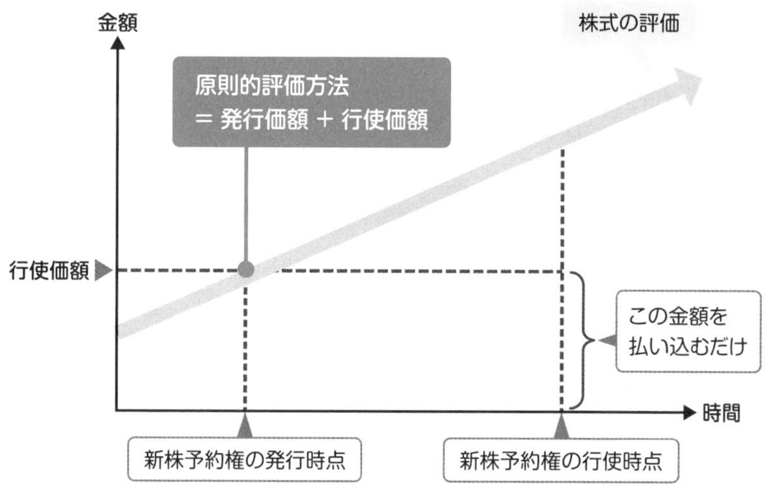

2

まとめ

従業員持株会に株式を売却することで相続税の対象を減らすだけではなく、配当すればモチベーションも上げられる。

11 贈与税も相続税もゼロで、子供に全株式を渡せる？

贈与税も、相続税もかけずに、株式を子供に承継させる方法ってある？

期間限定で、今だけ特別に贈与税も相続税もゼロになる制度があるみたいだよ

株式の評価を下げる対策は、どちらにせよ不可欠となる

期間は限定されていますが、事業承継の目的で父親から後継者である長男に株式を贈与したり、相続したときに、その税金を全額**納税猶予**してくれる制度があります。

まず、令和6年3月31日までに、会社が会計事務所などの**認定経営革新等支援機関**の指導と助言を受けて**特例承継計画**を作成し、都道府県庁に提出します。

特例承継計画とは、令和9年12月31日までの間に、父親の株をいつ、だれに贈与するのかを記載した書類で、都道府県庁がその内容に問題がないと認めれば認定書を交付してくれます。

次に、父親が代表取締役を退任して、後継者である長男が代表取締役に就任します。そして、特例承継計画に従って株式を一括贈与して、その年の10月15日以降、翌年1月15日までに都道府県庁に対して認定申請を行います。

このとき、父親は贈与までに代表取締役を退任することが不可欠なのですが、取締役に留まることはできます。また、贈与する直前に代表取締役である必要はなく、数年前から代表権のない会長などに就任していても問題ありません。

一方、長男は贈与された時点で代表取締役に就任していて、18歳以上でかつ取締役に就任してから3年以上経過している必要があります。代表取締役が複数人いてもよいため、父親は退任するにしても、妻（子供から見たら母親）が代表取締役となり、長男と2人代表としても構いません。

また、父親から株式を贈与された長男が**筆頭株主**になること、かつ長男がすでに所有している株式と合わせて発行済株式数の3分の2に達しなくてはいけません。これで長男が3分の2を所有できれば、1人で株主総会の特別決議を成立できるのです。つまり、会社の支配権を長男に譲ることが条件なのです。

長男は贈与税の納税猶予の適用を受けるために、都道府県庁から交付された認定書のコピーを添付して、税務署に対して贈与税の申告を翌年の3月15日までに行います。

これだけの手続きで、長男が支払うべき贈与税の全額が納税猶予されるのです。ただし、あくまで納税猶予ですので、贈与したあと一定の要件を満たさなくなれば打ち切られてしまいます。

最後に、父親が亡くなると、相続人である長男が都道府県庁に対して相続が発生した日の翌日から5か月以降、8か月以内に、相続税の納税猶予への切り替えの認定申請を行うことができます。すると、納税猶予されていた贈与税が全額免除されると同時に、贈与されていた株式は相続財産に加算されて相続税の対象となります。

そのときの株式の評価は、父親から贈与された時点の金額となります。

基本的に都道府県庁は切り替えの確認を認めるため、贈与されていた株式の評価に対応する相続税についても、全額が納税猶予の対象となります。

なお、父親の生前に株式を長男に贈与すれば、認知症の対策にもなり、かつ親族間の争いも防げます。そのときの贈与税さえ納税猶予できれば目的が達成できたと考えて、相続税は納税猶予せずに支払うという選択肢もあり得ます。

相続税を納税猶予しないのであれば、父親の相続が発生したあと、長男が相続税の納税猶予を継続させるための一定の要件を満たす義務もなくなります。

ところで、この制度を使えば、父親から長男に贈与したときの贈与税も、相続したときの相続税も全額が納税猶予されることから、株式の評価を下げる対策はいらないと考えたとすれば、それは間違っています。事例で検討してみましょう。

第一段階として、父親が長男に株式を贈与して納税猶予します。

このとき、贈与税の計算は、暦年贈与と相続時精算課税の2つの方法のどちらかを自由に選択できます。

会社の発行済株式数　1,000株　評価額3億円
父親が長男(18歳以上)に全額を贈与した。

❶ 歴年贈与による贈与税額
(3億円　－　110万円)×55%　－　640万円　＝　1億5,799万5,000円

❷ 相続時精算課税による贈与税額
(3億円　－　110万円　－　2,500万円)×20%　＝　5,478万円

贈与税は全額が納税猶予されますが、いろいろな事情からあとで要件を満たせなくなる可能性はゼロではありません。そのリスクを回避するという観点からは、相続時精算課税を選択しておいた方が無難です。

もし要件を満たせずに相続時精算課税による5,478万円の贈与税を一旦は支払ったとしても、そもそも贈与していなかったとして相続財産とみなされます。

そのときには、他の財産を孫などに贈与して相続税の節税対策を行えば、相続時精算課税による5,478万円の贈与税の一部を還付してもらうことも可能です。

第二段階として、父親の相続が発生したとします。ここでは、計算を簡単にするために暦年贈与で株式を贈与したと仮定します。

父親の財産　自宅1億円　現預金1億円
相続人　長男（株式のみ生前に贈与）　次男（自宅と現預金を相続）

❶ 相続税の計算
相続財産の総額　＝　贈与された株式3億円＋自宅1億円＋現預金1億円
　＝　5億円
法定相続分　＝{5億円－(3,000万円+600万円×2人(基礎控除))}÷2
　＝2億2,900万円
相続税　(2億2,900万円×45%－2,700万円)×2人＝1億5,210万円

❷ 各人の相続税額
長男　1億5,210万円　×　3億円÷5億円　＝　9,126万円（全額納税猶予）
次男　1億5,210万円　×　2億円÷5億円　＝　6,084万円

この結果、長男の相続税は全額が納税猶予されましたが、次男は一般の財産を相続しているため、相続税を支払っています。この次男の相続税は長男が贈与を受けた株式の評価が加算された上で計算されているのです。

相続税は累進課税ですので、父親が株式を長男に贈与するときの評価を下げて

いれば、次男の相続税は減額できたはずです。

この事例では、長男が株式のみを取得することが前提でしたが、実際には現預金なども相続するはずです。株式以外の相続財産に対して、長男も通常の相続税を支払うのです。とすれば、株式の評価を下げることは、長男自身が支払う相続税を減額することにもつながります。

なお、会社の株式を父親が100%所有しておらず、妻（子供から見たら母親）が一部を所有しているケースもよく見かけます。**その場合でも、父親から贈与を受けたあと、妻から長男に贈与するならば、その株式に対する贈与税も全額が納税猶予の対象となります。**

このとき、父親からの贈与された日の翌年以降に妻から贈与されると、父親からの贈与とは別に、都道府県庁の認定申請と税務署への贈与税の申告を行う義務が発生します。

一方、父親と同じ年に妻からも株式を贈与してもらえれば、父親の株式にかかる贈与税の納税猶予の認定申請と税務署への贈与税の申告に含めて手続きを進められるため、1回の手続きで終わらせることができます。

納税猶予が認められるための一定の要件を確認する

父親が株式を子供に贈与したあとも、一定の要件を満たさないと納税猶予が打ち切られてしまいます。この一定の要件については、贈与してから5年以内とそれ以降で違ってきます。

ここでは父親または妻（子供から見たら母親）なども合わせて、後継者である長男に会社のすべての株式を贈与したことを前提とします。

つまり、株式を贈与された長男が会社の100%の持分比率の株主とします。

(1) 5年以内に下記のいずれかに該当すると納税猶予が打ち切られる。

❶長男が代表取締役を退任する。

❷長男が贈与してもらった株式の一部を贈与、または売却する。

❸会社を組織変更する。

❹会社を解散する。

❺会社が資産保有型会社、または資産運用型会社に該当する。

❻会社の売上がゼロとなる。

❼ 会社の資本金を減少させる。
❽ 長男が贈与税の納税猶予の適用を止める届出を提出する。
❾ 適格合併以外の方法で、会社が消滅する。
❿ 適格株式交換以外の株式交換で他の会社の完全子会社となる。
⓫ 会社が上場する。
⓬ 会社が風俗営業会社に該当する。
⓭ 父親に拒否権付株式を発行する。
⓮ 長男が贈与してもらった株式の一部でも議決権制限株式に変更する。
⓯ 父親が代表取締役に復帰する。
⓰ 継続届出書を期限までに税務署に提出しない。

(2) 5年を超えてからも下記のいずれかに該当すると納税猶予が打ち切られる。

❶ 長男が会社のすべての株式を贈与、または売却する。
❷ 会社を解散する。
❸ 会社が資産保有型会社、または資産運用型会社に該当する。
❹ 会社の売上がゼロとなる。
❺ 会社の資本金を減少させる。
❻ 長男が贈与税の納税猶予の適用を止める届出を提出する。
❼ 継続届出書を期限までに税務署に提出しない。

上記に**資産保有型会社**と**資産運用型会社**に該当しないという要件があります。
資産保有型会社とは、下記の計算式が当てはまる会社です。

▼資産保有型会社に該当する場合

① 国債証券、地方債証券、株券等（子会社株式等は除く）
② 不動産のうち、会社が自ら使用していないもの
③ ゴルフ会員権、スポーツクラブ会員権、リゾート会員権（販売用を除く）
④ 絵画、彫刻、工芸品、金、銀などの貴金属（販売用を除く）
⑤ 現預金、後継者等への貸付金

$$\frac{\text{特定資産} = ①〜⑤\text{の合計}}{\text{判定時期における資産価額総額（帳簿価額）}} \geqq 70\%$$

一方、資産運用型会社とは、下記の計算式が当てはまる会社です。

▼資産運用型会社に該当する場合

$$\frac{\text{特定資産}^{(※1)}\text{の運用収入}}{\text{直近事業年度の総収入額}^{(※2)}} \geqq 75\%$$

（※1）特定資産は、資産保有型会社の定義と同じ。（※2）売上高＋営業外収益＋特別利益

特定資産からは子会社株式が除かれているため、持株会社は資産保有型会社に該当しません。ただし、その子会社が資産保有型会社や資産運用型会社に該当するときには、含まれてしまいます。また、後継者や生計を一にする親族以外の常勤の従業員が５人以上いて、かつ事務所や店舗などがあれば、上記の計算式に当てはまっても、資産保有型会社や資産運用型会社とはみなされません。

さらに、資産保有型会社や資産運用型会社に該当しても、その瞬間に納税猶予が打ち切られるわけでもありません。一定のやむを得ない事情で該当してしまった場合には、その日から６か月以内に脱すれば、納税猶予は継続できます。

とはいえ、納税猶予が打ち切られてしまうのは、資産保有型会社や資産運用型会社に該当する場合だけではありません。納税猶予が打ち切られれば、本税と合わせて利子税も納付しなければいけません。そのため、贈与税だけで活用する、または本当に相続税が支払えない場合などに限定して利用すべきです。

非上場会社の株式を贈与または相続したときの税金を、全額納税猶予してくれる制度があるので、適用の検討はすべき。

12 上場株式を贈与する、もっともよいタイミングとは？

上場株式を相続した人から、税金で大損したって聞いたことがあるけど？

上場株式には相続税だけではなく、譲渡すれば所得税もかかるからね

上場株式を相続するときは、かなり運に左右される

父親が証券会社の口座を持ち、そこで上場会社の株式（**上場株式**）に投資していることがあります。このあと、父親に認知症が発症すれば、上場株式を売買できません。そして、父親が亡くなったときに遺言書がなければ、相続人が遺産分割協議書を完成させるまで、証券会社の口座は凍結されてしまいます。

すると、上場株式の売買はおろか名義変更すらできません。遺産分割協議書を証券会社に持ち込んだときには、すでに上場株式の価格が暴落していることもあり得ます。

例えば、相続が発生した日に、父親が所有していた上場株式の評価が1億円だったとします。上場株式の銘柄がかなり多く、だれがどれを相続するのかを決めることができず、結果的に**換価分割**で分けました。

換価分割とは金銭以外の相続財産を共有で相続して、そのあと売却することでお金に換えて相続人で分けることを意味します。共有でも相続することには合意しているため、遺産分割協議書は作成できます。共有の持分割合は法定相続分でなくても構いません。

実務的にも、各相続人が相続したい銘柄がかぶって話し合いがつかず、上場株式は換価分割になることが多いのです。このとき、他の相続財産は各相続人が相続して、上場株式だけを換価分割することも可能です。

結果、その話し合いのせいで遺産分割協議書の完成が遅くなり、上場株式の時

価が5,000万円に下がっていたとします。

それでも、相続税を計算するときには相続が発生した日の1億円で評価されてしまうのです。父親の相続財産が多くて相続税の最高税率である55%が適用されるとすれば、この上場株式に対する相続税は5,500万円となります。

となれば、上場株式をすべて売却しても相続税が支払えない事態となります。

しかも、相続人は父親の上場株式の取得価額を引き継ぎます。

つまり、父親が過去に安い価格で上場株式を買っていれば売却益が発生するため、所得税までかかるのです。

それでも、相続が発生してから3年10か月以内に売却するならば、各相続人が支払った相続税のうち売却した上場株式に対応する部分は取得価額に加算できます。それだけ、売却益は小さくなりますが、それでも所得税は発生します。

なお、換価分割の場合には、各相続人に確定申告の義務があり、別々に所得税を支払います。

▼取得価額に加算できる相続税

その相続人の相続税 × 売却した上場株式の相続税の評価額 ／（その相続人が取得したすべての財産の評価 ＋ 相続財産に加算される贈与財産の価額（※））

（※）過去7年間（総額100万円の控除あり）の暦年贈与の財産＋相続時精算課税適用の財産

これは極端な事例ですが、上場株式の時価は、不動産の時価とは違って値動きが激しく運に振り回されてしまいます。

そもそも父親の判断能力が低下して、そこから相続が発生するまでにも数年どころか、数十年経つこともあります。その間ずっと、上場株式が売買できない事態に陥らないように、父親が所有している上場株式は子供に生前贈与するのがよいでしょう。このとき、贈与するタイミングを間違えてはいけません。

上場株式を贈与するときの評価は、4つの中から選べる

父親から子供に株式を贈与するならば、時価が安くなったときがよいと考えます。そのときの贈与税が安くなるので、当然です。

それで何年間も待ち続けても、いつがもっとも安いのかは判断がつきません。ところが、贈与税のルールを知っていれば、その時期はすぐにやって来ます。

上場株式を相続または贈与したときには、下記の4つの中から自分で有利な評価の金額を選べるからです。

❶相続、または贈与した日の最終価格
❷相続、または贈与した日が属する月の毎日の最終価格の月平均額
❸相続、または贈与した日が属する月の前月の毎日の最終価格の月平均額
❹相続、または贈与した日が属する月の前々月の毎日の最終価格の月平均額

▼上場株式を贈与する日

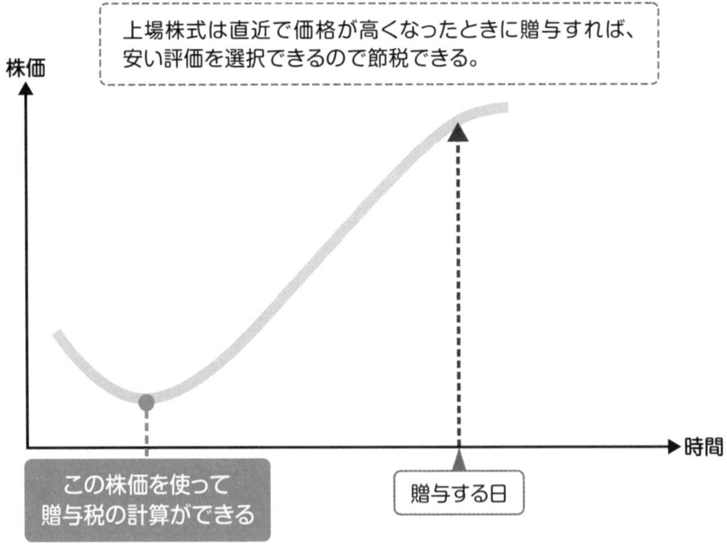

とすれば、直近で一番高くなったときに子供に贈与するだけで、絶対に贈与した日の価格よりも低い評価を使って、贈与税を計算できるのです。

もちろん、父親が所有する、すべての上場株式の株価が同時に上がるはずもな

く、順次選んで贈与していきます。

贈与された子供は、その上場株式を証券市場で売却すれば、現金化できます。しかも、不動産とは違って売却するまでの時間も手間もかかりません。

低い評価をもとに贈与税を支払っているのに高い価格で売却できて、それが子供の財産となるのです。それでも、相続のときと同じで、父親が上場株式を買ったときの取得価額を引き継ぐため、所得税が発生することはあり得ます。

このようなことは、現金や不動産の贈与では実現できません。

また、非上場会社の株式であれば、相続が発生した日の評価で相続税を、または贈与した日の評価で贈与税を計算します。

それ以外の日の評価を選ぶことはできません。

当然ですが、いつ父親が亡くなるのかは予想できないため、相続まで待つと、たまたま評価が高いときに当たれば損になります。そのあと、評価が下がったとしても相続税の計算には関係ありません。

そこは上場株式と同じですが、上場株式とは違って売却して現金化できません。子供は自分の貯金から相続税を支払うしかないのです。

とすれば、同じように生前贈与しておくべきですが、上場株式とは違って評価が一番下がった時点で実行するのが、原則です。

これも単純に評価が下がるのを待つのでは、ダメです。

例えば、父親に多額の退職金を支払ったときには、純資産価額の評価が下がります。

一時的に解約返戻金が低くなる生命保険に加入したり、アパートに投資して3年経過すれば、資産の評価が下がるため、それに比例して純資産価額も下がります。

または、類似業種比準価額が下がるならば、配当も有効です。

これらは、会社の意思決定だけで実行できるものばかりです。

そこで、非上場会社の株式は贈与する日を決めておき、そこから逆算して計画を立ててください。

▼非上場会社の株式を贈与する日

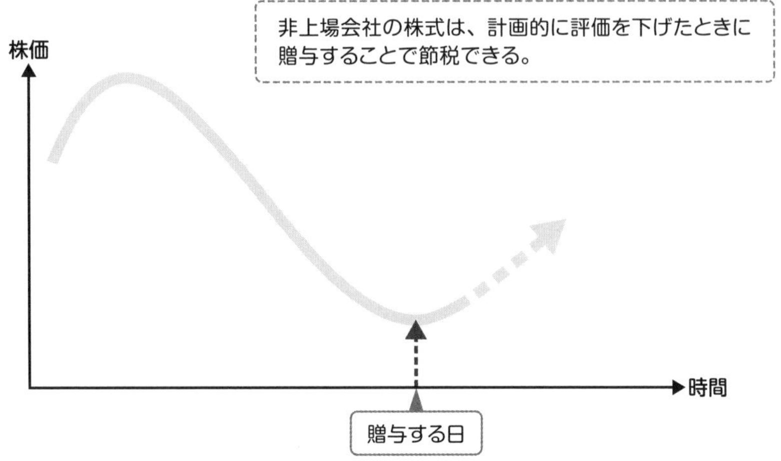

上場株式の取得価額は、クロス取引で付け替えられる

父親が昔に買った上場株式の価格が、かなり下がっていることもあります。

それでも、上場株式の売却損は他の上場株式の売却益や配当と通算できます。

もしその年に売却益がなくても、売却損について確定申告しておけば、翌年以降3年間は繰り越せるのです。その間に売却益が発生すれば通算できます。

とはいえ、父親が所有する上場株式が含み損のものばかりで、今から投資しても売却益を発生させられるか、自信がないこともあります。配当とも通算できるとはいえ、売却損が大きければ通算しきれずに残ってしまいます。そのまま3年間が過ぎれば、切り捨てられてしまうのです。

その場合には、含み益がある上場株式を所有している親族に贈与して取得価額を引き継がせるのです。そのあと、親族が贈与された上場株式と自分が所有していた上場株式を同時に売却すれば、損益が通算できます。

▼高い取得価額を引き継ぐ

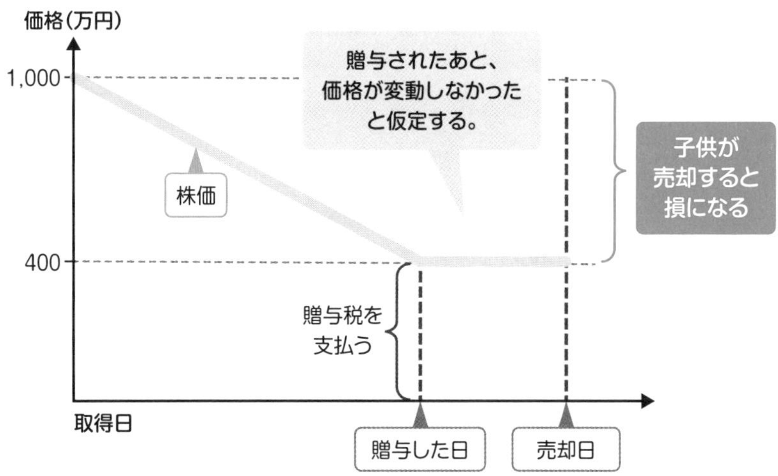

2

なお、贈与された親族が含み益のある上場株式を今すぐに売却するつもりがなくても、**クロス取引**を行えばよいのです。

クロス取引とは、同一銘柄、同数量の上場株式の買い注文と売り注文を証券市場で同時に行うことです。それによって、上場株式の含み益は実現しますが、すぐに買うため取得価額を上げることにもなります。

将来、その上場株式の価格がもっと上がって売却したときの所得税の節税にもつながるのです。

まとめ

上場株式は、生前に父親が相続人に贈与することで意図的に得になる評価を選ぶことができ、親族間の争いも防げる。

13 父親の貸付金は、回収できなくても相続財産になる？

父親が会社に貸し付けたお金は回収できそうもないけど、相続財産になるの？

会社が赤字で返済できなさそうでも、貸付金は相続財産になるみたいだよ

子供は契約書に従って、計画どおりに父親へ返済する

父親が所有する財産には、相続税がかかります。

上場会社の株式や不動産であれば換金性があるため、どうしてもお金が入用となれば売却すればよいのです。ところが、非上場会社の株式や貸付金などには換金性がありません。遺留分を請求されたときや相続税を支払うときに、相続人は自分の貯金を取り崩す必要があります。

しかも、土地などは路線価で評価するため、実際の時価よりも低くなりますが、貸付金となると減額される規定はなく、額面どおりの評価となります。

父親の貸付金は、子供に対するものと会社に対するものと2種類に分かれますが、認知症が発症する前にやっておくべきことがあります。

まず、子供が自分で住むマンションを買うときに、そのお金を父親が贈与すれば、そのままの金額に贈与税がかかります。マンションを買うお金となれば高額ですので、贈与税も高くなります。

そこで父親の名義でマンションを買えば、建物は固定資産税評価額、土地は路線価となり、お金よりも評価が下がります。そのあと、そのマンションを子供に贈与すればよいのです。

贈与税は累進課税ですので、マンションを一度ではなく何年間にも渡って持分で贈与していけば、かなり贈与税は下がります。

ただし、生前に父親から子供に贈与されたマンションは特別受益に当たるため、他の相続人からの遺留分の請求の対象にはなってしまいます。

父親がマンションを買ったことで現金がなくなれば、遺留分を支払うために子供はマンションを売却するハメになるかもしれません。

または、マンションの持分を贈与していく途中で、父親に認知症が発症すればそれ以降の贈与はできません。そのあと遺産分割で親族が争って、マンションが共有となってしまう可能性もあります。

この事態を避けるために、子供が父親からお金を借りるという方法があります。マンションの名義は子供であり、特別受益にもならず、共有で相続されることもありません。

手続きとしては、父親と子供の間で**金銭消費貸借契約書**（借用書）を締結するだけです。父親が自分の貯金から貸したのであれば、利息はゼロで構いませんが、返済期間は明記します。 2

すでにお金を借りているのに金銭消費貸借契約書がないケースでも、今から作成すれば問題ありません。ここでのポイントは、税務署から贈与だと指摘されないように、普通ではあり得ない返済期間にはしないことです。

例えば、50年などの長期間で設定したり、30年の据置期間を作って、ずっと返済しないという条件では認められません。贈与と認定されたら子供に多額の贈与税がかかってしまうため、注意してください。

子供は父親に対して、借用書に従って毎月計画的に返済することが必要です。返済を忘れてしまいそうならば、銀行の自動送金の手続きを使いましょう。

子供に返済できるお金がなくても、父親がそのお金を毎年贈与すればよいのです。当然、毎年の贈与契約書の作成が不可欠となりますが、過去の贈与について作成していなかった場合でも、やはり今から作成しても問題ありません。

そのあと相続が発生したときに返済が終わっていなければ、残っている貸付金は父親の相続財産となります。

他の相続人は貸付金を相続するだけであり、その条件のとおりに返済していけば文句は言われません。しかも、貸付金の一部を子供自身が相続したならば、その部分は消滅します。

▼子供に対する貸付金と贈与の判定表

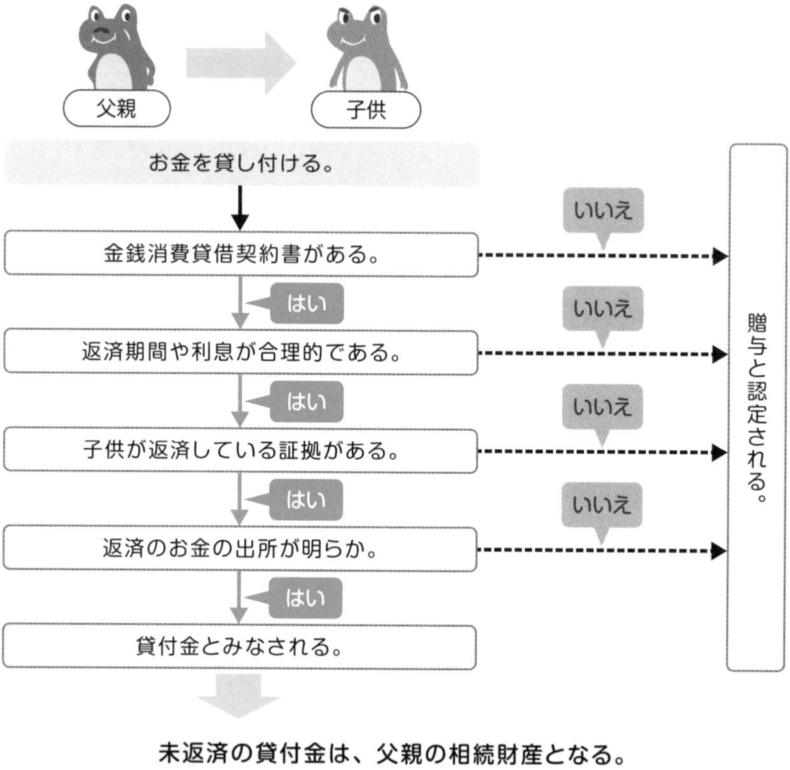

父親 → 子供

お金を貸し付ける。

判定	はい	いいえ
金銭消費貸借契約書がある。	↓	贈与と認定される。
返済期間や利息が合理的である。	↓	贈与と認定される。
子供が返済している証拠がある。	↓	贈与と認定される。
返済のお金の出所が明らか。	↓	贈与と認定される。

貸付金とみなされる。

↓

未返済の貸付金は、父親の相続財産となる。

会社に対する貸付金は、できるだけ消去する

会社の財務状況が悪くて資金繰りのために、父親からお金を借りることがあります。一回の金額は大きくなくても、長年にも渡り何回も追加で借りていると累積していきます。

または、会社が父親の所有するアパートの建物を買うときに、銀行から担保価値がないと判断されて借入ができないケースもあります。その場合には、分割で支払いますが、父親にとっては貸付金となります。

さらに、父親が会社を辞めるときに退職金を支払いますが、その原資がないこともあります。退職金を分割で支払うと年金とみなされて所得税が高くなることから、父親からお金を借りることもあります。自分の退職金を自分の貯金で補てんするのは、おかしいと考えるかもしれません。

それでも、会社としては退職金が経費として計上できれば、利益と通算できます。赤字となっても将来の利益と通算できるため、法人税を支払わなくてすむ分だけ、父親へ返済できるのです。

それでも、相続が発生したときに、これらの貸付金が残っていると父親の財産となって相続税がかかるのに、会社にお金がなければ換金はできません。

そこで、会社の財務状況を見て返済できそうもない貸付金については、2つのどちらかを選択してください。

(1) 会社の財務状況が悪いケース

会社の財務状況が悪く、ここ数年ずっと赤字ということもあります。

または、父親が会社に売却したアパートの建物が古くて減価償却費が大きくなり、収支はプラスでも利益だけ赤字というケースもあるでしょう。

会社は、この赤字を10年間も繰り越して、将来の利益と通算できるのです。

それでも赤字が貯まっていけば、会社は**債務超過**の状態になります。債務超過とは、会社の財務状況が「資産 < 負債」となっており、資産をすべて売却しても負債が返済できない状態のことです。

そこで、父親が貸付金を**債務免除**する通知を会社に送ります。父親が認知症になる前に送ったことを証明するためにも**内容証明郵便**を使いましょう。

すると、会社に債務免除したことによる利益が計上されますが、赤字と通算されて法人税は発生しません。

そして、父親が会社の100%の株式を保有しているならば、所得税も贈与税もかかりません。ところが、株式の一部でも妻（子供から見たら母親）や子供が所有していたら、注意すべきことがあります。

それは、債務免除した後でも債務超過として株式の評価をゼロのままにすることです。もしプラスになると、株主である妻や子供が、父親から間接的に贈与されたとして贈与税がかかってしまうからです。

全額を債務免除してしまうとプラスになるなら、一部だけ債務免除するという方法も認められます。

債務免除しても株式の評価がゼロのままであれば、子供に株式を1円で売却してしまいましょう。当然ですが、所得税も贈与税もかかりません。

そのあと、会社が事業で儲かって利益が出れば、株式の評価はプラスになります。そのとき、子供に贈与税がかかることはありません。また、時価で売却しているため、相続のときの特別受益の対象にもなりません。

▼債務免除する前と後

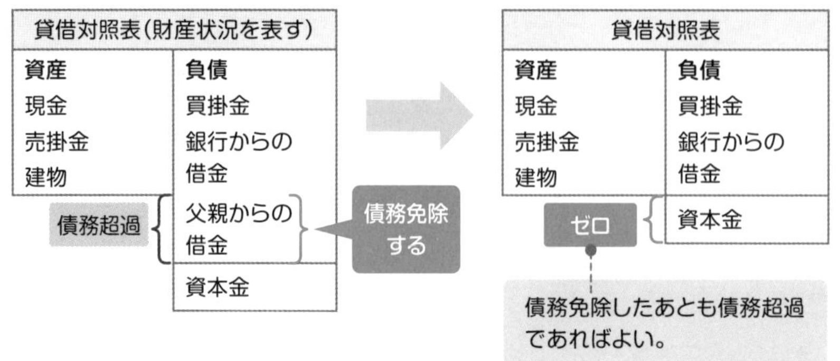

(2) 会社の財務状況が健全なケース

会社が儲かっていて、会社の財務状況が「資産 ＞ 負債」となっていると資産超過の状態です。または、貸付金の一部を債務免除して株式の評価がちょうどゼロというケースもあります。この状態で、父親が貸付金を債務免除すると過去から繰り越された赤字がなければ会社の利益となり、法人税がかかります。

さらに、会社の株式の一部でも妻（子供から見たら母親）や子供が所有していると株式の評価が上がるため、父親から間接的に贈与されたとして贈与税もかかります。

そこで、父親は貸付金を債務免除するのではなく、現物出資して資本金に振り替えます。**現物出資**とは会社が新株を発行するときに、お金以外の財産を出資にあてることを意味します。

つまり、父親の貸付金という財産が、株式という財産に変わるのです。

このとき、増えた資本金を登記するため登録免許税はかかりますが、それ以外の税金は、だれにも発生しません。

▼貸付金を現物出資する

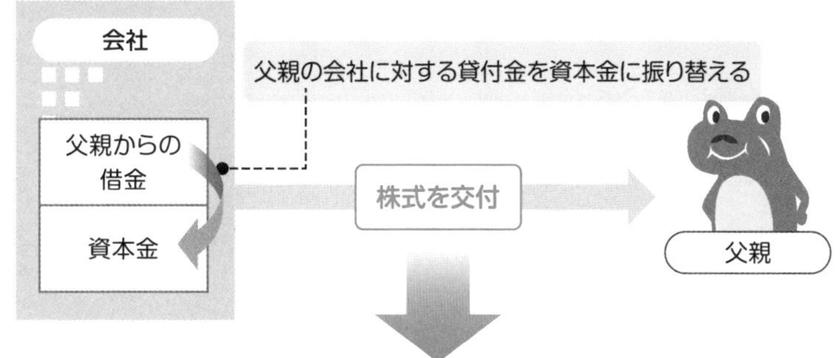

貸付金の評価は下がらないが、株式の評価は下げられる。

貸付金の評価を下げることはできませんが、株式の評価であれば純資産価額と類似業種比準価額の折衷となるため、評価を下げられます。 2

将来、株式の評価が上がる可能性があるならば、現物出資するときに、その株式を子供に贈与する計画まで一緒に立てましょう。

父親の会社に対する貸付金は債務免除するか、現物出資して資本に振り替えることで、生前に消去しておく。

14 投資信託の元本部分だけを分離して、贈与できる？

投資信託って２つに分解して、バラバラに贈与できるんだって？

信託を使うと、収益部分と元本部分に分解できるみたいだね

信託設定すると、元本部分と収益部分に分離できる

父親が、将来の自分や妻の生活費にあてるために安定した利回りが確定している投資信託や債券を買っていることがあります。ところが、これを相続させるつもりであった妻に認知症が発症していると管理ができません。

しかも、妻は遺言書が作成できないため、親族で争う可能性もあります。

このとき、何か良い方法があるのでしょうか？

そもそも相続税を計算するときには、父親の相続が発生した日に投資信託を解約したと仮定した価格、または買い取ってもらえる価格で評価します。贈与したときにも、贈与した日に同じ方法で評価します。このときの評価は、投資信託のその時点での元本部分だけを見ていると言えます。

ところが、子供を受託者として投資信託に対して信託設定することで、元本部分（**元本受益権**）から将来の収益部分（**収益受益権**）を分離できます。投資信託からの配当を受け取る権利を収益受益権、売却したときに、お金を受け取る権利を元本受益権と呼びます。

▼収益受益権と元本受益権に分離する

投資信託の受益権  収益受益権  元本受益権

この収益受益権と元本受益権はバラバラで引き継ぐことができます。

そして、元本受益権と収益受益権の評価は、下記のように決まっています。

▼収益受益権と元本受益権の評価方法

収益受益権の評価	将来、収益受益者（収益受益権の所有者）が受け取る各年の利益の額を現在価値に割り戻した金額の合計
元本受益権の評価	投資信託の受益権の評価　－　収益受益権の評価

現在の１万円と将来の１万円は、価値が違います。

現在の１万円を銀行に預けているだけで利息が付きますし、１万円で投資信託を買えば、配当がもらえるからです。

ということは、「現在の１万円の価値　＞　将来の１万円の価値」となるのです。将来の１万円を**現在価値**に評価しなおすことを、割り戻すと呼びます。 2

収益受益権は、将来、受け取れる利益を現在価値に割り戻して合計します。

そのため、時間が経過するほど受け取れる予定の利益が減っていき、評価が下がるのです。この現在価値に割り戻す利率を、複利年金現価率と呼び、国税庁のホームページでも確認ができます。

▼収益受益権は時の経過で減価する

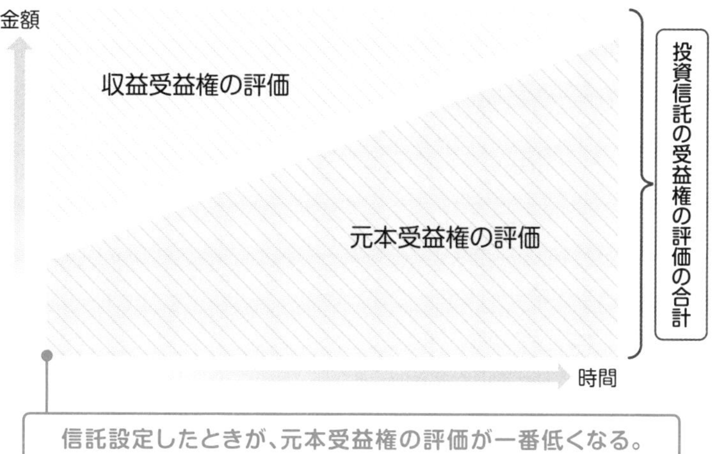

一方、投資信託の評価は収益受益権と元本受益権を合算したものですので、収益受益権の評価が下がれば、それに比例して元本受益権の評価は上がっていきます。この元本受益権の評価が低いうちに子供に贈与しておけば、そのあと評価が上がっても追加で贈与税はかかりません。とすれば、最初に信託設定したときがもっとも元本受益権の評価が低いため、すぐに贈与すべきです。

子供に元本受益権を贈与する

父親が投資信託を買って信託設定して、すぐに元本受益権を子供に贈与するケースについて、具体的に計算してみましょう。

収益受益権の評価を行うときの現在価値に割り戻す利率は、国税庁のホームページに記載されている基準年利率をもとに**複利年金現価率**を決定します。この基準年利率は毎月変動しますが、小さい方が節税効果は大きくなります。

例えば、父親が所有する投資信託が1億円とすれば、それを子供に贈与すると4,799.5万円もの贈与税がかかります。

そこで、信託を設定して収益部分と元本部分を分離します。

このとき、将来の利益をもとに計算するのですが、それが不確実な財産であれば収益受益権は評価できません。つまり、収益部分を分離できないことになります。

そのため、配当が確定しない投資信託が含まれているのであれば、それは対象外とするか、父親が解約するなどして資産を組み替えるしかありません。

ここでは、組み込まれている資産が債券で、5%の配当である500万円(=1億円×5%)が20年間続くことが確定している投資信託を買っていると想定します。

設定した時の基準年利率を0.1%と仮定すると、20年間の複利年金現価率は、19.792となります。

とすれば、収益受益権の評価は9,896万円(=500万円×19.792)となり、元本受益権の評価は104万円(=1億円−9,896万円)となるため、結果的に贈与税はゼロ円で子供に元本部分を贈与できます。

なお、投資信託だけではなく、毎年安定した利益が予想できる社債、債券、貸宅地などでも信託設定することで元本受益権と収益受益権を分離できます。

▼収益受益権と元本受益権の評価を計算する

①父親が1億円の投資信託を18歳以上の子供に贈与する。

➡ 贈与税　4,799.5万円

②父親が所有する投資信託に対して、信託を設定する。
投資信託は、5%の配当が20年間続くことが確定している。

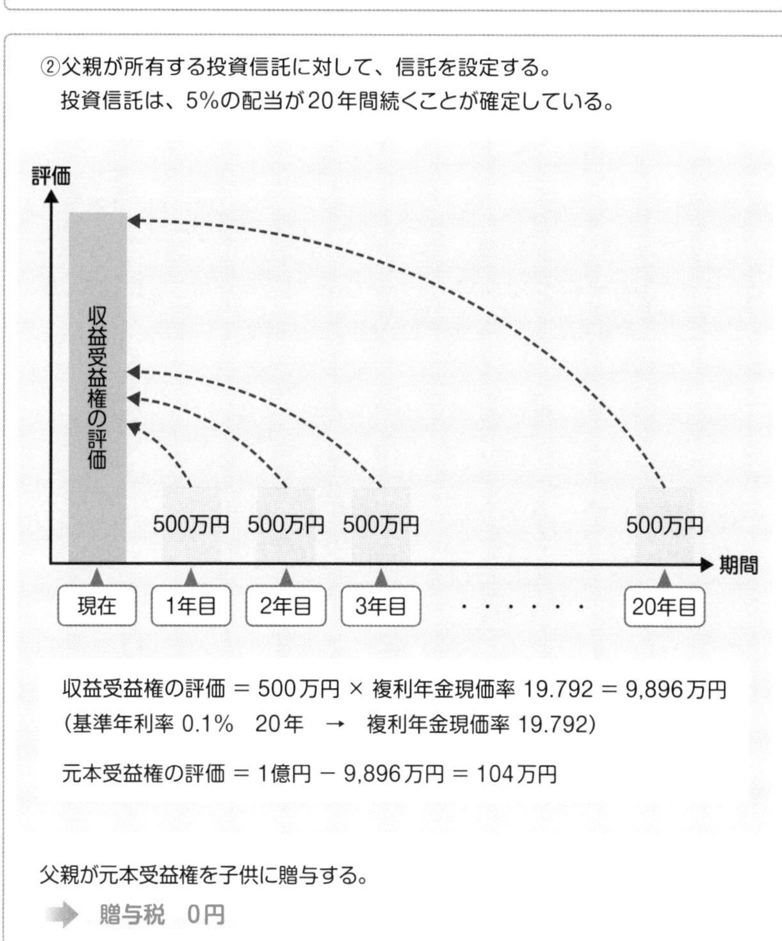

収益受益権の評価 ＝ 500万円 × 複利年金現価率 19.792 ＝ 9,896万円
（基準年利率 0.1%　20年　→　複利年金現価率 19.792）

元本受益権の評価 ＝ 1億円 － 9,896万円 ＝ 104万円

父親が元本受益権を子供に贈与する。

➡ 贈与税　0円

認知症の妻には収益受益権を相続させる

父親が元本受益権を子供に贈与したあとは、父親は収益受益権だけを所有して収益を受取ります。そして、父親が遺言書に「収益受益権は妻（子供から見たら母親）に相続させる」と記載しておけば、認知症となっている妻はその収益受益権か

2

らの配当を生活費にあてることができます。

そして、先ほど信託を設定したのは5%の配当が20年間続く投資信託でしたので、20年が経過すると収益受益権の評価はゼロとなります。妻が認知症で遺言書が作成できなかったとしても、そもそも財産が消滅するのです。

このように、信託を設定することでメリットのみが生まれると考えがちですが、注意点も3点あります。

(1) 基準年利率が高いケース

基準年利率とは、相続や贈与する財産を評価するときに使う利率であり、国税庁のホームページで毎月、短期、中期、長期の利率を公表しています。先ほど信託設定したときの基準年利率は0.1%と、かなり低いことを前提に計算しました。ただし、今後の経済情勢により、もっと高くなることも想定されます。

例えば、基準年利率が1%になるだけで、20年間の複利年金現価率は18.046となり、収益受益権と元本受益権の評価は、下記となります。

収益受益権の評価 ＝ 500万円 × 18.046 ＝ 9,023万円
元本受益権の評価 ＝ 1億円 － 9,023万円 ＝ 977万円

この元本受益権を18歳以上の子供に贈与すると、約170万円の贈与税がかかるのです。そのため、もっと基準年利率が高くなれば、そこまで元本受益権の評価は下がらなくなり、子供が支払うべき贈与税も上がってしまうのです。

(2) 利回りの期間が長いケース

先ほど信託設定した投資信託は5%の配当が20年間続く投資信託を前提にしましたが、認知症となった妻（子供から見たら母親）のために、5%の配当が30年間続く投資信託で設定したとします。

すると、基準利率を0.1%と仮定すると複利年金現価率は29.540となるため、収益受益権と元本受益権の評価は、下記となります。

収益受益権の評価 ＝ 500万円 × 29.540 ＝ 14,770万円
元本受益権の評価 ＝ 1億円 － 14,770万円 ＝ －4,770万円 → 0円

収益受益権の評価ですが、配当が20年間続く投資信託と比べて約1.5倍になっています。これを妻に相続させた場合には、相続税も上がります。ただし、**配偶者の税額軽減**は使えます。

そして、元本受益権の評価は、理論上ではマイナスとなりますが、その場合の規定はありません。それでも、資産ですので、ゼロ評価でよいと考えます。

この場合、収益受益権と元本受益権を合計すると、元の債券の評価を上回るというおかしなことにはなってしまいます。

(3) 負担付贈与に当たる

父親が子供に元本受益権を贈与するときに、この元本受益権が、将来20年間に渡って5%の配当を支払う投資信託の収益受益権を負担しているとみなされると**負担付贈与**に該当してしまいます。

負担付贈与に該当すれば、信託設定した投資信託を時価で評価して、そこから収益受益権を差し引いた金額が、元本受益権の評価となります。

確かに、非上場の投資信託であれば、相続税評価額と時価が同額ですので問題とはなりませんが、土地や上場投資信託などであれば、「時価>相続税評価額」となることが、ほとんどです。とはいえ、元本受益権の贈与が負担付贈与に当たるという明確な規定はなく、時価で評価しなくてもよいと考えます。

このように、信託を使って収益受益権と元本受益権に分離することは、実務上不明な点もあります。それでも、認知症の妻（子供から見たら母親）に収益受益権を相続させることのメリットが大きいと考えるならば、上記の3点の注意点も理解した上で、信託設定によって収益受益権と元本受益権に分離する方法も検討してみましょう。

信託設定によって収益部分と元本部分を分離して、バラバラに贈与、または相続させることができる。

2

第3章
財産を売却したときに使える税金の特例

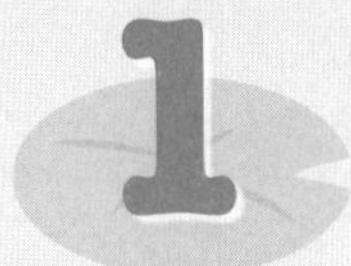

父親が老人ホームに入居したら自宅は売却すべきなのか？

父親が自宅を売却したんだけど、所得税が安くなる特例ってある？

特例はあるけど、一定の期限内に売却しないと使えないみたいだね

祖父が契約した取得価額は、孫がそのまま引き継ぐ

父親が自宅を売却したときには、下記の計算式で売却益を計算します。

自宅の売却益＝自宅の売買価格－自宅の取得費－譲渡費用－特別控除

特に、父親が自宅を売却すれば、次に住む場所が必要なので、特別控除を適用して売却益を減額できるのです。この適用要件を確認する前に、「自宅の売買価格」、「自宅の取得費」、「譲渡費用」についても注意点があります。

まず、自宅の売買価格は買い主との契約書に記載があります。

ただし、自宅の引渡日を基準にして所有日数で按分して固定資産税を精算するはずです。これは義務ではなく、慣行として行われているだけです。あくまで固定資産税は1月1日に固定資産を所有している人にかかる税金です。そのため、固定資産税の精算を行わないケースもありますが、違法ではありません。

とすれば、この**固定資産税の精算金**は税金の負担ではありませんので、売り主の売買価格に加算します。

また、売却したときには自宅の測量が終わっておらず、あとから実測による精算金をやり取りすることもあります。一般的には面積が大きくなることが多いため、精算金を受け取れば、これも売買価格に加算します。

次に、自宅の**取得費**の計算となります。

これは買ったときの売買契約書や領収書、または住宅ローンの申込書から取得価額を決定します。土地は「取得費＝取得価額」となりますが、建物は時が経つと経年劣化するため、増改築などしていなければ「取得費＜取得価額」となります。

建物の寿命は耐用年数と呼ばれて、税法では新築の木造の住宅であれば22年、新築のRCのマンションであれば47年と決まっていて、国税庁のホームページにも記載されています。ただし、自宅は大切に使われるため、この耐用年数が1.5倍に延びます。

それで自宅の**残存価額**として10%が残ると仮定して、定額法による減価償却費の部分を強制的に控除することで建物の取得費を計算します。

取得費　＝　取得価額　－　減価償却費の合計

減価償却費　＝　取得価額　×　(1－10%)　×　定額法の償却率(※)

減価償却費の合計　＝　減価償却費　×　経過年数

(※)償却率表の耐用年数に対応した「定額法の償却率」を使う。

3

▼取得費の具体的な計算例

取得価額	新築の建物2,000万円　土地3,000万円 合計5,000万円
耐用年数	22年×1.5倍＝33年（自宅の場合）→0.031（償却率）
経過年数	20年2か月→　20年 端数が6か月以上のときは1年に切り上げる 6か月未満のときは切り捨てる
減価償却費の合計	2,000万円×（1－10%）×0.031＝55.8万円 55.8万円×20年＝1,116万円
取得費	建物884万円（＝2,000万円－1,116万円）　土地3,000万円 合計3,884万円

ところで、土地については祖父から相続しているため、売買契約書がないケースもあります。

実は、相続や贈与により土地を取得したときには取得日も取得価額も、もともと所有していた祖父の条件を引き継ぐのです。相続税や贈与税を支払ったときの評価が取得費になることはありません。

そのため、祖父が締結した売買契約書から取得費を計算するしかないのです。

▼取得日と取得費を引き継ぐ

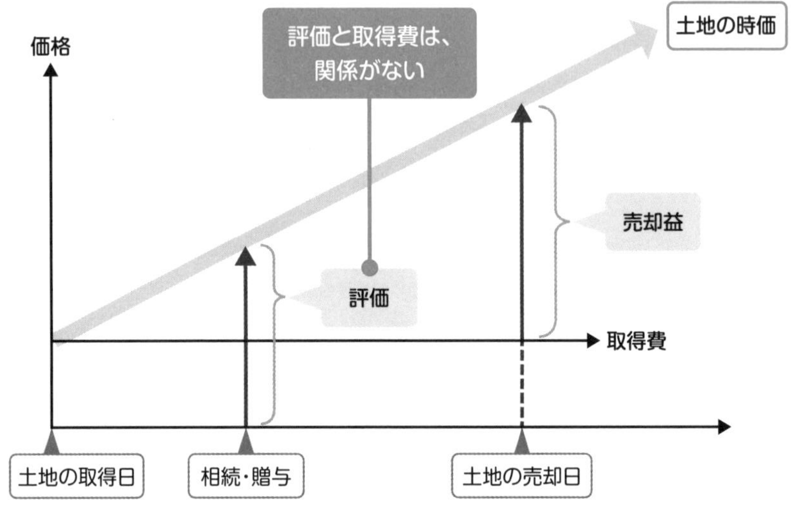

最後は**譲渡費用**となりますが、これは父親が売却するために支払う必要があった費用の合計となります。

譲渡費用の例

❶売却時の仲介手数料
❷売却するための広告料
❸売却時に必要となった測量費
❹契約書に貼る印紙税
❺売却するための借地権の名義書換料
❻売却するときの古い建物の取り壊し費用、及び庭木の伐採費用

これで、すべての項目が決まったので、自宅の売却益が計算できます。

売買契約書を紛失していても、合理的に計算してよい

父親または祖父が売買契約書を紛失していて、取得費が計算できないこともあります。

そのときには、昭和27年12月31日以前から所有していた土地については、売買価格の5%を取得費とみなします。これを**概算取得費**と呼びます。

一方、昭和28年1月1日以降に土地や建物を買っているならば、合理的に見積もった取得価額から取得費を計算してよいのです。

まず、土地については、売却するときの路線価から計算した時価と買ったときの路線価から計算した時価の変動比率で計算します。路線価は売却する土地にピンポイントでついている評価なので、かなり合理的な見積もり方法です。

税務署に過去の路線価の資料が保存されていないケースでも、図書館に行けば閲覧できます。

そして、路線価を時価に修正するときの注意点ですが、平成9年までは路線価は時価の70%とされていました。そのため、それ以前に買っていたならば、70%で割り戻した金額が時価となります。平成10年以降であれば、路線価は時価の80%に見直されていますので、80%で割り戻した金額が時価となります。

事例　20年前に買った自宅の土地の取得費の計算
（前提）　自宅の売買価格　5,000万円（建物の価額ゼロ）
（土地の取得費の計算）
20年前の路線価 1㎡　16万円
20年前の時価　16万円÷80%　＝20万円
現在の路線価　　1㎡　20万円
現在の時価　20万円÷80%　＝25万円
土地の取得費　＝　5,000万円　×（20万円÷25万円）＝4,000万円

現在は路線価がついていても、買ったときには路線価がついていないケースもあります。また過去の路線価の資料を見つけられないこともあるでしょう。

その場合には、一般財団法人日本不動産研究所が発行している市街地価格指数の変動率を使って取得費を計算します。ただし、市街地価格指数は、住宅地、商業地、工業地の数値はありますが、農地や山林などの指数はありません。

そこで、土地を買ったときには農地などであった場合には、固定資産税評価額の変動率で計算します。過去の固定資産税評価額は市役所の窓口で閲覧できます。これらの方法によっても土地の取得費が見積もれないときには、最終手段として売買価格の5%を取得費とみなす概算取得費を使います。

次に、建物については、一般財団法人建設物価調査会が発行している「建築統計年報による**着工建築物構造別単価**」を確認します。その表から下記の計算式で取得価額が見積もれるため、減価償却費の合計を差し引いて取得費が計算できます。

建物の取得価額＝着工建築物構造別単価×着工建築物工事費補正率×床面積

中古の自宅を買ったあと売買契約書を紛失している場合でも、登記簿謄本で以前の所有者が建築した年月日がわかるはずです。年月日さえわかれば、着工建築物構造別単価から建物の取得価格が計算できます。

▼建物の取得費を見積もる

なお、売買契約書や領収書で取得価額が判明したら、その金額をもとに取得費を計算しなければいけません。路線価や着工建築物構造別単価から計算した取得費の方が高いという理由で、それを自由に選択できるわけではありません。

父親の自宅の売却益には、2つの特例が併用できる

父親が自宅をかなり昔に買っていたとすれば、土地の取得費は低く、かつ建物の取得費も減価償却費が控除されることで、かなり低くなります。

そのため、多額の売却益が発生する可能性がありますが、そこから3,000万円を特別控除してくれる特例があります。

また3,000万円を控除しても、まだ売却益が残ることもあります。

そのときには、父親が売却する年の1月1日時点で、自宅の所有期間が10年を超えていると3,000万円を控除したあとの売却益のうち6,000万円まで、下記の税率に軽減してくれる特例（**軽減税率の特例**）も併用できます。

▼軽減税率の特例の税率

自宅の売却益	所得税（住民税も含む）
6,000万円以下	売却益 × 14.21%
6,000万円超	（売却益－6,000万円）× 20.315% ＋ 852.6万円

ところで、父親が終身型の老人ホームに入居したら自宅に戻ってくる可能性は低くなります。妻（子供から見たら母親）もすでに亡くなっていて、子供が自宅に同居していなければ空き家になり、物騒です。

そこで、父親が居住しなくなった日から3年を経過する日が属する年の12月31日までに自宅を売却するならば、上記の2つの特例が使えます。

また、建物が古くなって取り壊してしまうことがあります。

そのときには、2つの要件を満たさなくてはいけません。

1つ目が、建物を取り壊した日から1年以内に売買契約を締結して、かつ父親が居住しなくなった日から3年を経過する日が属する年の12月31日までに引き渡さなくてはいけません。

2つ目は、建物を取り壊した日から契約を締結するまでに、更地を駐車場などにして貸し付けてはいけません。

たったこれだけですが、満たさないと特例は2つとも使えなくなります。

父親の自宅を売却するならば、居住しなくなった日から3年を経過する日が属する年の12月31日までに契約を締結する。

相続した実家の売却益から9,000万円も控除できる？

相続した実家を売却したんだけど、所得税が安くなる特例ってある？

だれも住まなくなった実家の売却益を減らす特例があるみたいだね

父親が1人で住んでいた古い実家にしか適用はない

妻（子供から見たら母親）がすでに亡くなっていれば、父親が1人で住んでいた自宅は子供が相続します。子供にとっては実家ですが、仕事場が遠ければ移り住むことはできません。他人に貸すとしても建物を修繕しなければ難しく、そのまま、だれも使わないと空き家になります。

耐震基準を満たしてない古い建物も多く、地震による倒壊や火災によって周辺の住民にも迷惑がかかる可能性もあります。

それを回避するために、子供が相続したあと、だれも住んでいない実家を売却するのであれば、その売却益から1人あたり3,000万円を特別控除してくれる所得税の特例があるのです。

これを**相続空き家の特例**と呼ぶのですが、自分が住む自宅の売却益から3,000万円を特別控除してくれる特例と比べると、適用するための要件はかなり複雑です。この要件は6つあるのですが、それぞれ確認していきましょう。

(1) 父親が1人で住んでいた自宅であること

相続空き家の特例は、空き家が増えるのを防ぐための制度です。

そのため、父親が1人で住んでいた自宅が対象となります。ただし、介護保険法に規定される要介護認定等を受けて、老人ホームに入居していたときには、自宅に住んでいたとみなされます。

とすれば、妻（子供から見たら母親）が存命で、父親が亡くなったあとも住み続けている自宅には適用がありません。そのあと1人暮らしとなった妻が相続した自宅を売却して、老人ホームに入居するのであれば、自分が住む自宅の売却益から3,000万円を特別控除してくれる特例を使います。そのときには、3,000万円を特別控除したあとの売却益のうち6,000万円まで、税率を軽減してくれる特例も併用できます。

もし父親の自宅を子供が相続して、そこに住み続けていた妻が老人ホームに入居すると同時に売却した場合には、その売却益から特別控除してくれる特例は、どちらも使えないため注意してください。

(2) 昭和56年5月31日以前に建築されたものであること

父親の自宅の建物が昭和56年5月31日以前に建築されたもので、かつ区分所有建物は除かれます。マンションには適用されないということです。

昭和56年5月31日以前とは、**旧耐震基準**が適用されていた時期を指します。国土交通省の調査では、空き家の60%以上が旧耐震基準という結果が出ていますので、対象となる建物は多いはずです。

そして、この旧耐震基準による建物はそのままにして、一緒に敷地を売却したときには相続空き家の特例の適用はありません。**建物を引き渡すまでに耐震基準を満たすリフォームを行うか、または取り壊す必要があるのです。**

▼相続空き家の特例の時系列

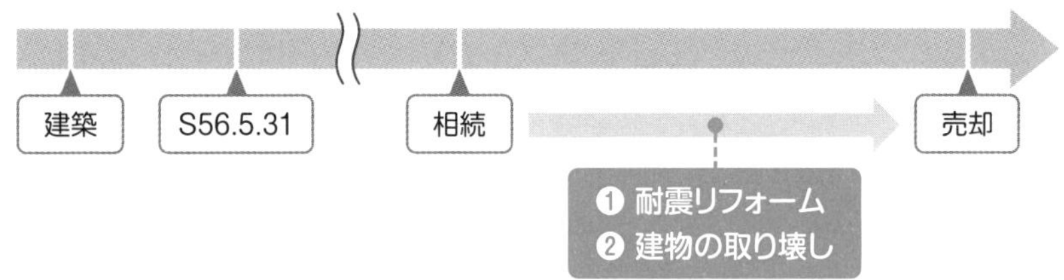

なお、売り主の資金繰りの関係から、売買契約の条件により、買主が引き渡し日の属する年の翌年2月15日までに耐震リフォーム、または取り壊しを行うならば適用があります。

(3) 建物と土地を取得した相続人にだけ適用があること

父親が1人で住んでいた自宅の建物と土地の両方を相続した人にだけ適用があります。もし建物は長男、土地は長女など、バラバラに相続してしまうとどちらにも適用がありません。

一方、建物と土地を複数人で共有で相続すれば、その1人につき3,000万円まで控除できます。例えば、相続人である子供3人で建物と土地を共有で相続すれば、売却益から最大で9,000万円を控除できるのです。

ただし、1人1回だけの特例ですので、長男1人で建物と土地を相続したあと建物を取り壊して2年に渡って土地を分筆して売却したときには、両方への適用はできません。

また、遺言書で相続人以外に遺贈するときには**特定遺贈**ではなく、**包括遺贈**でなければいけません。

ここで特定遺贈とは「東京都港区○○丁目○○番地の土地の2分の1を長男の子(孫)に相続させる」というように、財産を指定して遺贈する方法です。

一方の包括遺贈とは「全財産の2分の1を長男の子(孫)に相続させる」というように、相続財産を一定の割合で指定して、遺贈する方法です。

なお、包括遺贈にすることで親族間の争いの原因となるならば、相続空き家の特例が使えなくても特定遺贈とすべきです。

(4)相続してから3年以内に売却すること

父親が1人で住んでいた自宅を、相続が発生した日から3年を経過する日の属する年の12月31日までに売却しなければいけません。

このとき、相続の開始の直前に父親以外に居住していた人がいないこと、かつ相続が発生してから売却のときまで他人に貸したり、親族が居住してもいけません。特に、親族が無償で一時的に居住した場合でも、駐車場として貸し付けた場合でも、相続空き家の特例の適用はなくなります。

また、土地を分筆して一部を売却するならば、残す部分についても売却するまで他人へ貸し付けてはいけません。

ただし、長男と長女が分筆して相続するならば、長男が売却する部分についてのみ要件を満たせばよく、長女の利用方法は関係ありません。そのため、長男が売却する前に、長女は駐車場として貸し付けることもできます。

▼相続空き家の特例の適用の有無

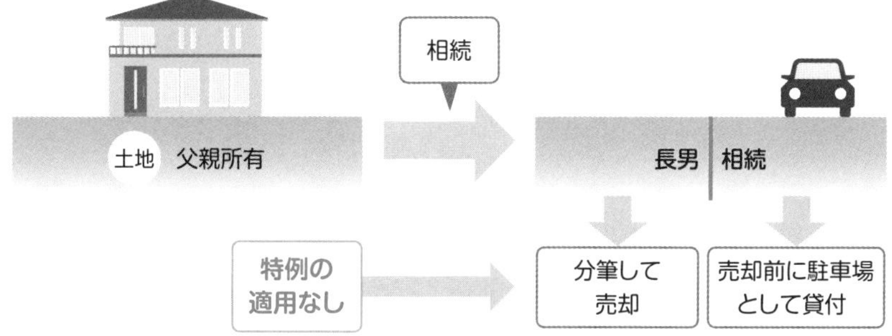

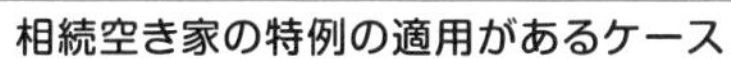

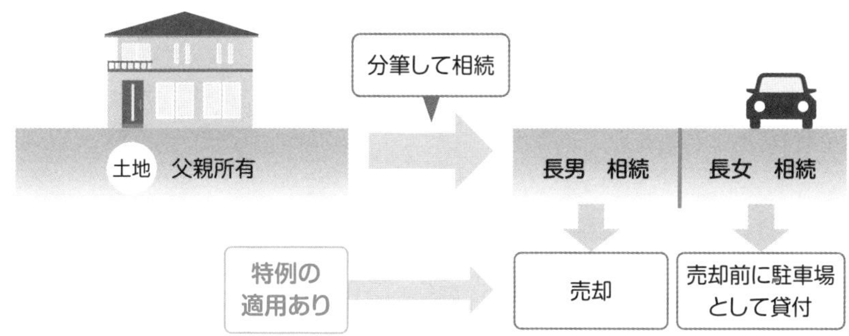

3

(5) 対象となる建物は1つに限られること

建物は父親が居住していたもの1つに限られます。

もし自宅の横に倉庫や車庫があるケースでは、その敷地の部分には適用されません。とすれば、自宅の建物は相続せずに、倉庫や車庫とその敷地だけを分筆して相続した人には適用がないのです。

相続空き家の特例ではなく、自分が住む自宅の売却益から3,000万円を特別控除してくれる制度では、自宅の建物だけではなく生活で一体として使っていた倉庫や車庫があれば、その敷地も含めて適用対象となります。

2つの制度は、適用される敷地の範囲が違うことは知っておくべきです。

▼建物の床面積で按分する

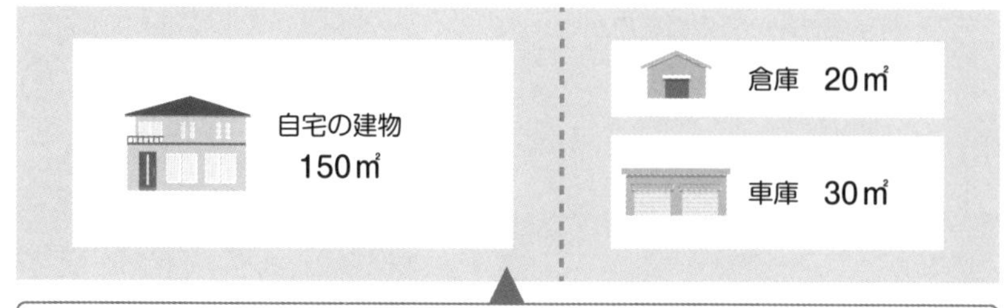

長男が父親の自宅の敷地をすべて相続した。

150㎡ ÷（150㎡ ＋ 20㎡ ＋ 30㎡）＝ 3/4が相続空き家の特例の適用対象となる。

(6) 売買価格が全体で1億円以下であること

父親が1人で住んでいた自宅の建物と土地を売却したときに、その売買価格が1億円以下でなければいけません。このとき、自宅の建物と一緒に倉庫や車庫を売却したときには、自宅の建物の敷地部分だけで1億円以下であれば、相続空き家の特例は適用できます。

一方、父親が1人で住んでいた自宅の土地を長男と長女の2人で分筆して相続したあと、バラバラで売却してどちらも相続空き家の特例を適用するケースでは合算して1億円以下の判定をします。

または、すでに相続している持分があれば、その売買価格も合算されてしまいます。例えば、父親の相続のときに自宅の土地の2分の1を妻（子供から見たら母親）が、残りの2分の1を長男が相続したとします。妻の相続のときにその2分の1の持分を長男が相続したあと、自宅のすべての土地を売却したときには、全体で1億円を超えると相続空き家の特例は適用できないのです。

一方、父親の相続のときに遺言書によって2分の1を妻が相続し、残りの2分の1を孫が相続しているとします。妻の相続のときにその2分の1を長男が相続して、孫と一緒に売却したとします。このときには、長男の持分の売買価格だけで1億円以下となっていればよいのです。

これらのことから、相続空き家の譲渡を適用する計画があるならば、生前に父親に伝えて、それを前提に遺言書を作成してもらうことが肝要です。

▼自宅の土地全体で1億円を判定する

父親の相続のときに、長男が自宅の2分の1を相続していた。

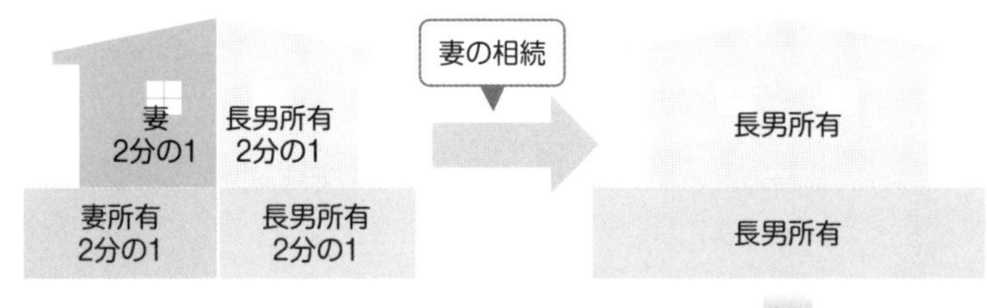

建物と土地全体の売買価格 ≦ 1億円 ➡ 相続空き家の特例の適用あり
建物と土地全体の売買価格 ＞ 1億円 ➡ 相続空き家の特例の適用なし

3

父親が1人で住んでいた自宅を売却するならば、相続人が共有で相続することで、売却益から特別控除できる金額は増加する。

3 父親が借金をせずに、新しい自宅に建て替える方法がある？

高齢の父親が借金をしてまで、建物を建て替える必要はあるのかな？

借金をしなくても、新しく建物を建て替える方法があるみたいだよ

立体買換えを適用できれば、所得税はゼロになる

父親がかなり昔に建てた自宅やアパートの建物が老朽化しているケースがあります。もし土地がかなり広ければ、このままだと相続税が高くなります。

自宅であれば収益力はありません。アパートも空き室が目立つようになり、賃貸料も減っているのに修繕費は毎年上がっていくばかりです。

父親の現預金が増えなければ、子供が相続税を支払うために将来はその土地を売却するハメになるかもしれません。

そこで、建物を建て替えるという案が浮上して銀行に申し込むのですが、父親が高齢であると子供が連帯保証人になることが条件となります。

ところが将来、父親に認知症が発症したら借金の返済に不安が残ります。そこで、借金をせずに建て替える方法がないかを検討してみましょう。

まず、父親が広い土地の自宅を売却して、マンションなどに買換えれば借金は不要です。ところが、先祖代々の土地であれば、簡単に引っ越すわけにもいきません。頭では理解できても、愛着のある自宅の土地を売却する意思決定はなかなかできなくて、当然です。

そこで、父親が土地の一部と区分所有のマンションの建物を**等価交換**することにします。

そもそも土地と土地、建物と建物を等価交換する場合には、同じ用途という条件はありますが、売却益は発生しなかったとみなされます。

ところが、土地と建物を等価交換した場合には、土地を売却して建物を買うという取引とみなされて、土地の売却益に対して所得税がかかります。

ただし、父親が所有する土地の上にマンションを建てるならば、**立体買換え**という特例が適用できるのです。この特例により、土地と建物を等価交換して売却益が発生しても、所得税がかからなくなります。

しかも、立体買換えは交換するだけですので、父親が借金をする必要もありません。土地と交換して、父親がもらえるマンションの戸数は1戸ではなく、複数戸となります。そこで交換したあと、父親が自宅以外のマンションを他人に貸せば、賃貸料も受け取れます。

▼土地と建物を等価交換する

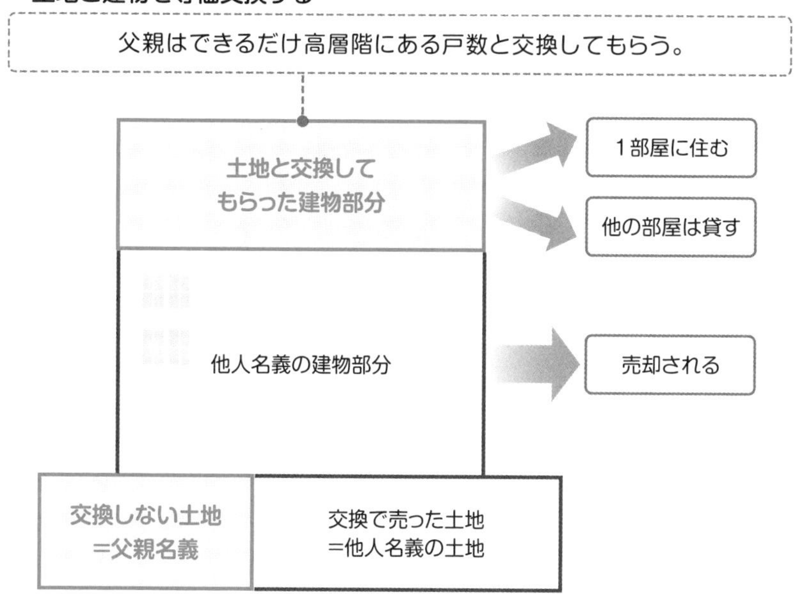

自宅の土地をマンションと等価交換したことで、父親には以下の10個のメリットが生まれます。

❶ 先祖代々の土地の一部は売らずに、父親が所有したまま住み続けられる。
❷ 建物の管理は父親ではなく、管理組合がやってくれる。

3

❸マンションなので、一軒家に比べて防犯対策が立てやすい。
❹区分所有のマンションなので、遺産分割のときに相続人で分けやすい。
❺賃貸料を生活費と相続税の納税資金として、貯めていける。
❻相続税を計算するときの評価が下がるので、節税対策になる。
❼土地と建物を交換するだけなら、借金はしなくてよい。
❽立体買換えの特例を使えば、土地の売却益に対する所得税はゼロとなる。
❾古い自宅が、タダで新しいマンションに変わる。
❿父親の老人ホームの入居金は、マンションを売ってねん出できる。

ただし、これを実現するためには、土地と建物を交換してくれるマンション業者を探すことが肝要です。その新しく建てる建物については、地上階数3階以上の中高層の耐火共同住宅でなければいけないという条件も付いています。

そして見つかったとしても、父親が一時的に引っ越す場所も確保した上で自宅を取り壊してマンションが完成するまで、期間として数年はかかります。

かなり大変な作業となりますが、それでも相続税の節税対策としては大きな効果があります。

というのも、父親が所有する土地が減って建物に変わるからです。

ここでのポイントは、できるだけ高層階の部屋と交換してもらうことです。

マンション業者としても高層階は低層階に比べて時価が高くなるため、交換する戸数を減らしてくるはずです。それでも、建物の希少価値は地面からの高さで決まるため、高層階を指定すべきです。

原則、マンションは1階の部屋でも最上階の部屋でも1㎡あたりの路線価と固定資産税評価額は同じです。それなのに高層階の部屋は数が少ないため、市場での時価が高くなり、相続税の評価額との差が大きくなるのです。

例外として、20階建て以上のマンションだけは路線価は同じですが、固定資産税評価額は階層が1階上がると0.256%高くなります。

例えば、50階部分の部屋は1階に比べて12.8%高くなり、40階部分の部屋は1階に比べて10.24%高くなります。これは、相続税を計算するときの評価に影響を与えるだけではなく、毎年の固定資産税も高くなることを意味します。

それでも、父親の自宅の土地と等価交換したマンションが20階以上となることは稀なはずです。もし20階以上となっても、高層階の部屋と交換することをお勧めします。

1階の部屋と40階の部屋でたったの10.24%しか固定資産税評価額の差はありませんが、市場での時価も収益力も、これ以上の大きな差があるからです。

▼高層階の方が収益力は高い

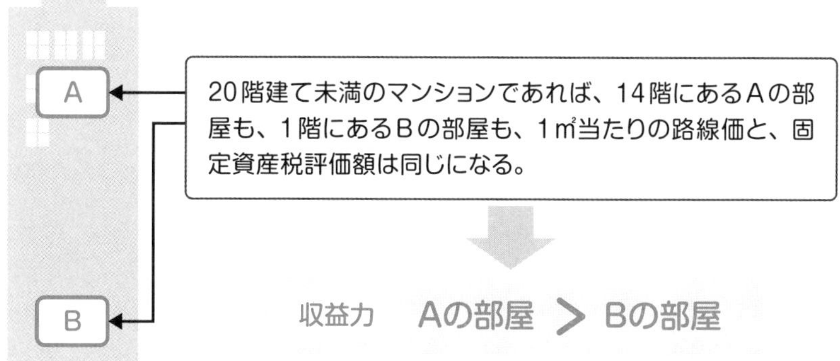

3

事業用資産の買換えを使っても、借金がゼロになる

自宅の土地だけではなく、父親が所有するアパートの土地でも駐車場であっても立体買換えの特例は使えます。

土地の売却益に対して所得税がかからず、借金もせずに賃貸事業を始めることができて相続税の評価額も下がります。

このとき、マンション業者は等価交換した区分所有のマンションを売却することで建築費をねん出するため、郊外のかなり広い土地で戸数を多くするか、または都市部の土地で1戸あたりの売買価格を高額にしないと儲かりません。そのため、郊外のアパートの土地を等価交換した場合には、交換後の戸数が多ければ売れ残るリスクがあり、マンション業者を見つけるのは難しくなります。

また、父親が所有するアパートの土地が都市部にあったとしても、マンションを建てるためには容積率が高くなくてはいけません。そもそも、その土地の前面道路が広くなかったり、高さ制限のある地域であれば、マンションは建てられません。

そのような場合には、**事業用資産の買換えの特例**を検討すべきです。

父親が所有する老朽化したアパートでも賃貸料さえ発生していれば、それを売却して、新しいアパートに買換えたときに売却益の一部を繰り延べる特例が適用できます。それでも先祖代々の土地であれば、すべてを売却して、まったく別の不動産に買換えることはできないと父親は考えるかもしれません。

そこで土地の一部だけを売却して、買換え特例を使えばよいのです。先ほどの立体買換えとほぼ同じことが、実現できます。

ただし、立体買換えでは所得税を100%繰り延べることができましたが、こちらは原則80%（買換える地域の組み合わせで60%～90%と変動する）までとなります。

とにかく、古いアパートを取り壊したあと土地の一部を売却して、新しいアパートを建て替えたことで、父親には5個のメリットが生まれます。

❶先祖代々の土地を売却するが、その一部ですむ。
❷収益力が上がり、賃貸料を生活費と相続税の納税資金として貯められる。
❸土地が建物に変わるため、相続税を計算するときの評価が下がる。
❹土地を売却した金額の範囲内で建てれば、借金はしなくてよい。
❺事業用資産の買換え特例を使えば、売却益の一部を繰り延べられる。

なお、古いアパートであっても借主がいますので、立退いてもらう交渉から始まり、新しいアパートに建て替えるまでには、やはり数年かかります。

ということで、できるだけ早い時期から計画を立てるべきです。

▼土地を売却して建物に買換える

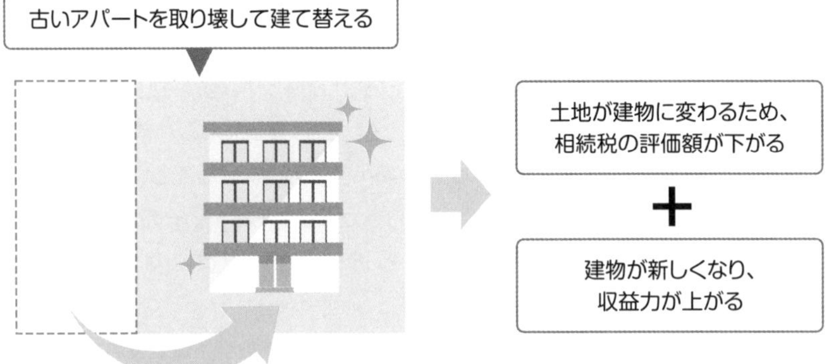

立体買換えや事業用資産の買換えの特例には、デメリットもあります。

それは、土地の取得価額が、建物の取得価額に付け替わるということです。

土地が先祖代々の土地であれば買った時期が不明なので、売買価格の5%が取得価額とみなされます。

つまり、時価が1億円の土地でも、その取得価額は500万円となるのです。

例えば、立体買換えで1億円の土地の半分を売却したとすれば、250万円が建物の取得価額に付け替わります。父親の自宅の部分は関係ないのですが、借主に貸した建物については、賃貸料から経費を差し引いた利益に所得税がかかります。その経費の一部となる建物の減価償却費は250万円をもとに計算されてしまうのです。

将来の父親の所得税が高くなるなら、特例など使わずに売却したときに20.315%の所得税を支払って、建物の取得価額を上げておくべきだったという結論もあり得ます。

高齢となった父親が借金をせずに、所有する不動産をより収益力のあるものに組み替える方法を検討する。

国に収用された土地の売却益にも、所得税はかかるの？

国に強制的に不動産を買い取られたときでも、所得税がかかるの？

公共事業のために売却しているんだから、普通、かからないよね

5,000万円の特別控除を使うための条件が、2つある

国や市町村が道路の拡幅などの理由で、父親が所有する土地を買い取ることがあります。これを**収用**と呼びます。

もし父親の自宅が収用されたら、新しい自宅に買換えるはずです。

自宅ではなく、アパートの土地や駐車場が収用されるケースでも、父親の本意で売却するわけではありません。売買価格も不動産鑑定士の評価によるもので、特別に高値で収用してくれるわけではないのです。

それなのに、多額の所得税がかかるとすれば、収用に応じない人も出てきて公共事業の遂行に支障をきたします。

そこで、収用によって不動産を売却した人は下記の2つの特例のうち、どちらか得な方を自由に選択できるのです。

❶買換えた新しい不動産の取得価額まで、売却益を繰り延べる。
❷売却益から5,000万円を特別控除して、所得税を計算する。

それでも、収用のときに売却益を繰り延べる❶の特例を適用すると、その買換えた不動産を将来売却するときに多額の売却益が発生します。結局、繰り延べた所得税を支払うハメになるのです。

そのため、売却益が5,000万円より小さいときには当然のこと、5,000万円より大きくても、❷の特別控除を選択した方が得になることが多いはずです。

ただし、❷の特例を適用するときに、3つ条件を守らなければいけません。

(1) 最初の年にしか適用がない

年をまたいで2回以上に渡って、父親の土地の収用が行われた場合には、5,000万円は最初の年度にしか適用できません。

例えば、1つの公共事業で6,000万円の土地が収用されるときに、1年目は1,000万円分が収用されて、2年目に5,000万円分が収用されたとします。このときは、1,000万円に対応する売却益からしか特別控除ができません。

もし1年目の1,000万円に対応する売却益に特別控除を適用しない場合であっても、2年目の5,000万円に対応する売却益にも特例控除は適用できません。

それでも、2年目の5,000万円のお金で新しい不動産に買換えれば、そちらは売却益を繰り延べる特例を適用できます。

▼特別控除は初年度のみ適用できる

	1年目	2年目
❶売却益から5,000万円を特別控除	○	×
❷買換えた不動産の取得価額まで売却益を繰り延べる	○	○

(2) 6か月以内に売却する

国や市町村が最初に買取りの申出を行った日から6か月以内に売却しなければ、5,000万円の特別控除の適用はありません。

買取りの申出を行った日とは、国や市町村が買取りについて説明会を開催したり、測量をしただけでは該当しません。あくまで、国や市町村が父親に対して意思表示を行った日を指します。

もっと具体的には、国や市町村が「買取る不動産を特定し」、「取得価額を明らかにして」、「買うという意思を伝えて」、「具体的に買取りの申出を行った」日となります。

ただし、すでに父親に認知症が発症していて判断能力が低下していると、後見人を選任してからでないと収用は実行できません。そのときには、後見人に対して、国や市町村が買取りの申出を行った日から6か月以内に売却すればよいのです。

とにかく、ゴネずに不動産を売却すれば5,000万円を特別控除してくれるという制度なのです。

▼国からの申出は期限内に承諾する

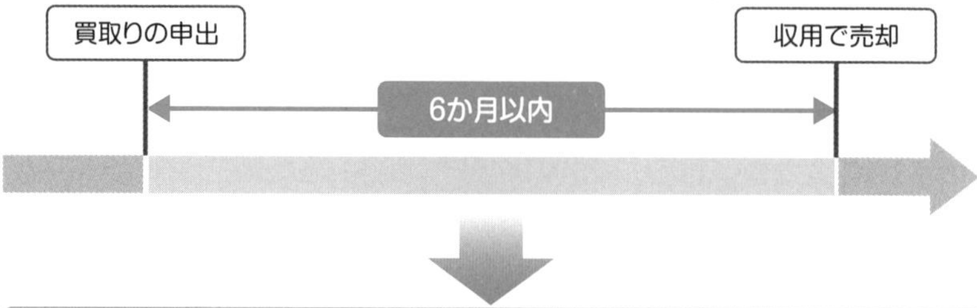

この間に売却すると、売却益から最大で5,000万円を特別控除できる。

(3) 確定申告をするならば、特別控除を記載する

不動産が収用されたときに5,000万円の特別控除を適用して売却益がゼロとなった場合には、原則、確定申告をする義務はありません。

ところが、父親が医療費控除等のために確定申告するときには、5,000万円を特別控除したことで売却益がゼロとなっていても、確定申告書に記載する必要があるのです。

3種類の方法に合致すれば、売却益を繰り延べられる

父親の土地が収用されたときに、売却益が5,000万円どころではなく、1億円も発生することもあります。そのときには、5,000万円の特別控除を行っても、多額の所得税を支払うハメになります。

それならば、新しい不動産に買換えて売却益を繰り延べる特例を使った方がよいという判断もあり得ます。

この特例を使うためには、下記のすべての要件を満たす必要があります。

❶売却する不動産が棚卸資産ではない。
❷売却した年の12月31日までに、買換える。ただし、税務署に「買換(代替)資産の明細書」を提出すれば、売却した日以後2年を経過した日まで延長できる。
❸決められた3種類の方法から自由に選択して、買換える。
❹確定申告書に特例の適用を受ける旨並びに所定の事項(措置法の条文番号など)を記載する。

そして、❸の「決められた3種類の方法」とは、下記となります。

(1) 個別法

建物と建物、土地と土地（借地権も含む）など、売却した資産と同じ種類の資産に買換える方法です。建物や土地の用途は問われないこともあり、3種類の中でもっとも多く選択されています。

ただし、売却した建物と同額以上の建物、売却した土地と同額以上の土地にそれぞれ買換えないと所得税はゼロとはなりません。

▼個別法の具体例

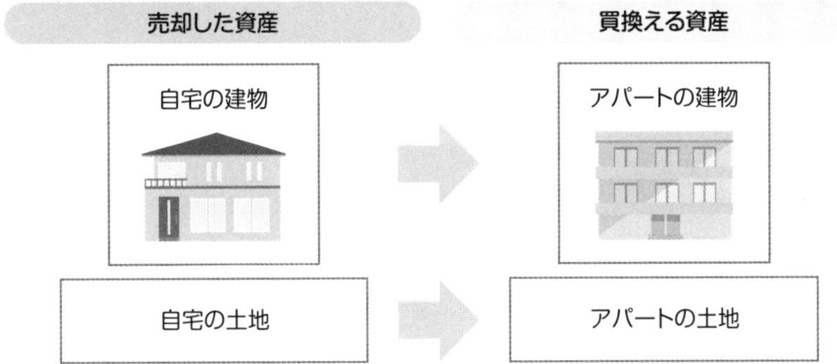

(2) 一組法

2つ以上の種類の資産を売却したときに、それが1組で1つの用途に使われているのであれば、同じ用途の資産に買換える方法です。

このとき、売却した資産は建物と土地など1組である必要がありますが、買換える資産は1組でなくても問題ありません。

例えば、自宅の建物と土地は1組で居住用という用途に使われているため、自宅を買換えれば特例が適用できます。この買換える自宅について、建物は自己資金を使い、土地だけに買換えたとしても特例の適用があります。

他にも事務所や店舗として使われていれば、買換える資産も事務所や店舗とします。

3

▼一組法の具体例

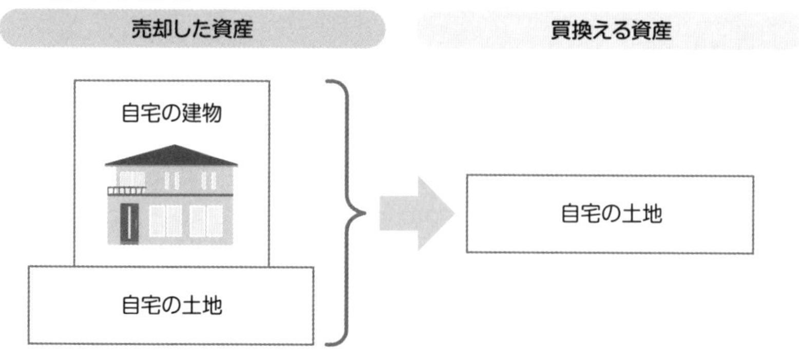

(3) 事業継続法

売却した資産が、自分の事業として使われていたのであれば、買換える資産も事業で使うというだけで特例が適用できる方法です。

店舗併用住宅の場合には面積の比で按分して、店舗部分だけ事業継続法を、自宅の部分には個別法を適用することも可能です。

▼事業継続法の具体例

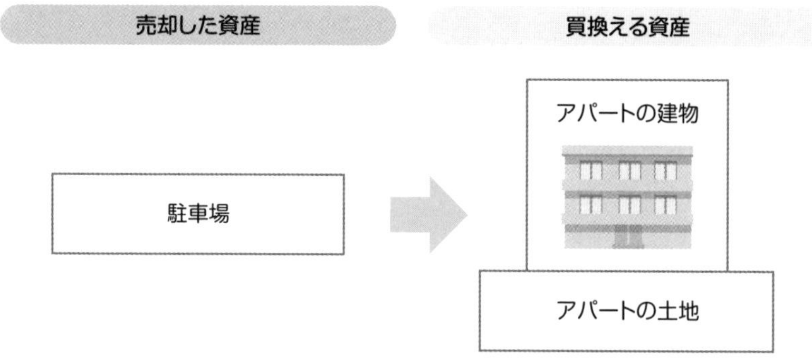

注意すべきなのは、最初の確定申告のときに5,000万円の特別控除を適用していたのに、あとから買換えの特例の方が有利だと気づいても、選択した特例の変更はできないことです。

特例が適用できる補償金は、限定されている

父親が所有する不動産が収用されるときには、いろいろな名目の**補償金**が支払われるはずですが、大きく4種類に分けられます。

このうち、所得税の特例が適用できるのは、**対価補償金**に限定されます。

ただし、建物を移転させる名目で建物移転補償金を受け取ることがありますが、実際には建物を取り壊すケースがほとんどです。その場合には、その**移転補償金**を対価補償金とみなして特例が適用できます。

▼補償金にかかる税金の種類

補償金の種類	具体的な内容	税金の種類
対価補償金	・土地や建物の買収補償金 ・借地権の消滅補償金 ・残地買収補償金 ・建物移転補償金（建物を取り壊した場合）	譲渡所得 （特例を適用できる）
収益補償金	・事業の休業補償金 ・家賃減少補償金	事業所得 不動産所得 雑所得
経費補償金	・店舗移転補償金 ・従業員休業手当補償金 ・休業中の固定資産税等の補償金	
移転補償金	・動産移転補償金 ・雑費補償金	一時所得

3

なお、建物移転補償金を対価補償金とみなす場合でも、あくまで移転補償金であるため、消費税はかかりません。

収用されたときには5,000万円の特別控除を適用するのが原則だが、売却益が大きければ繰り延べる特例を選択してもよい。

5 共有の不動産の持分を解消するための有効な方法とは？

不動産を共有にすると、もめる原因になるって聞くけど？

共有持分が相続されていくと当事者が増えて、収拾がつかなくなるからね

建物と土地の共有の状態を解消する方法は違う

自宅はそこに住む人が相続するのが一般的ですが、アパートなどは賃貸料があるため、相続人間の**共有**で相続するケースがあります。

最初は、共有している人数も少なく仲がよくても、その子供たちが相続すると共有者が増えていき、関係性も薄くなるため意思の統一は難しくなります。

例えば、共有となっているアパートの建物の外壁を塗装したり、内装の壁紙を張り替える修繕計画があるとします。これを実行するためには、共有者の同意だけではなく、その持分割合に応じた費用の負担まで合意してもらう必要があるのです。

その費用が小さければ、アパートの賃貸料から差し引けばよいかもしれません。ところが、数千万円の大規模修繕となれば、共有者から追加のお金を出してもらうこともあるのです。共有者が増えてくれば、必ず、それに文句を言う人が出てきます。さらに、共有者の1人でも認知症が発症すれば、そもそも費用の負担の話し合いもできません。

そうなれば、アパートの建物の現状維持ができず、賃貸料も減っていき、価値は下がってしまうでしょう。

祖父母の相続のときに兄弟で共有となっている場合で、その持分を兄である父親から子供が相続したとします。そのあと、共有を解消すべきとわかっていても、子供が父親の弟である叔父と交渉はなかなかできません。やはり父親が生前に、共有を解消しておくべきなのです。

(1) 建物が共有となっているケース

建物が共有となっているならば、その持分を買い取るしか方法がありません。

それでも、基本的には建物の帳簿価額で売買すればよいため、売却益が発生して所得税がかかることはありません。

なお、建物の帳簿価額が低すぎる場合には、固定資産税評価額で売買することになります。そのときには、売却益が発生して所得税がかかりますが、高額にはならないはずです。

▼建物の共有持分を買い取る

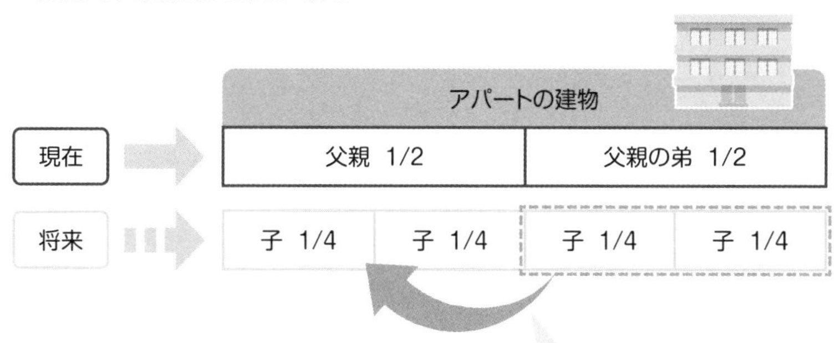

(2) 土地が共有となっているケース

アパートの土地に関しても、将来、建物を取り壊したときに単独で売却できるようにしておくべきです。というのも、自分の土地の共有持分だけを売却することもできますが、売買価格はかなり叩かれて安くなってしまうからです。

そこで、共有者で一体の土地を分筆して、単独の所有にする共有物の分割によって共有を解消しておくのです。**共有物の分割**であれば、所得税も不動産取得税も発生しません。

アパートが建っていても関係なく、共有物の分割はできます。

共有者にとって、何のデメリットもありません。

3

▼土地は共有物の分割で単独所有にする

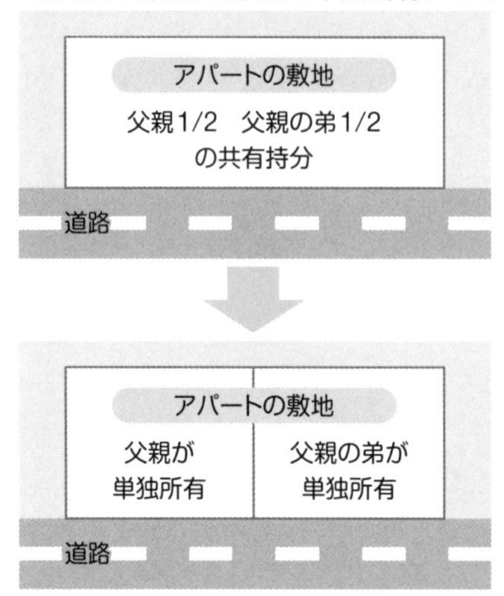

持分として売却もできるが、売買価格は安くなる。

建物が建っていても、共有物の分割はできる。

建物を取り壊したあと、それぞれで売却できる。

父親だけではなく、共有者の１人に認知症が発症すると実現できなくなるため、早めに解消する交渉を始めましょう。

なお、共有物の分割ではなく、単純に土地の持分を買い取って単独所有にするときには、共有物の分割ではないため、土地の持分を売却した人には所得税が、買った人には不動産取得税がかかります。

使用貸借の土地は、その建物の所有者が相続すべき

父親が所有する土地の上に、長男が所有する建物があっても地代は無償としているケースがほとんどです。

その土地の評価が10億円であっても、地代は無償としても問題ありません。民法でも使用貸借契約が認められています。地代とは対価性のあるものを意味しますので、長男が土地の固定資産税に当たる程度のお金を父親に支払っていたとしても使用貸借とみなされます。

(1) 長男名義で建物を建てているケース

長男がアパートを建てて、借主から賃貸料を受け取っていたとしても、土地の所有者である父親への地代の支払いは不要です。このとき、父親が支払うべき固定資産税を負担すれば、長男の確定申告で経費に計上できます。

▼父親との契約は使用貸借とする

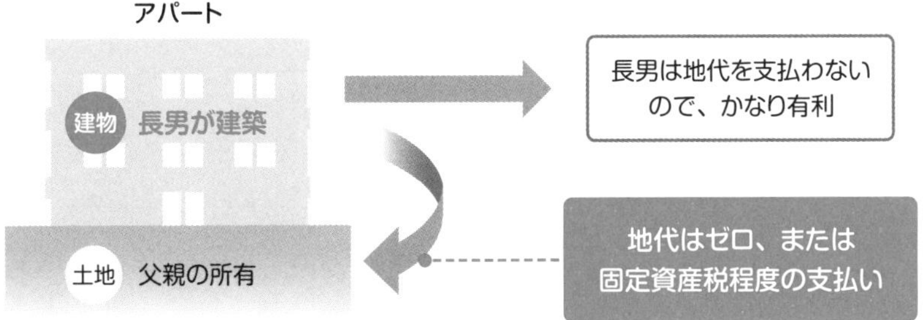

このあと、父親の相続が発生すると長男以外の相続人も、この土地を取得する権利があります。

もし土地を共有で相続すれば、長男は他の相続人に地代を支払う必要があるだけではなく、将来のもめる原因も作ってしまいます。そこで、長男が土地を相続できるように、父親は遺言書を作成すべきです。

また、そもそも父親が長男に土地を貸し付ける理由が、自分の収入が高いため、利益を長男に付け替えたいという判断のもとで行っているケースもあります。所得税は累進課税ですので、父親が受け取る地代をゼロとすれば、その目的は達成できます。

ところが安易に、長男は建物を建てずに、青空駐車場として貸し付けたり、アスファルト敷きなどの簡易的な構築物を設置しているケースもあります。

これでは、土地を所有している父親が駐車場を経営しているとみなされます。つまり、駐車場の利益は父親のものとして確定申告しなければいけません。

長男はお金を使わずに、利益だけを付け替えることはできないのです。

一方、父親から無償で借りた土地の上に、長男が車止めや立体駐車場の機械設備を設置して駐車場を経営しているケースもあります。

それならば、長男が土地の貸付を行っているわけではなく、駐車場のサービスを提供して駐車料金を受け取っているとみられます。

長男は設備投資を行い、賃貸事業のリスクも負っています。そのため、長男が駐車場から利益を得ているとして確定申告を行えるのです。

この場合でも、長男以外の相続人にもその土地を取得する権利があり、遺言書がないともめる可能性があります。

(2) 底地を長男が買い取ったケース

父親が借地の上に建物を建てて、長年住んでいることがあります。

底地の所有者は親族ではなく第三者であり、地代を支払っています。

その底地を長男が買うと、そのあと地代を無償として父親に貸し付けるケースがほとんどです。

そのときには、長男は「借地権者の地位に変更がない旨の申出書」を税務署に提出する必要があります。これを提出しないと、父親の借地が長男に贈与されたとして贈与税がかかります。

逆に提出しておくと登記されてはいませんが、借地は父親の相続財産として残ります。とすれば将来、長男が相続できるように、父親は遺言書を作成しておくべきです。

▼長男が底地を買い取る

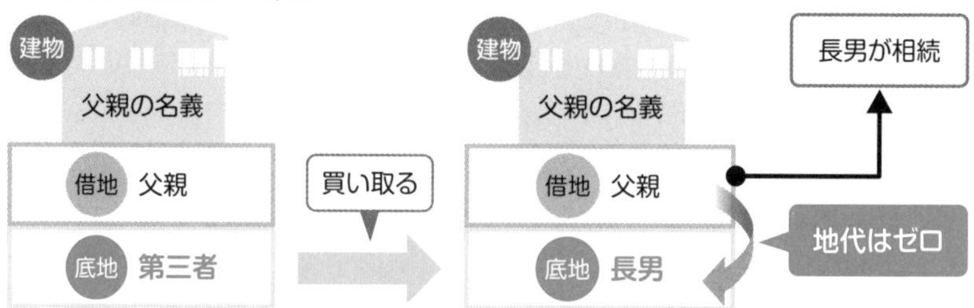

そのあと、父親が所有する建物が古くなり、長男が立て替えたとします。

すると、建物の名義は長男になるため、「借地権の使用貸借に関する確認書」を税務署に提出する必要があります。これを提出しないと、やはり父親の借地が長男に贈与されたとして贈与税がかかります。

このときも、長男が借地を相続できるように遺言書を作成しておくべきです。

▼長男が建物を建て替える

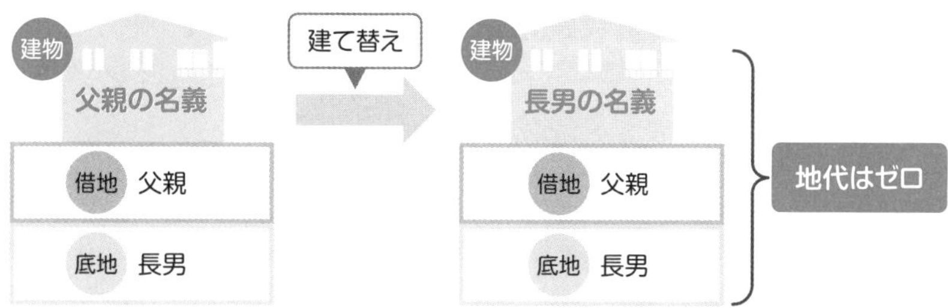

現時点での不動産の共有を解消するだけではなく、将来も共有にならないように、遺言書も作成しておく。

3

6 同じ種類の不動産を交換すれば、所得税はかからない？

不動産を交換するときの時価は、どうやって計算するの？

お互いに合意した金額を時価としてよいみたいだよ

精算金は時価の20%以内に収めないと、特例が使えない

不動産を等価交換した場合には、売却益があったとしても所得税が100%繰り延べられます。つまり、売却した側には所得税がかかりません。このとき、交換する相手は制限されていないため、第三者間の交換だけではなく親族間で交換しても所得税は繰り延べられます。

そのあと交換で取得した不動産を売却すると、交換する前に所有していた不動産の取得日と取得価額をもとに売却益を計算します。

この不動産の等価交換が成立するための要件は、下記となります。

❶不動産業者などの販売用不動産（棚卸資産）との交換ではないこと。
❷土地と土地、建物と建物など同じ種類の不動産を交換すること。
❸自分が交換で売却する不動産は、1年以上所有していたこと。
❹相手が交換してくる不動産は、1年以上所有されていたこと。
❺取得する不動産は、売却する不動産と同じ用途で使うこと。
❻精算金は、時価の高い方の不動産の20%以内であること。

❶は不動産業者と交換する場合でも固定資産であれば問題ありません。また、❷は同じ種類であればよく、❸と❹は交換のために土地を買ってきたり、交換したあとすぐに売却してはいけないだけで、通常はクリアできるはずです。

❺については、宅地を交換で売却したら取得した土地も宅地で、居住用の建物を交換で売却したら取得した建物も居住用として使うことを意味します。

用途の種類は、下記のように区分されています。

▼交換する資産の種類とその用途

資産の種類	用途の種類
土地	宅地、田畑、鉱泉地、池沼、山林、牧場、原野、その他
建物	居住用、店舗用、事務所用、工場用、倉庫用、その他

駐車場は**雑種地**という種類として「その他」に分類されるため、宅地とはなりません。それでも、駐車場の周りに家が立ち並んでいて、すぐにでも家が建てられる状態であれば宅地とみなしてよいとされています。そして、店舗または事務所と住宅で併用されている建物は、納税者の選択で居住専用または店舗専用もしくは事務所専用の建物とみなしてよいのです。

❺については、まったく同じ時価の不動産を探してくるのが難しいことを想定しています。

土地の時価が違うケースでは、その差額を現金で精算するはずです。そのときは、交換した不動産のうち高い方の時価の20%以内とする必要があります。

つまり、精算金が大きすぎれば、交換の特例は使えず、お互いに売却しあっただけとなり、全体の売却益に所得税がかかるのです。

▼精算金は20%以内にする

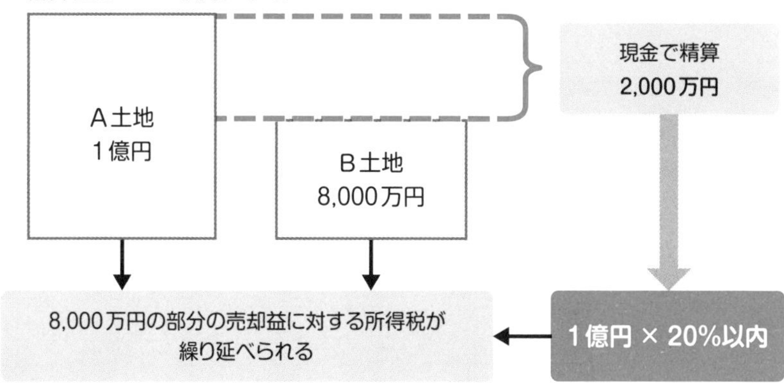

3

それでも、父親が角地であるＡ土地を所有していて、実はＢ土地の隣地も所有していたとします。このとき、Ａ土地はＢ土地に比べて20%超も時価が高いとします。それでも、父親はＢ土地を手に入れることで、自分の所有する土地全体の価値が上がると考えたら、精算金なしでも交換するでしょう。

Ｂ土地を所有しているのが第三者であれば、それぞれの人にとっての価値が時価となりますので、それでも等価交換の要件を満たします。

▼土地の時価は相対的に決まる

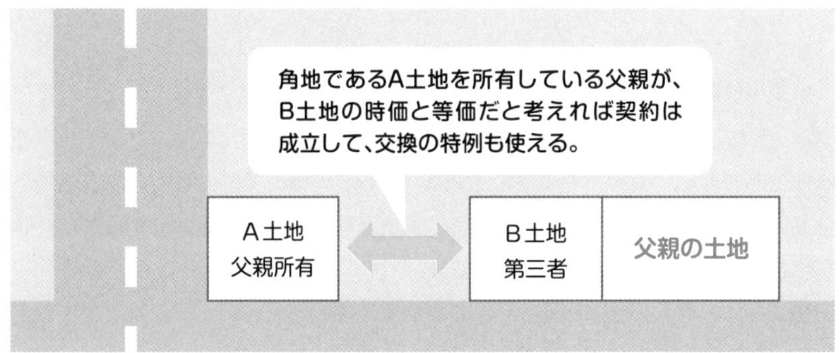

なお、親族間で土地を交換するときには客観的な時価で判断されてしまいます。土地であれば公示価格、または路線価を0.8で割り戻した金額などで、建物であれば帳簿価額、または固定資産税評価額などが時価となります。この時価の差が20%超も違うのに交換したら要件を満たせず、全体の売却益に対して所得税がかかるため、注意してください。

さらに、1つの土地同士ではまったく時価が違うため、お金で精算すると20%を超えてしまうという理由から、2つの土地と1つの土地を交換することも可能です。ただし、すべての土地について等価交換の要件を満たしている必要があります。

▼2対1で等価交換する

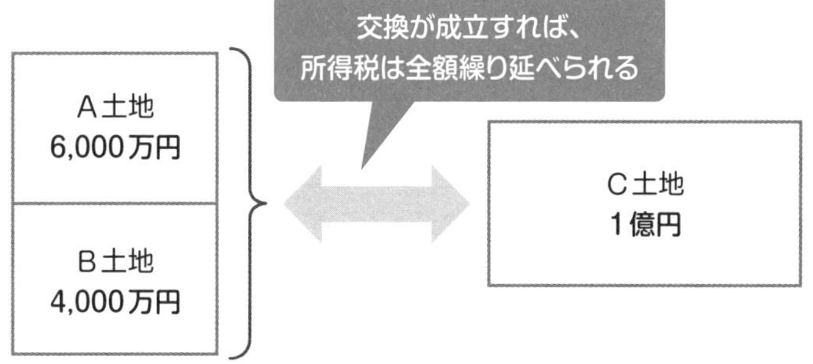

借地と底地を交換するときの比率は、交渉で決まる

父親が**底地**を所有していても、**借地**が返還される可能性はほとんどありません。地代も安いままで、今後も上がる見込みもありません。

それなのに、父親の相続が発生すれば、路線価図の借地権割合を差し引いた下記の計算式が評価となります。

底地の評価　＝　自用地の評価　×　(1－借地権割合)

都市部の商業地であれば、**借地権割合**は70%、80%となりますが、宅地であれば、借地権割合は50%、60%が多くなります。

例えば、父親が自用地（更地のこと）の評価として5,000万円の土地を所有していたとします。それを第三者に貸していて借地権割合が60%とすると、その底地は2,000万円（＝5,000万円×（1－60%））もの評価となり、それに対する相続税を支払うのです。

一方、地代が自用地評価の1%程度とすると年間50万円です。ここから固定資産税を差し引けば、利益は本当にごくわずかとなり、差額の利益に対しては所得税もかかっているのです。

これでは割に合わないため、父親が交渉して借地と底地を等価交換するという方法があります。

ただし、建物を取り壊さないのであれば、等価交換したあとの土地に対して**定期借地権**を設定する必要があります。定期借地権とは、土地を貸してもあらかじ

3

め決めた契約期間が終了すると、借地権が消滅して地主に返還される契約のことで、下記の3種類に区分されています。

▼定期借地権の種類とその概要

❶一般定期借地契約	契約期間は50年以上とされていて、一戸建、分譲マンション、有料老人ホームなどを建てるときの契約として使われる。
❷事業用定期借地契約	契約期間は10年から50年の間で設定し、コンビニ、アパレルの小売店を経営する会社などに貸すときの契約として使われる。
❸建物譲渡特約付定期借地契約	契約期間は30年以上として、終了した時点で土地の所有者（地主）である父親が建物を買い取る契約となる。

▼定期借地権を設定する

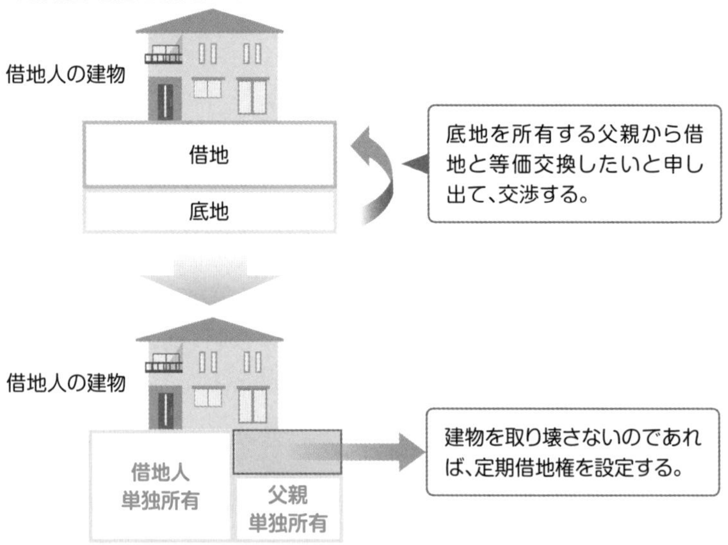

また、借地人から、古い建物を取り壊して新しい建物に建て替えたいので、承諾して欲しいと言われることがあります。そのときは、借地と底地を等価交換する交渉を行うチャンスです。

もし父親が等価交換したあとの土地をすぐに売却するのであれば、特例は使えずに所得税がかかります。ところが、借地人は建物を建て替えて住み続けるため、交換の特例が適用できるのです。つまり、片方が交換の特例を使わないときでも、自分だけでも要件を満たせば交換の特例が使えるのです。

結果、借地人の土地の上だけに建物を建てれば、定期借地権の設定は必要ありません。

なお、借地と底地の等価交換は借地権割合に応じた面積按分が原則です。ただし、第三者間でお互いに納得するならば、等価交換とみなされます。

▼片方だけが交換の特例を使う

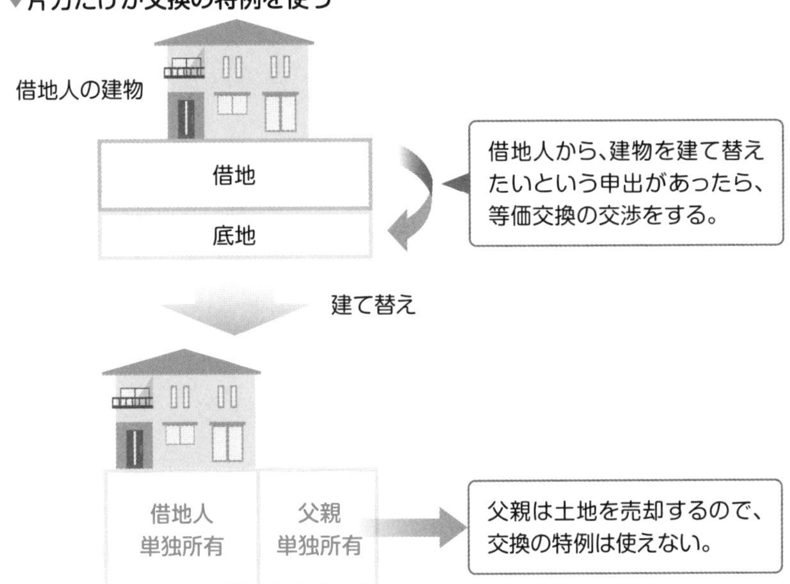

3

お互いに納得する時価で等価交換するならば、売却益に対する所得税は全額が繰り延べられる。

信託で不動産の名義を変更しても、税金の特例は使えるの？

信託を使って不動産の名義を変更するけど、何か不利になることってある？

何も不利になることはないから、認知症対策として進めるべきだよ

信託しても名義が変更されただけで、特例は使える

父親が自宅を売却したときに売却益が発生しても、3,000万円を特別控除してくれる特例があります。妻（子供から見たら母親）に生前に自宅の土地と建物の一部を贈与しておけば、2人がそれぞれ3,000万円、最大6,000万円の特別控除の枠が使えます。

それでは、父親の認知症の対策として生前に信託によって、自宅の名義を子供に変更していても、これらの所得税の特例は使えるのでしょうか？

父親が所有する自宅について、委託者と受益者が父親、受託者を子供として信託を設定します。ここでは委託者と受益者が同じ人物であるため、設定したときに法務局で登記するための**登録免許税**はかかりますが、それ以外の税金は発生しません。

これで父親の自宅の名義は、受託者である子供となります。

そのあと、子供の意思だけでその自宅を売却しても、そのお金は受益者である父親に帰属します。所得税では、あくまで実質的な所有者である父親が売却したとみなすのです。

そのため、父親が翌年の3月15日までに確定申告をして所得税を支払う義務があります。とすれば、先ほどの3,000万円の特別控除の特例も父親が使えることになるのです。

信託を利用するメリットとしては、父親が認知症になって老人ホームに入居するためにお金が入用になったとします。そこから父親が売り主になって自宅を売却することはできません。

それを回避するために、事前に信託を設定しておくのです。

このとき、不動産の名義となっている子供で所得税の特例の要件を判断するならば、子供の自宅ではないため、売却益から3,000万円を控除できません。

ところが、実質的に父親が所有していたとして所得税の特例の要件を判断できるため、信託を設定したことによるデメリットはないのです。

つまり、受託者である子供の意思だけで父親の自宅を売却しても、所得税を最小限にできるのです。

さらに、父親が老人ホームに入居しても自宅は売却せずに、子供が受託者として管理しているとします。

そのあと、父親の相続が発生して相続財産となる受益権を子供が取得したとします。このとき、相続税法でも父親の自宅を子供が相続したとみなすため、**小規模宅地の特例**が適用されて、受益権のうち自宅の土地の評価について80%を減額できます。

当然、信託契約で受益権がだれに移動するかを記載しておけば、自宅については遺産分割協議が不要となります。

また、相続のときの名義変更の登記とは違い、受益者の変更を登記するだけなので、登録免許税は1件当たり1,000円ですみます。

希少価値が高い不動産を狙って買うべき

父親が所有するアパートが古くなると修繕費が上がり、かつ建物の減価償却費は小さくなることで所得税は高くなり、手取りが減ります。

そこで売却して新しい不動産に買換えるのですが、先祖代々からの土地であると売却益が高くなります。

ところが下記の一定の要件を満たすと、その売却益の80%（買換える地域の組み合わせで60%～90%と変動する）を繰り延べてくれる特例があります。これを**事業用資産の買換えの特例**と呼びます。

事業用資産の買換えの特例を使うための要件

(1) 売却する不動産の要件について

❶売却する年の1月1日時点において、所有期間が10年を超えていること。

❷国内で事業用として貸し付けていたこと。(駐車場であれば、アスファルトやフェンスなどの構築物が設置されていること)

(2) 買換える不動産の要件について

❶建物であれば、制限なし。

❷土地は300㎡以上であり、かつ売却した土地の面積の5倍以内であること。

❸事務所、工場、店舗、住宅等の敷地の用に供されている土地であること。

❹不動産を売却した年、その前年中、またはその翌年中に買うこと。

❺買ってから1年以内に国内において、事業用として貸し付けること。

これは所得税の特例ですが、時価と相続税の評価額ができるだけ乖離しているもの狙って買換えると、相続税の節税対策の効果も同時に高まります。

そもそも相続税では、建物は固定資産税評価額、土地は路線価をもとに評価します。そこで、すぐに思い浮かぶのは、土地を売却して建物に買換える方法です。建物の時価と固定資産税評価額の差額は、土地の時価と路線価の差額よりも大きくなるからです。

自宅であればそれでよいのですが、事業用のアパートなどは相続税の対策にはなりますが、建物に買換えることでデメリットも発生します。

それは、建物に買換えた場合に、その取得価額は売却した土地の取得価額（売却益を繰り延べた部分のみ）を引き継ぐのです。そのあと、買換えた建物の減価償却費が小さくなることで、将来の所得税が増えてしまうのです。

ということで、事業用のアパートについては、できるかぎり土地として買換えるべきとなるのですが、そのときは駅から近い地域の土地に買換えるほど相続税の節税効果は高くなりです。

そもそも、土地の希少価値は駅からの距離やその地域で決まります。円の面積は「π×半径×半径」で計算しますので、駅から徒歩10分の土地は、徒歩20分の土地よりも希少価値は4倍にもなるのです。

そして、極端に売買事例が少ない地域の土地でも構いません。東京の銀座、青山など、地域のブランド名だけで市場の時価が上がることもあります。

この希少価値は土地の路線価にも反映しますが、時価ほどではありません。

▼土地の希少価値の比較

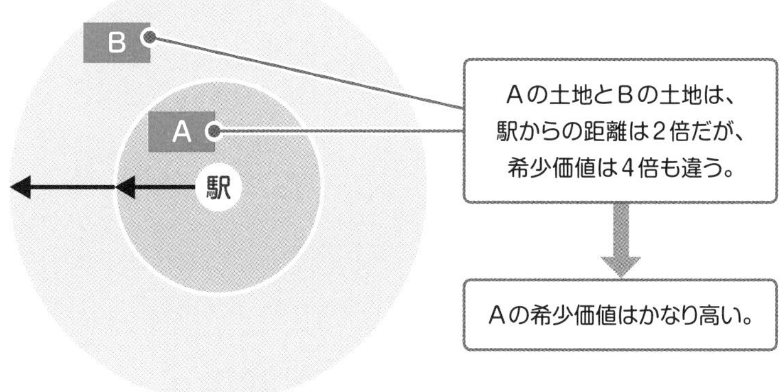

このことから、父親が郊外のアパートを売却して、都市部の店舗や事務所ビルに買換える方法がお勧めです。

ただし、事業用資産の買換えの特例の要件として、買換える土地は面積が300㎡以上でなければいけないため、投資用のマンションであれば建物だけが対象となり、その敷地の部分には適用がありません。土地の部分は自己資金で買うしかないのです。

そうすると、建物に買換えたことで減価償却費が小さくなり、将来の所得税が上がるデメリットがあります。やはり土地を事業用資産の買換えの特例の対象としたい場合には、買換える不動産が限られてしまうかもしれません。

それでも、売却益の所得税の節税を最優先にして、土地が広く収益力が低い不動産に買換えるならば本末転倒です。売却益の所得税を支払ったとしても、収益力が高い不動産に買換えることをお勧めします。

結果、1㎡当たりの路線価が高い都市部のマンションに買換えれば、相続税を計算するときに小規模宅地の特例によって、200㎡までの敷地の評価を50%に減額できます。しかも、マンションの収益力には相続税がかかりません。

このとき、不動産の売却益にかかる所得税率は20.315%ですが、相続税の税率は最大で55%にもなるのです。であれば、事業用資産の買換えの特例を適用しないという選択肢もあり得ます。

▼親族に収益力を相続させる

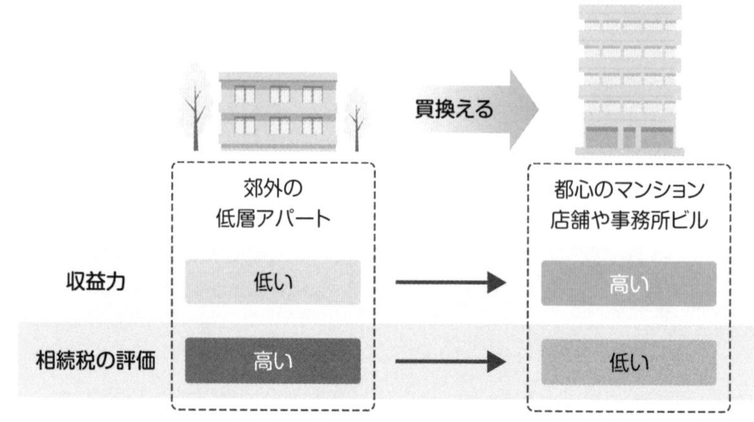

収益力には、相続税がかからない。

父親が所有するアパートについても認知症の対策として、委託者と受益者が父親、受託者を子供として、信託を設定していることもあるでしょう。その場合には、受託者である子供がアパートを売却することも、受益者である父親が受益権を売却することもできます。どちらであっても、所得税では実質的な所有者である父親がアパートを売却したとみなすため、特例が適用できます。

その売却したお金は受益者である父親に帰属するため、それを使って新しい不動産に買換えるのです。買換えた不動産についても、委託者と受益者を父親、受託者を子供として信託を設定します。

アパートを信託すると、赤字が切り捨てられる

アパートを信託するとメリットだけではなく、デメリットもあります。

通常、アパートを2つ所有していて、1つのアパートの利益が黒字で、もう1つのアパートが赤字であれば、それらを通算した残りの利益に対して所得税がかかります。

ところが、1つのアパートだけを子供に信託して、子供の名義に変更していると通算ができません。あくまで1つの信託契約の中でのみ黒字と赤字を通算できるのであり、別々の契約で受託者が違っていたり、信託されていない資産との間では黒字と赤字の通算はできないのです。そのため、信託を設定するのであれば、2

つのアパートを1つの契約で設定すべきです。

いつもは黒字であるアパートでも、大規模な修繕を行ったりすると赤字になったりします。これが通算できないと、かなり所得税は損をしてしまいます。

それでも、子供が2人いて、それぞれにアパートを管理させたいケースもあるかもしれません。そのときには、税金よりも親族で争わない方を優先すべきですので、バラバラで信託を設定するという選択肢でもよいでしょう。

なお、アパートを信託したあと、父親が確定申告を提出するときには、信託された不動産ごとに下記の事項を記載した明細書を添付する義務があります。

❶総収入金額：賃貸料、その他の収入
❷必要経費：減価償却費、水道光熱費、借金の利子など

3

これとは別に受託者である子供は毎年1月末までに、前年の**信託財産**の状況を記載した「**信託の計算書**」「**信託の計算書合計表**」を税務署に提出する義務も発生します。これを怠ったときには罰則規定もありますので、注意しましょう。

父親の判断能力があるうちに古いアパートを売却して新しい不動産に買換えたあと、子供を受託者として名義も変更しておく。

第4章

会社を設立すれば、所得税と法人税を選べる

1 個人事業主は、法人成りした方が得なのか？

法人成りって言葉を聞くことがあるけど、どんな意味？

個人事業主が会社を設立して、自分の事業をそこに移転させることだよ

会社を設立した方が得になる利益の目安とは

個人事業主である父親に認知症が発症すれば、事業は滞ってしまいます。預金口座のお金も動かせなくなれば、従業員への給料も支払えません。

一方、会社を設立しておけば、株式の議決権を長男に移転しておくことが前提ですが、父親が認知症になったら代表取締役を退任してもらい、長男が代わりに就任すれば、事業は継続できます。というのも、取引先も従業員も会社と契約しているのであり、父親と直接契約しているわけではないからです。

とはいえ、会社を設立するにも費用がかかりますし、ランニングコストも増えるのです。個人事業主の利益がどのくらいになったら、法人成りすべきなのかという目安はあるのでしょうか？

父親の個人事業主としての事業が、アパートの賃貸事業と仮定します。

賃貸料である売上から経費を差し引いた利益に対して、所得税がかかります。

この所得税は**累進課税**のため、利益が小さいと実効税率も低くなります。

父親に他の所得がないとすれば、700万円の利益に対しては約23%の実効税率となり、それを超えると急減に上がっていきます。

一方、法人税は累進課税ではなく、会社の利益が800万円までは約23%、800万円を超えた利益には約34%の法人税がかるため、利益が800万円を超えると実効税率は、ゆるやかに比例して上がっていきます。

所得税と法人税の実効税率を比べると、父親の個人事業主の利益が700万円を超えていたら、税金だけで判断すると会社を設立した方が得になります。このとき、事業を手伝っている妻（子供から見たら母親）に給料を支払っていたら、それを差し引いたあとの利益で判定します。

▼所得税と法人税の実効税率を比較

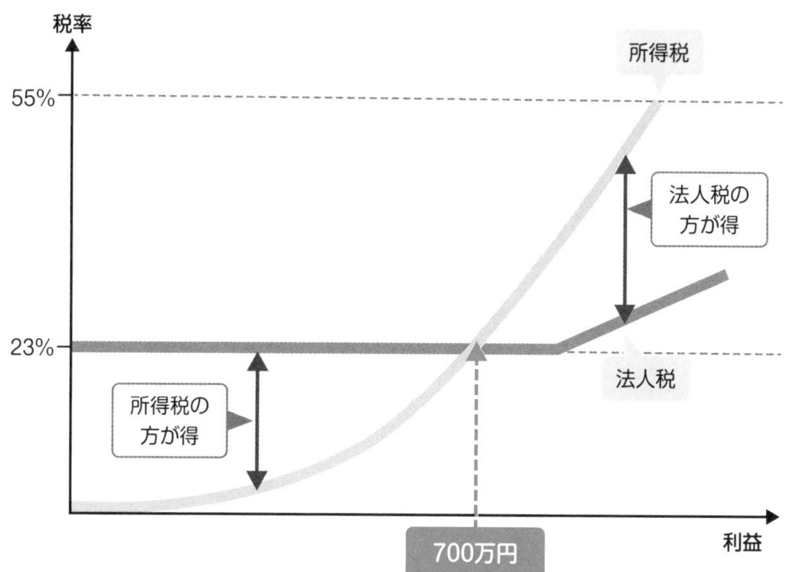

ところが、個人事業主で従業員に給料を支払っていても、常時雇用している人数が5名未満であれば**社会保険**への加入は任意となっています。実際、ほとんどの個人事業主は社会保険には加入していません。父親も含めて従業員は国民年金と国民健康保険料を支払っているのです。

ここで会社を設立すると、代表取締役の1人しかいなくても給料を支払うときには社会保険への加入が義務付けられています。社会保険料は**厚生年金**と**健康保険料**の2つを会社と役員や従業員が折半で負担する仕組みです。これは会社を設立したときの大きなデメリットとなります。

例えば、月額30万円の給料を支払うと地方によっても、年齢によっても変わりますが、40歳以上で介護保険料も含めると下記となります。

4

▼月額30万円の給料にかかる社会保険料

月額給料30万円のケース	会社負担分	本人負担分
厚生年金	約27,500円	約27,500円
健康保険料（介護保険料も含む）	約17,500円	約17,500円
合計	45,000円	45,000円

会社が社会保険に加入することで、会社負担分を支払う義務が発生します。また、従業員にとっても強制的に社会保険に加入させられて手取りが減ってしまいます。

そこで、父親が個人事業主のときに雇っていた従業員が、設立した会社と雇用契約を締結するときには手取りが減らないように給料を上乗せする必要があります。義務ではないですが、従業員が一方的に不利益となるような状況にはできません。当然、父親自身も社会保険に加入することで負担が増えるため、これを想定すると700万円ではなく、もう少し利益が増えてからでも会社の設立はよいかもしれません。

それでも、個人事業主である父親が銀行から借金をしてアパートを買っていたり、建てているのであれば、利益から所得税を支払った残りを元本の返済にあてています。この借金を会社に付け替えれば、会社の利益から法人税を支払った残りで返済すればよくなります。所得税率に比べて、法人税率の方が低いので、資金繰りはよくなります。

例えば、1億円を借りていて所得税率が33%だとすると1億5,000万円の利益がないと返済が完了しません。それが、23%の法人税率でよいとなれば、1億3,000万円の利益で返済できるため、2,000万円も得になります。

しかも借金の返済を優先して父親の給料を高く設定しなければ、所得税や社会保険料は高くならず、デメリットが小さくなるのです。

個人から会社への借金の付け替えは、簡単な手続きで終わります。

会社が銀行から借金をして、父親から不動産を買います。父親にはお金が入るので、残っている借金を一括返済します。これだけで手続きは完了するのですが、一括返済するときに違約金が発生する契約もあるため、事前に確認しておく必要はあります。

▼借金の付け替えの手続き

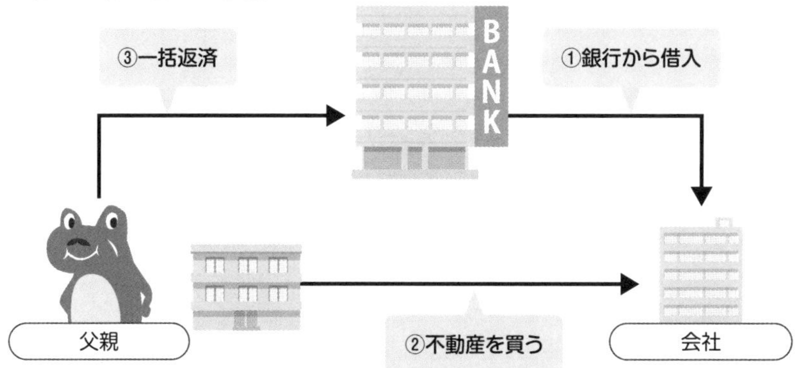

1人の相続人に対して、1つの会社を設立する

父親の事業を法人成りさせるときに、その株主を父親にする必然性はありません。父親の個人事業主の利益を移転させる会社を設立しているので、普通は赤字になることは想定されず、株式の評価が毎年増加していくからです。

それに、父親に認知症が発症するとその議決権を行使できなくなります。

父親の財産を増やさないことで相続税を節税して、かつ会社の経営も安定させるという目的を達成するために、子供や孫を株主にすべきです。

会社の資本金は会社法では1円以上であればいくらで設立してもよいとされているため、100万円程度で構いません。それでも、銀行から借金をするならば最低の資本金を指定されることはあります。このとき、子供や孫にお金がなければ、父親から贈与すればよいだけです。

また、すべての不動産を1つの会社に集約させて、その株式を親族で分散して所有していると将来の争う原因になります。

必ず1人の相続人に対して、1つの会社を作るべきです。

4

▼会社は1人1社を原則とする

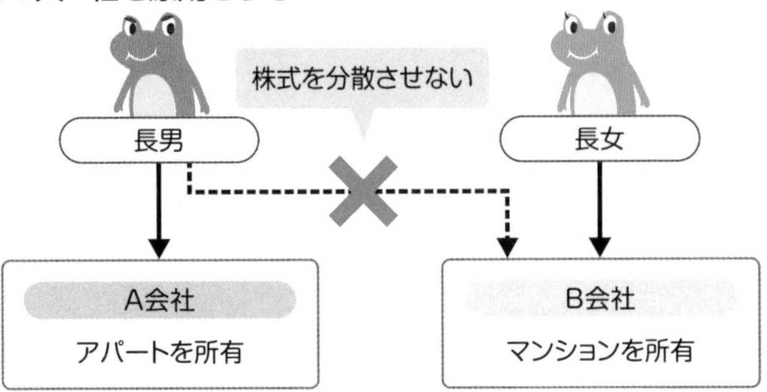

1人の相続人で100%の議決権を所有する。

個人事業主よりも、会社の方が経費の幅は広がる

相続人1人ずつに会社を作ると、設立や運営のコストが増えるというデメリットがあります。それでも、父親が個人事業主として確定申告していたときよりも、会社であれば計上できる経費の幅は広がるのです。

原則、個人事業主は売上に対応したものだけが、経費として計上できます。

賃貸事業の売上は賃貸料に限られてしまい、それを稼ぐことに関係がない経費の計上は認められません。

一方、会社の売上は賃貸事業に限られません。

とにかく、売上を上げるために使ったお金は通信費や車のガソリン代なども含めて、すべて経費として計上できるのです。しかも、現在ではなく、将来の売上のための先行投資でも構いません。

さらに、父親への退職金、日当、社宅の賃貸料、生命保険料、赤字に対応する土地の借金の利子などは個人事業主の経費として認められておらず、会社だからこそ経費として計上できる項目となります。

▼会社の方が多くの経費が認められている

	個人事業主（賃貸事業）	会社
通信費、光熱費などの経費	賃貸料を稼ぐために使ったものだけが経費になる。	売上を稼ぐために契約して使った分は、すべて経費になる。
日当	個人事業主への日当は認められない。	社長に対しても日当を支払える。
交際費	金額の上限はないが、賃貸事業に関連した取引先に限定される。	800万円、または1/2の大きい方まで、経費になる。
役員の自宅	自宅を買えば住宅ローン控除によって、所得税が節税できる。	会社が自宅を借りて、または買って役員に転貸できる。
土地の借金の利子	土地を買うための借金の利子は、黒字の範囲で経費になる。	土地を買うための借金の利子でも、制限なく経費になる。
オーバーローン	従業員がいなければ、運転資金の借金の利子は経費にならない。	運転資金の借金の利子でも、経費になる。
赤字の繰越し	赤字の繰越しが、3年間可能。	赤字の繰越しが、10年間可能。
退職金	個人事業主、及び妻への退職金は認められない。	社長、及び妻に対して退職金を支払える。
給与	妻への給料は、事前に税務署へ上限の届出が必要となる。	届出は必要なく、適正な範囲の給料であれば、認められる。
生命保険	最大12万円の所得控除のみ。	経費になる生命保険であれば、金額の上限はない。
固定資産の減価償却費	強制的に、毎年、償却する。	任意で償却金額を決定できる。

(注)「妻」は子供から見たら母親

個人事業主である父親の事業を会社に移転させると、経営が安定するだけではなく、節税によって資金繰りも改善できる。

株式会社と合同会社、どちらで設立すべきなのか？

株式会社ではなく、合同会社での設立が流行っていると聞くけど？

新規設立のうち25%なので、まだまだ株式会社で設立する人の方が多いね

株式会社ではなく、合同会社が選ばれる理由とは

個人事業主である父親の事業を会社に移転させることは、節税という点からだけではなく、父親が認知症になったときの対策にもなります。

このとき、株式会社で設立してもよいのですが、合名会社、合資会社、**合同会社**という形態もあり、これらを総称して**持分会社**と呼びます。

実際に統計データを確認すると新規に設立される会社の約25%が合同会社となっています。それだけ、合同会社を設立するメリットがあるのでしょうか？

まず、合同会社は１人の出資者が資本金１円以上で設立でき、実費は株式会社と比べて半額以下となります。

▼合同会社と株式会社の設立費用の比較

	合同会社	株式会社
登録免許税	6万円	15万円
公証人の手数料	－	5万円
収入印紙（電子定款であれば、かからない）	4万円	4万円
合計	10万円	24万円

次に、株式会社の役員の任期は最長でも10年であるため、最低でも10年に1回

は重任の登記をする義務があります。合同会社の役員の任期は無期限にできるため、登記の手数料がかかりません。

株式会社は毎年、官報や日刊新聞で決算書を公表する決算公告が義務付けられています。非上場会社であれば実務的には行っていないケースも多いのですが、本来はやらなくてはいけません。

合同会社であれば、この決算公告も不要となりランニングコストが安いのです。それなのに、出資者は株式会社の株主と同じで有限責任であり、法人税の取扱いもまったく同じなのです。

合同会社がこのように簡易的な手続きですむのは、株式会社とコンセプトが違うためです。

(1) 株式会社のコンセプト

株式会社は、多数の株主に出資してもらうことでお金を集めて、プロの経営者である取締役がそれを使って事業を運営することが前提となっています。

そのため、種類株式を発行できるなど、さまざまな資金調達の手段が用意されています。会社が儲かってくれば、上場も可能です。

それを前提に株主が取締役をけん制する仕組みとして株主総会、取締役、監査役などの組織の設計については強行規定となっているのです。

その株主は出資割合に応じて議決権を持つため、株主総会を通じた多数決で意思決定していきます。そして、配当や会社を清算したときに残った財産は、その所有する株式数に応じた持株比率で分配されます。

あくまで、1株に対する株主の権利は平等なのです。

(2) 合同会社のコンセプト

合同会社では数人の出資者が集まって事業を行うことが前提となっているため、定款で決めれば自由に組織を設計できます。議決権に関しても出資割合に応じて定まっているわけではなく1人1票となっていて、出資金額が少ない人でも発言力があります。

定款を変更するためには原則、出資者全員の同意が不可欠となり、かつ「出資者＝役員」となって事業を運営するため、組合的な性質を持っています。

例えば、父親が90%を出資して、長男が10%を出資したケースでも1票ずつとなるため、両方が50%の議決権を持つのです。

定款を変更するまでもないことは、出資者の過半数の賛成で意思決定します。

この場合でも出資者が２人なら、父親１人では50%の議決権しかなく過半数を超えられないため、結果的に長男の同意が不可欠となります。

このままでは、父親に認知症が発症すると何も決定できなくなるため、妻（子供から見たら母親）にも出資してもらって、議決権は３票としておきましょう。

さらに、配当の振り分けも自由なので、定款で定めれば出資割合に応じない分配も可能です。例えば、父親が80%を出資して、妻と長男がそれぞれ10%ずつ出資した上で配当だけは３分の１ずつにすることもできます。

株式会社であれば、種類株式を発行しなければ実現できないことが、合同会社であれば、定款に記載するだけで手続きが完了します。

▼出資割合と配当が比例しなくてもよい

	父親	妻	長男
出資割合	80%	10%	10%
配当	33%	33%	33%
議決権	１票	１票	１票

（注）「妻」は子供から見たら母親

とはいえ、出資者が親族だけであれば、出資割合とは違う３分の１ずつで配当した合理的な理由が必要となります。それでも、妻と長男が、父親よりも合同会社の事業に対して貢献度が高いという証拠があれば認められます。

その場合には、そもそも妻と長男の給料を高く設定すれば経費として計上できます。ということで、実務的には出資割合とは違う分配を行うのは、第三者間で出資しているなど、給料を自由に調整できないケースがほとんどです。

ところで、合同会社の配当に関しては注意点があります。

それは配当を払い戻す時期は出資者が協議して決めるわけではないことです。

株式会社であれば株主総会を経て、過半数の賛成がなければ払い戻せません。ところが、合同会社は最初に配当の振り分け方を決めていれば、出資者が単独でいつでもその払い戻しを請求できてしまうのです。

そのため、出資者同士で争いになると自由に配当としてお金を引き出されてしまい、合同会社の経営が不安定になる可能性があります。ということで、出資者が親族だけであったとしても最小限の人数に留めておくべきです。

最後に、合同会社の形態で設立して事業を運営していたけど、やはり株式会社の形態の方がよかったと思い直すこともあります。そのときは、組織変更について出資者全員の同意があり、債権者保護手続きである官報公告を行えば、株式会社に組織変更できます。

このとき実費は多少かかりますが、組織変更するときに合同会社に法人税がかかったり、出資者に所得税がかかったりすることはありません。そのため、まずは設立コストが安い合同会社を設立してみようと考える人が多いのです。

合名会社を設立した方がよいケースとは

合名会社を設立するときの費用は、合同会社とまったく同じです。そして、合名会社には資本金の制限がなく、お金による出資ではなく信用出資や労務出資も認められています。そのため、お金の出資金額がゼロ円でも設立できます。

合名会社の役員の任期も無期限で設定できて、決算公告も不要となりランニングコストが安いというメリットは合同会社と同じです。

やはり定款で決めれば、自由に組織を設計できます。議決権に関しても出資割合に応じているわけではなく、1人1票となっています。

合名会社の一番の特徴は出資者が有限責任ではないこと、いわゆる無限責任になるという性質です。これにより、合名会社の借金を出資者も返済する義務があるのです。

とはいえ、株式会社であっても役員が借金の連帯保証人になるため、結果的に個人にも返済義務があり、同じことです。

税務上では、合名会社の無限責任という性質が有効となるケースがあります。

まず、父親が所有する土地の上に銀行から1億円の借金をして、父親の名義でアパートを建てます。建物は貸家の評価となり、「1億円×40%（固定資産税評価額）×（1－30%（借家権割合））＝2,800万円」です。これで、建物の評価を超えるマイナス7,200万円の負債は、父親の他の財産から差し引けます。

ところが、1億円の借金の返済を考えると最初から会社の名義でアパートを建てた方が、所得税よりも法人税の方が安いため、資金繰りがよくなります。

そこで株式会社を設立しようとしますが、まだ子供が小学生であり、銀行からの要求で父親が株主になりました。同じように銀行から1億円の借金をしてアパートを建てます。

4

相続税を計算するときの不動産の評価は、会社で所有していても、個人で所有している場合と同じです。そのため、会社が建物だけを所有しているとすれば、資産（会社の財産）の評価は2,800万円となります。

ただし、会社が不動産を買ったり、新しく建てた場合にはそこから３年間は時価で評価します。ここでの時価は通常、取得価額となります。そのため、2,800万円の評価に下がるのは３年後なのです。

３年が経過したとして、この時点で会社の純資産価額（＝資産の評価－負債）はマイナス7,200万円です。ところが、相続税を計算するときの株式の評価にはマイナスがないため、ゼロとなります。

結果、父親の財産を減らせないため、個人で建物を所有しているケースと比べて、かなり相続税が上がってしまいます。

「父親が１億円を資本金として出資して、株式会社を設立すればよいのでは」という意見もあります。しかし、資本金を大きくすると法人税が高くなってしまいますし、そこまでの多額の現金はないからこそ、銀行から借金をしているケースも多いのです。

とにかく、父親が借金の連帯保証人になっていれば、相続税の計算では差し引けないのに相続人にその地位が相続されてしまいます。株式会社の株主は有限責任ですが、将来賃貸事業が失敗したら、その借金を個人で負担するのです。

そこで、父親が労務出資によって１人で合名会社を設立して、銀行から１億円の借金をして、アパートを建てるのです。

これで合名会社の無限責任社員である父親は借金を返済する義務があり、相続財産から7,200万円を差し引いて、相続税を計算できます。つまり、会社で不動産に投資しながら、借金は個人事業主と同じ節税効果を得られるのです。

なお、定款には父親の相続が発生したときのことも想定して、持分を承継させる相続人を定めておきます。これを指定しておかないと、相続が発生したときに出資者がいなくなり、合名会社は解散となってしまうからです。

▼新築のアパートを合名会社が建築する

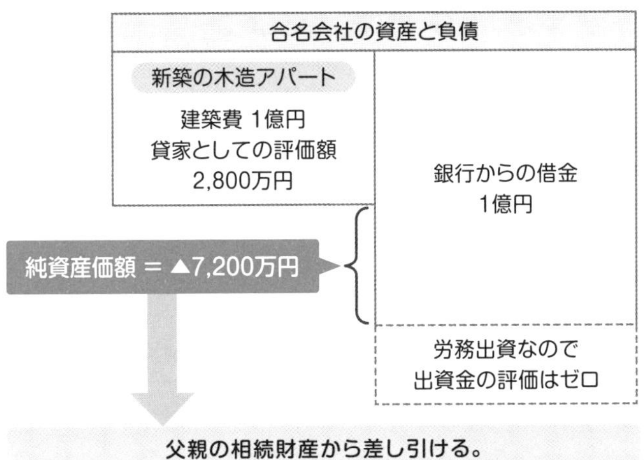

合名会社の出資金の評価がマイナスの間は父親を出資者としておき、父親の相続が発生せずに借金の返済が進んでプラスになるならば、その直前に株式会社へ組織変更します。合名会社の出資者が無限責任という点は財産を評価する上ではメリットですが、それが消滅するとデメリットの方が大きいからです。

組織変更するときには実費は多少かかりますが、合名会社に法人税がかかったり、出資者に所得税がかかったりすることはありません。

そして、株式会社の株式を子供などに1円で売却します。所得税は当然のこと、この時点では株式の評価はまだゼロですので、贈与税もかかりません。そのあとプラスになっても、父親の相続財産にも組み込まれません。

まとめ

株式会社として設立するのではなく、合同会社や合名会社として設立した方がメリットは大きいケースもある。

3 アパートが古くなったら、会社へ売却すべきなの？

父親が所有する不動産を会社に移転させるけど、注意点ってある？

株主は子供として、かつ建物だけを会社に売却するのがよいみたいだね

建物は、いくらで会社に売却すればよいのか

父親が所有するアパートの耐用年数が終わってしまうと、建物の減価償却費はゼロとなります。木造の建物は、耐用年数が最長でも24年となっています。

▼建物の種類とその耐用年数

建物の種類	細目	耐用年数
木造・合成樹脂造のもの	事務所用のもの	24
	店舗用・住宅用のもの	22
	飲食店用のもの	20
	旅館用・ホテル用・病院用・車庫用のもの	17
	公衆浴場用のもの	12
	工場用・倉庫用のもの（一般用）	15
木骨モルタル造のもの	事務所用のもの	22
	店舗用・住宅用のもの	20
	飲食店用のもの	19
	旅館用・ホテル用・病院用・車庫用のもの	15
	公衆浴場用のもの	11
	工場用・倉庫用のもの（一般用）	14

そこまで待たなくとも、給排水設備などの**建物附属設備**にも耐用年数があり、こちらは最長で18年となっています。

通常、新築でアパートを建てたときには請負契約書を確認して、建物と建物附属設備を分けて計上します。耐用年数が短い方が減価償却費は大きくなるため、最初の所得税を減らすことができます。

▼建物附属設備の種類とその耐用年数

建物附属設備の種類	細目	耐用年数
冷房、暖房、通風、ボイラー設備	冷暖房設備（22KW以下の出力）	13
	その他のもの	15
電気設備（照明設備を含む）	蓄電池電源設備	6
	その他のもの	15
昇降機設備	エレベーター	17
	エスカレーター	15
給排水・衛生設備、ガス設備		15

4

そのあと年数が経って減価償却費が計上できなくなるころには、銀行の借金の残高も減っているため、父親が支払う利息も小さくなっています。

すると、アパートが古くなることで父親が受け取る賃貸料が減っているのに、不動産所得で計上できる経費がそれ以上に小さくなり利益が自動的に大きくなってしまい、所得税が高くなります。

そこで、土地は父親の名義のままでよいですが、建物を会社に売却します。

もちろん、会社が建物を所有しても減価償却費や利息が大きくなるわけではありません。あくまで役員に就任した親族に給料を支払うことで、賃貸事業の利益を分散させることが目的です。

ただし、実際に会社に建物を売却するときには、2つの手続きが不可欠となります。

(1) 建物の売買価格を決める

アパートの敷地が先祖代々からの土地であれば買った日も金額もわからないため、5%の概算取得費しか認められず、土地の売買価格の95%が売却益となります。

また、アパートの敷地を父親が高額で買ったことで土地の売却損が発生することもありますが、それは同じ年に売却した土地の売却益としか通算できません。通算できずに残った売却損は切り捨てられます。

さらに、会社が土地を買えば、それに対する登録免許税や不動産取得税もかかります。

ということで、父親が所有するアパートの建物だけを会社に売却します。

このとき、個人の所得税を発生させないために、建物の帳簿価額（＝取得価額―減価償却費の累計額）を計算して、売買価格とします。

それでも、建物の耐用年数が終了したあとで売却するならば、帳簿価額はゼロとなっています。賃貸料が見込める建物をゼロ円で売却することはできませんので、固定資産税評価額などを売買価格とします。もしくは、複数の不動産会社に依頼して、売買価格を査定してもらう方法でもよいでしょう。

このとき、父親には建物の売却益が発生するので所得税を支払いますが、固定資産税評価額はそれほど高額にはなりません。それに、アパートの建物を買った会社は、そのあと減価償却費を計上できます。

(2) 無償返還の届出書を提出する

建物だけの売買契約を締結しても、父親は建物だけではなく借地付きで会社に売却したとみなされます。借地権割合は路線価図に記載されていますが、例えば60％の地域であれば、土地の売買価格の60％の部分について売却益、または売却損が発生するのです。

そこで、賃貸借契約書において契約期間が満了したら、会社は更地にして父親に無償で返還すると明記します。同時に、「土地の無償返還に関する届出書（無償返還の届出書）」を父親と連名で税務署に提出するのです。これで借地が、会社に移転していないとみなされます。

会社が支払う地代についてはゼロにして使用貸借とするか、固定資産税の３倍程度の地代を支払って賃貸借とするかは自由に選択できます。

賃貸借を選択すると会社は支払った地代を経費として計上できて、父親が所有する土地は相続税を計算するときに「自用地評価×80％」の評価に下がります。そのため、賃貸借を選択するのが一般的です。

ただし、その代わりに20％の借地権は相続税を計算するときだけ、会社の財産として計上されることで純資産価額が上がります。つまり、株式の評価がそれだけ高くなるのです。

それについては、そもそも会社の株主を子供としていれば関係ありません。

なお将来、中古のアパートを土地付きで第三者に売却するときには借地は発生していませんので、建物の売買価格は会社に、土地の売買価格は全額が個人に帰属します。

▼個人から会社にアパートの建物を売却する手順

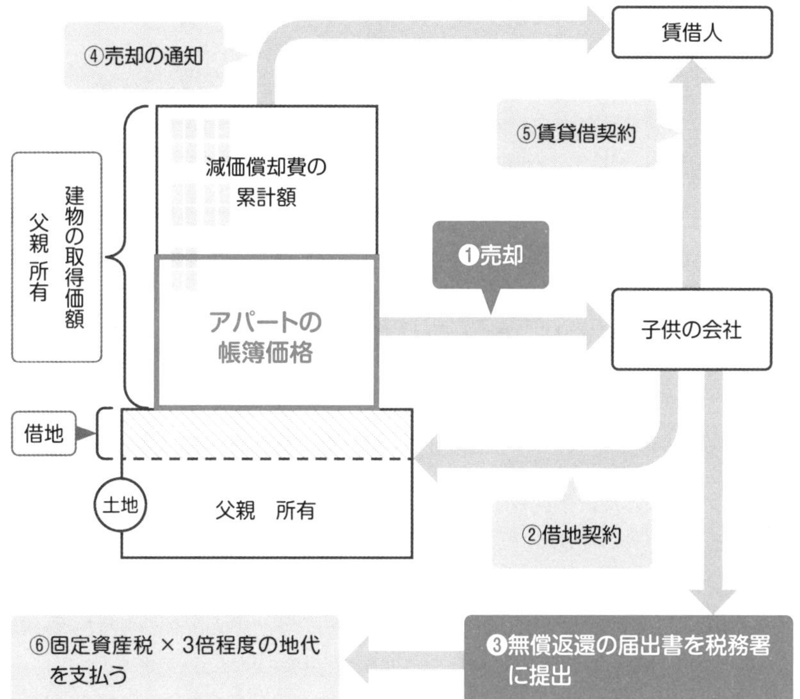

4

中古のアパートは、6年目に会社へ売却する

父親が新築のアパートを建てるのではなく、中古のアパートを買った場合には、その建物の耐用年数は下記の計算式を使ってもよいとされています。

中古資産の耐用年数の計算式

❶ 耐用年数を超えた建物　耐用年数 × 20%

❷ 上記以外の建物　(耐用年数 ー 経過年数) + 経過年数 × 20%

どちらも小数点以下は切り捨てなので、例えば、22年以上経過した木造アパートの建物の耐用年数は4年となります。

そして、木造アパートの賃貸料から経費や減価償却費を差し引いて赤字になると、父親の給料や年金と通算できます。所得税率が50%であれば、赤字の50%の金額が節税できるのです。

当然ですが、賃貸事業は減価償却費で赤字になっているだけで、収支は黒字なのです。耐用年数を超えた段階で、父親が建物を会社に固定資産税評価額で売却します。建物の帳簿価額はゼロですので、売却益が発生します。

または、子供の会社ではなく、父親が第三者に売却するケースもありますが、賃貸料が発生する建物の評価はゼロとはならないため、同様に売却益が発生します。

その売却する日が属する年の1月1日時点で、買った日から5年以上が経過していると、売却益に対する所得税率は20.315%ですみます。

それまで、50%の所得税を節税していて、最後に20.315%の所得税の支払いでよいとすれば、税額自体を減らせています。

これは、所得税を繰り延べているわけではなく、消去しているのです。

このとき、建物や建物附属設備の耐用年数や中古の耐用年数の計算式は、国内の不動産だけに適用されるものではありません。海外の不動産を買ったときにも、同じように減価償却費を計算できます。

ところが、海外の不動産については、建物の減価償却費によって赤字になっても、それはなかったとみなされて、給料や年金と通算できないのです。

これは、海外の不動産については売買価格に占める土地の評価の割合が低くなり、それだけ建物の評価が高くなるので減価償却費を大きく計上でき、あまりに節税効果が高いためです。

つまり、海外の中古の不動産に投資しても、国内の中古の不動産と同じような所得税を減らす効果はないので、注意してください。

▼6年目に中古のアパートを売却

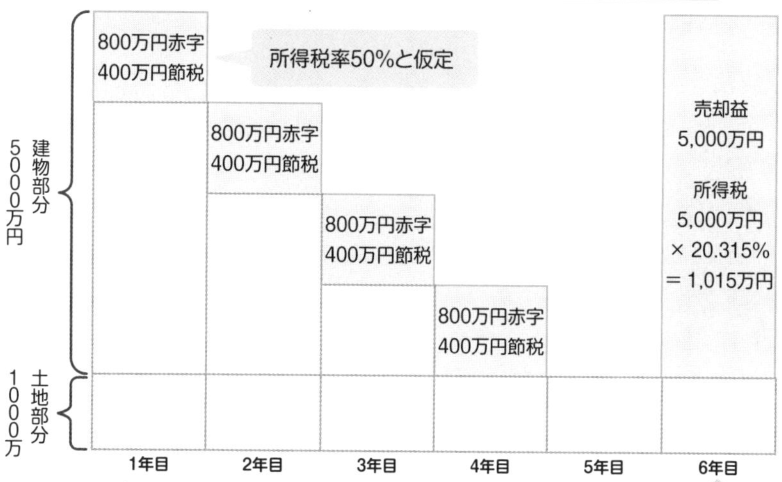

売却する日が属する年の1月1日時点で5年以上が経過していると、4年間の50%の所得税率との差額で、585万円（=400万円×4年― 1,015万円）の節税ができる。

父親が所有するアパートの建物が古くなると減価償却が小さくなって所得税が高くなるため、会社に売却して利益を分散すべき。

4 退職金を計画的に支払うと、最大の節税になる？？

退職金って、給料に比べてかなり所得税が安くなると聞いたけど？

退職金は１回しかもらえないから、特別な計算をするみたいだね

勤続年数が短いと、退職金の所得税は安くならない

父親が個人事業主であれば、自分には退職金を支払えません。仕事を手伝ってくれている妻（子供から見たら母親）に給料を支払っていたとしても、妻に対しても退職金を支払うことはできません。別居して生計が別の子供に対しては退職金を支払えますが、それでも他の従業員と同程度の金額までしか許されません。つまり、少額の退職金しか支払えないのです。

一方、父親や妻が会社の役員に就任していれば、どちらに対しても退職金が支払えます。しかも、役員は会社と委任契約、従業員は会社と雇用契約を締結していることから立場が違います。そのため、従業員の退職金と同じ基準で金額を決定する必要もありません。

そして、会社が支払う退職金は、下記の計算式の結果である退職所得に対して給料とは合算されずに、所得税がかかります。

▼退職所得の計算方法

退職所得　＝　（　退職金　－　**退職所得控除額**　）×　１／２

勤続年数（＝A）	退職所得控除額
20年以下	40万円 × A （　80万円に満たない場合には、80万円　）
20年超	800万円 ＋ 70万円 ×（　A － 20年　）

勤続年数の計算ですが、個人事業主のときには退職金を支払えないのですから、法人成りしているケースでも、父親と妻はその時期を通算できるわけではありません。それでも、個人事業主のときから在職する生計が別の子供や従業員は、父親が個人事業主を廃業したときに退職金を受け取っていないことを条件に通算できます。例えば、個人事業主のときに10年、法人成りしてから20年在職している従業員であれば、勤続年数は30年間と計算できます。

この**退職所得**の計算式には2分の1が入っていること、他の所得とは合算されないことから、給料と比べるとかなり所得税が安くなります。

先ほどの勤続年数が30年間の従業員が1億円の退職金をもらうケースでは、所得税は1,887万円（住民税も含む）となり、実効税率は18.87%とかなり安くなります。ただし、上記の計算式を使えないケースもあるのです。

(1) 勤続年数が５年以内は、２分の１にならない

会社の役員として勤続年数が５年以下の場合には、退職金に対する所得税の計算方法が、次のように変わります。

▼役員としての勤続年数が５年以下の場合

退職所得　＝　退職金　－　退職所得控除額

勤続年数（＝A）	退職所得控除額
20年以下	40万円×A （　80万円に満たない場合には、80万円　）

計算式から、「1 ／ 2」が消えてしまうため、最高で所得税率が55%にもなります。それならば、毎年の給料としてもらっていた方が累進課税である所得税率はそこまで高くならずに得になる人がほとんどです。

とはいえ、役員として５年超就任すればよいので、突然の相続が発生しない限りクリアできる条件です。

(2) 前年以前４年以内に、他の会社から退職金をもらっている

同じ年度に関連会社などから退職金をもらうと１年間で合算されてしまい、所得税が高くなることは、すぐにわかります。

それだけではなく、退職金をもらった人が前年以前４年以内に、他の会社から退職金をもらっていると、重複した勤続年数の退職所得控除額が使えません。

関連会社ではなく、副業で働いていた会社から退職金を受け取っても同じ計算になります。

▼勤続年数が重複しているケース

●今年：妻がＡ会社を退職すると同時に、退職金１億円を受け取る。
●昨年：妻がＢ会社を退職すると同時に、退職金２千万円を受け取っていた。

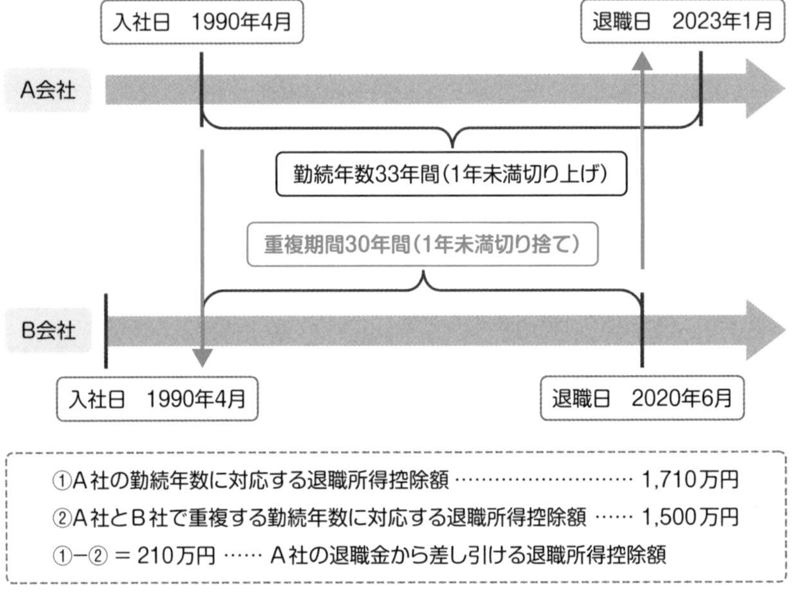

①Ａ社の勤続年数に対応する退職所得控除額 ………………………… 1,710万円
②Ａ社とＢ社で重複する勤続年数に対応する退職所得控除額 …… 1,500万円
①－② ＝ 210万円 …… Ａ社の退職金から差し引ける退職所得控除額

このルールを知っていれば、父親が役員に就任している会社が２つ以上あるときには、退職する時期をずらすだけでクリアできます。

それでも、父親やその親族が支配していない会社の役員に就任しているときには、注意が必要です。

退職金の最高限度額の計算方法は知っておく

退職金は所得税がかなり安いので、できるだけ大きな金額にしたいと考えがちです。ところが、一定金額を超えて支払った部分は過大役員退職金とみなされて、会社の経費として認められません。

所得税はそのまま退職所得として計算はできますが、法人税がかかってしまいます。所得税と法人税の合計額を計算すると、毎年の給料としてもらっていた方が得だったという結論になります。

(1) 支払える最大の退職金の計算式

退職金を計算するときは、下記の**功績倍率法**を使うのが原則となります。

▼功績倍率の目安

●功績倍率法

最終月額報酬 × 勤続年数 × 功績倍率 ＝ 最大の退職金

役職	功績倍率
社長・会長	3.0
専務・常務	2.5
取締役	2.0
監査役	2.0

妻などは、最初は取締役であったが、専務となり、最後は社長になることもあります。その場合には、下記のように役職別に計算して金額を合算できます。 4

▼役員退職金の具体的な計算例

役職	役職別 最終月額報酬	在任年数	功績倍率	退職金
社長	100万円	10	3.0	3,000万円
専務	60万円	5	2.5	750万円
取締役	40万円	5	2.0	400万円
			合計	4,150万円

また、会社が赤字のために**最終月額報酬**が低く設定されていることもありますが、一時的なことであれば、高い時期の給料を最終月額報酬とみなせます。

(2) 分割して退職金を支払う

功績倍率法で計算した退職金が高すぎて、資金繰りの関係から一度に支払えないこともあります。あくまで功績倍率法の退職金は最大金額ですので、それ以下でもよいのですが、退任したあとは年金しか収入がないとすれば、所得税も安いのでどうしても上限まで受け取りたいと考えます。

その場合には、会社が退職金を分割で支払うことも認められます。

ただし、あまりにも長期間に渡って、何度も分割で支払うと退職所得ではなく、**退職年金**として雑所得と認定されてしまいます。雑所得となれば、退職所得控除額も差し引けず、「1 ／ 2」もかけられず、他の所得と合算して所得税が計算されてしまいます。

(3) 分掌変更のときに支払うのは避ける

「父親が社長を退任して、会長に就任するときに退職金を支払えるのか」と聞かれることがあります。結論から言えば、退職金を支払うことはできません。というのも、退職金とは退職することを原因して支払うものだからです。

会長となったあと会社の経営に一切関わらず、給料も半減するということであれば認められる余地はありますが、実務的には避けるべきです。

理由は、会社の経営に関わらないという定義が曖昧だからです。

もし税務調査で父親が退職していないと認定されると過大役員退職金とは違い、全額が退職金ではなくなり、**役員賞与**とみなされます。とすれば、所得税率は最大で55%となり、34%の法人税率もかかるので二重課税となります。

それならば、会長を退職するときに社長の時代の分も合わせて退職金として受け取ればよいのです。そのときは本当に辞めているのですから、役員賞与となるリスクはありません。

弔慰金は所得税も相続税もかからず、経費にもなる

生前ではなく、父親が亡くなるまで役員に就任していたときには**死亡退職金**を支払いますが、同じように功績倍率法による計算結果が上限となります。

死亡退職金は、原則として遺産分割や遺留分の対象にはなりません。そのため、一般的に死亡退職金を受け取る人は**就業規則**に定めておきます。そこに「**労働基準法**で定められた順位による」と記載されていると、第一順位が配偶者（事実婚も含む）、第二順位が子供、第三順位が父母、第四順位が孫及び祖父母となります。もし就業規則に何も記載がなければ相続人の協議で決定しますが、それでも決まらなければ相続人で均等に取得されたとみなされます。

だれが受け取ったとしても所得税はかからず、父親の相続財産とみなされて相続税がかかるのですが、「500万円×法定相続人の数」まで非課税となります。

さらに、父親が亡くなったときに死亡退職金とは別に、上乗せして**弔慰金**（ちょういきん）を支払うことができます。

こちらは会社の経費として認められて、所得税も相続税もかかりません。

弔慰金の計算方法は、下記のように決まっています。

❶父親の死亡が、業務上の死亡であるときは、そのときの給料の３年分。
❷父親の死亡が、業務上の死亡でないときは、そのときの給料の半年分。

ここで業務上の死亡とは、下記の９つに分類されます。

❶会社の業務遂行中（担当以外も含む）に発生した事故によって死亡した。
❷出張中または赴任中に発生した事故で死亡した。
❸会社の業務によって職業病を誘発して死亡した。
❹会社の業務が直接的な原因で病気となって死亡した。
❺会社の業務によって潜在していた病気が発病して死亡した。
❻会社の業務遂行上に伴う怨恨により傷害を受けて死亡した。
❼会社の業務に直接起因することが明らかである事故や病気で死亡した。
❽通勤途中で発生した事故で死亡した。
❾脳や心疾患の死亡原因として過労死として認定された。

業務上の死亡となれば、例えば、年間800万円の給料であれば2,400万円を弔慰金として支払うことができ、一切の税金がかかりません。

そのため、就業規則には弔慰金についてまで記載をしておきましょう。

いつの時点で、いくらの退職金を支払うのかという計画を立てることで、父親の手取りを最大にできる。

4

5 親会社から子会社への貸付金は、貸倒れにできる？

親会社が子会社に貸し付けたお金が回収できなそうだけど？

回収できない貸付金は、早めに諦めた方がよいよ

親会社が所有する貸付金を貸倒れにできる条件とは

父親が株主である会社で不動産の賃貸事業を行ってきたところ、その子供が新たに飲食事業を始めるとします。事業が異なれば、そこで働く従業員の給料や就業規則は違ってきます。

そこで、資本金300万円で新しく子会社を設立して、子供が代表取締役となりました。会社を分けることで独立採算も徹底されて、飲食事業の利益も把握しやすくなります。

子会社は300万円の資本金だけでは資金が足りず、親会社が連帯保証人となって、銀行からお金を借りました。最初は順調でしたが、数年後から子会社の飲食事業は赤字となり、運転資金が不足するとその都度、親会社がお金を貸していました。気づけば、親会社は5,000万円も貸し付けています。

このように、親会社が子会社に多額のお金を貸し付けている状況はよく見られます。

そのあと、債務超過となった子会社は銀行から追加でお金を借りることもできず、業績が回復する見込みもなく、5,000万円は返済されませんでした。そして、父親の相続が発生すると債務超過である子会社の株式の評価はゼロとなりますが、貸付金の評価は5,000万円のままとなり、親会社の株式の評価は下がりません。

とすれば、事前にこの回収できない貸付金を貸倒れにして消去することで、親会社の株式の評価を下げておくべきです。

▼子会社への貸付金の評価は下がらない

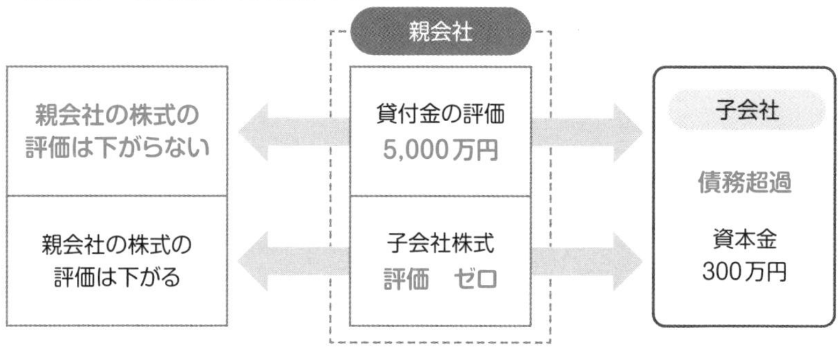

親会社から**債務免除**するという**内容証明郵便**を送るだけで、この貸付金は消滅します。これで親会社の株式の評価は下がります。

ところで、親会社は貸付金の回収を諦めたわけですから、損をしています。そこで、この貸倒れを経費として計上したいはずですが、それには下記の5つの条件を満たさないと寄付をしたと認定されてしまいます。

寄付金となると、ほとんど会社の経費にはならないと考えてください。

(1) 子会社が赤字で倒産の危機に陥っているか

子会社が倒産して清算するのであれば、親会社は貸倒れを経費に計上できます。ところが、子会社が事業を継続するのであれば、今が経営危機の状態なのかという判断が不可欠となるのです。

例えば、取引先から債務超過の会社とは契約できないと言われているなど、債務免除する緊急性があることが必要となります。

(2) 親会社が損失を負担する合理的な理由があるか

このままでは子会社が再建できないので、債務免除せざる得ない状況でなければいけません。例えば、今の財務状況では銀行から追加の借金ができない、新しい店舗を出店したいが決算書を提出したら断られたなどです。

そのとき、子会社の財務状況を改善する目的で、親会社が債務免除するならば合理的です。

(3) 貸倒れの金額が過剰ではなく、合理的な範囲であるか

債務免除する金額が過剰であれば、その部分は寄付とみなされます。

とすれば、子会社が再建するための事業計画を作成して、それをもとに最低限の金額にしなければいけません。

(4) 損失の負担割合は公平となっているか

子会社が親会社からだけではなく、銀行からも借金をしているならば、同じ割合で損失を負担すべきです。それ以外にも、商品を仕入れているならば、その取引先への支払いの一部もカットすべきです。

それでも、銀行の借金には親会社や父親が連帯保証人となっていることも多く、取引先にも負担を強いれば、そのあと商品を卸してくれない可能性もあります。

このような事情があれば、親会社が他の債権者と比べて損失の負担を重くすることは認められます。

(5) 損失を負担する範囲は妥当か

親会社だけではなく、父親や子供などが個人的に子会社へお金を貸していることもあります。

個人が債務免除しても経費にはなりません。そこで、それは残して親会社だけが損失を負担するのは、不公平です。

子会社にお金を貸している親族がいれば、同じ割合で貸倒れにします。

親会社と子会社で合併すれば、自動的に消滅する

慎重に検討した結果、貸付金を貸倒れにすると寄付金となる可能性が高いと判断することもあります。

その場合には、親会社と子会社を合併させればよいのです。

合併すると片方の会社は消滅して、存続した会社にすべての資産と負債が移転します。親会社は子会社の借金を引き継ぎますので、自分が所有していた貸付金と**混同**となります。混同とは、債権者と債務者とが同一人物になったときには、債権債務が消滅するという民法の規定のことです。

ということで、合併したと同時に貸付金と借金は消滅します。

そして、子会社の債務超過を親会社が引き継ぐため、親会社の株式の評価も下がります。

さらに、子会社の過去の赤字は10年間繰り越せるのですが、この権利を親会社

の赤字として使えるようになります。つまり、親会社は将来の自分の利益と子会社の赤字を通算できるのです。

▼子会社への貸付金が消滅する

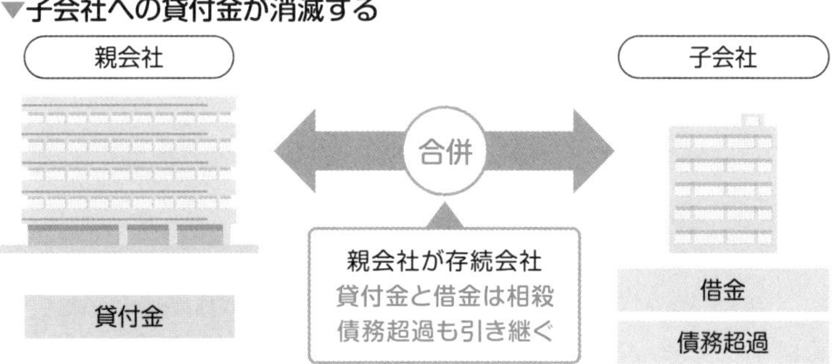

それでも、合併によって債務超過の子会社を取り込むため、親会社の財務状況は悪くなります。そこで、株主総会で承認されたとしても、債権者である銀行や取引先からも承諾を得る必要があります。今後の取引に支障が出ないように、事前に口頭でもよいので合併する理由を説明しておきましょう。

4

まとめ

子会社が返済できないような貸付金を親会社が所有していたら、債務免除する通知を送り、消去しておく。

6 父親が会社を売却したときの手取りを、最大にするには？

会社をM&Aで売却するときには、株主全員の同意があった方がいい？

買収する側からすれば、敵対的な株主がいない方がいいね

M&Aは、株式を売却する方法だけではない

父親の会社を、子供が必ず継ぐわけではありません。

後継者がいないのであれば、会社の株式を第三者に売却することになります。

高い金額で買ってくれるだけではなく、会社で働く従業員にとって好ましい買い主を見つけることが大切です。

また、日本では敵対的な**M&A**は上手くいきませんので、他の役員や主要なメンバーから事前に承諾を得ておくことが不可欠です。

これらは、父親に認知症が発症する前に行わなければ、実現できません。

しかも、会社を売却すると決めたとしても、準備にも時間がかかります。

子供も会社を継がないと決めているのであれば、早くその意思を父親に伝えてあげましょう。

このとき、M&Aで会社を売却する方法には、2種類あります。

(1) 株式を売却する方法

父親が所有する株式を売却することで、M&Aが完了します。

そして、下記の計算式の売却益に対して、20.315%の所得税がかかります。

株式の売却益 ＝ 株式の売買価格 － 株式の取得価額 － 仲介手数料等

株式の取得価額とは、父親が会社を第三者から買ってきていなければ、創業したときに出資した金額です。祖父から株式を相続しているならば、祖父が創業したときに出資した金額となります。

基本的に、退職金にかかる所得税は、勤続年数にもよりますが1億2,000万円程度までは実効税率が20.315%よりも低くなります。そこまでは父親へ退職金として支払い、残りを株式の売買価格とすれば支払う所得税の合計を一番安くできます。

会社に1億2,000万円までのお金がなくても、買い主からお金を借りて退職金を支払えばよいのです。買い主にとっても退職金は経費となり、会社が赤字になってもそれは10年間繰り越せるため、法人税を節税できます。

それでも、この方法には買い主にとってリスクがあります。

それは、隠れている借金である簿外債務の存在です。

簿外債務でもっとも代表的なものは、会社が他の会社や個人の連帯保証をしているケースです。決算書には記載されていないため、簿外と呼ぶのです。

ただし、**簿外債務**はこれだけではありません。

将来、税務調査があったときに過去の経費が否認されて多額の税金が追徴される可能性もあります。元従業員から**未払残業代**が請求されるかもしれません。取引先から過去の取引について、損害賠償の請求を受けることもあるのです。

連帯保証については、父親が知っているはずですが、それ以外の簿外債務は父親ですら予想できないケースも多いのです。

(2) 事業を売却する方法

株式を売却する方法を選択するためには、すべての株式を父親が所有している、または他の株主も同時に売却することが条件となります。

父親の持株比率が95%であっても、買主としては、あとから5%を所有している株主が敵対的な行動をしてきたら、面倒だからです。もちろん、残りの5%を他の役員や従業員持株会が所有しているケースなど、会社に友好的な関係が明らかな株主であれば、そのままでも問題とはなりません。

それ以外で株主が分散しているならば買い集めるか、売却することを説得する必要があるのですが、それができなければ、会社の事業を売却するという方法を選択するしかありません。または、簿外債務のリスクがあるので、買い主から事業の売却にして欲しいと要求されることもあります。

最近では、未払残業代をあとから請求されることも多く、就業規則がなかったり、勤怠管理がいい加減だとリスクが高いとみられてしまいます。

未払残業代として請求される金額はそれほど大きくないとも言えますが、弁護士に相談する手間がかかったり、他の従業員の士気も低下させることにつながります。買い主がそのリスクをゼロにしたいという気持ちは理解できます。

ということで、事業に関連する資産と負債を売却するならば、株式ではないため、会社同士の取引となります。

そして、負債については銀行が**免責的債務引受**に承諾してくれなければ、買い主が自分の会社でお金を借りてもらうしかありません。免責的債務引受とは父親の会社の借金や連帯保証を消滅させて、買い主が所有する会社に借金と連帯保証を付け替えることです。

さらに、事業を売却するときに資産に含み益があれば、父親の会社に利益が発生して法人税がかかってしまいます。そこで、通常は父親に退職金を支払い、利益をマイナスにします。ゼロではなく、マイナスとする理由は退職金を支払ったあと会社にお金が残れば、それは配当するしかないからです。

配当は給料や年金などと合算されるため、所得税率は最大55%にもなります。そのため、退職金は**功績倍率法**で計算した最大の金額で支払うことをお勧めします。ただし、父親以外の他の株主がいれば、自分の取り分がなくなるため、会社のお金をすべて退職金として支払うことには反対するかもしれません。

それによって、もし資産を売却したときの利益よりも退職金の金額が小さければ、残った利益に約34%の法人税がかかります。このあと、会社から父親にお金を渡すのは配当しか方法がなく、そこで父親には所得税がかかるのです。

この税金が、事業を売却するときの最大のデメリットです。

結局、M&Aによって父親の手残りの金額が多くなるのは、株式を売買する方法だと言えます。そのため、できるだけ早い時期から、父親は株式を買い集める計画を立てて実行しておくべきです。

▼事業を売却したあとの手取りの差

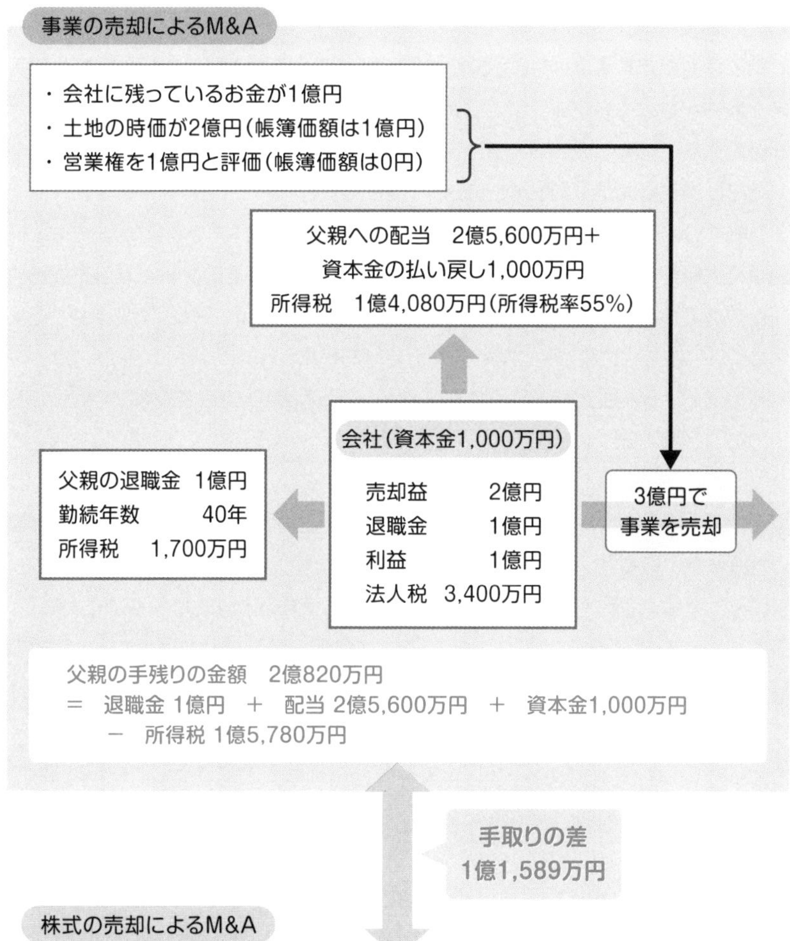

4

MBOで株式を売却するなら、持株会社を利用する

買い主を探す前に、親族ではない役員にM&Aの話をしたところ、「自分が買い取りたい」と申し出ることもあります。当然、1人では資金が不足するため、数人の役員で買い取るということもあり得ます。

役員が会社を買うことはMBO（マネージメントバイアウト）と呼ばれていて、一般的によくあることなのです。

第三者に売却するよりも、今まで一緒に働いてくれた役員に売却する方が取引先との関係もよくわかっていて従業員の動揺も少ないため、スムーズな引き継ぎが可能です。

ただし、一番の問題が買い取るための資金です。

父親が分割での支払いを認めてあげれば、それだけで解決できます。ただし、相続が発生したときに支払いが終わっていないと相続人はその権利に対して相続税がかかってしまいます。最終的にその役員が支払ってくれればよいですが、支払えなくなっても相続税が返ってくるわけではありません。

そのため、一部は分割を認めてあげても、ある程度のお金は最初に支払ってもらいたいと考えるはずです。

そこで、役員に持株会社を設立してもらい、そこが銀行からお金を借りて父親の株式を買い取るという方法があります。

ポイントは、父親が自分の会社に株式を売却して自己株式とはしないことです。確かに、一部を自己株式として会社のお金を父親に移転させれば、残った株式の評価は下がるので、役員も買い取りやすくなります。しかし、資本金を超える部分が配当とみなされて、父親に最大で55%の所得税がかかるのです。

そのため、父親はすべての株式を持株会社に株式を売却することが原則です。それでも、事前に父親へ退職金を支払うなどして、株式の評価を下げることはできます。

そのあと、持株会社は子会社から配当を受け取り、銀行の返済にあてればよいのです。持株比率が100%となっていれば、その配当に法人税は一切かかりません。

▼持株会社を利用した株式の買い取り

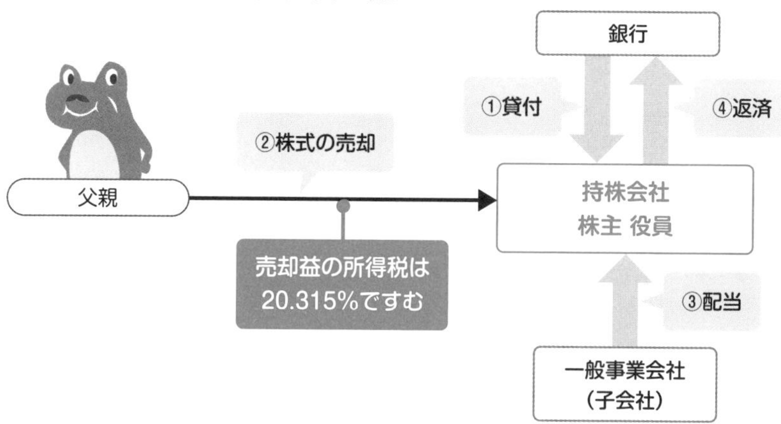

M&Aを実行する準備として、不必要な資産を売却しておく

会社をM&Aで売却することを決めたら、会社の不必要な資産は処分していきます。遊休財産だけではなく、父親にとっては必要でも、買い主にとって不必要な資産もあります。例えば、父親が通勤のために使っている車両、父親の社宅、ゴルフ会員権、従業員も使っていた別荘などです。

これらのうち、父親が継続して使うものは時価で買い取ってください。

また、父親が被保険者となっている生命保険も解約するか、または契約者の名義を個人に変更する必要があります。名義変更するならば、原則として、そのときの解約返戻金で父親が買い取ります。

これらを買い取るお金がなければ、父親への退職金として**現物で支給**する方法でも構いません。現物の退職金でも経費として計上できます。

なお、その場合でも源泉徴収は忘れずに行ってください。

株式を売却してM&Aを完了させる方法が、最も所得税は安くなるので、それまでに父親はすべての株式を買い集めておく。

4

子会社株式を売却したときの売却益を下げる方法って？

子会社株式の帳簿価額って、意図的に上げることができるの？

テクニックで帳簿価額を上げて、親会社の法人税が節税できるようだね

子会社を売却する前に、土地を現物で配当する

父親が1つの会社だけではなく、子会社を経営していることがあります。

親会社と子会社の事業が関連しているケースだけではなく、まったく業種が違うこともあります。

1つの子会社ではなく、事業ごとに分けて複数の子会社を設立しているケースも多く見られます。それでも、子会社が増えてくると管理にも手間がかかるため、M&Aで第三者に売却することもあるはずです。

このとき、下記の計算による売却益が発生して、法人税がかかります。

子会社株式の売却益
＝　子会社株式の売買価格　－　子会社株式の帳簿価額　－　仲介手数料等

結果、この売却益をできる限り小さくできれば、法人税が節税できます。

売買価格と仲介手数料は第三者との取引ですので、交渉によって金額を決定するしかありません。

ところが、子会社株式の帳簿価額だけは、親会社との取引だけで増やせるのです。この帳簿価額とは、親会社の税務上の貸借対照表に計上されている帳簿価額のことです。

とすれば、子会社株式の帳簿価額とは、親会社が第三者から買ってきていたらそのときの売買価格、設立していたら創業したときの出資金額となります。

そのあと、子会社が儲かっても損をしても、この帳簿価額は変わりません。

さらに、その儲かった利益で土地や上場株式を買っても、この帳簿価額は修正しないのです。

そのため、過去に利益が出ていた子会社の株式を売却すると過去に儲かっていた利益が売買価格に反映されて、親会社に多額の売却益が発生します。

そこで、子会社から現金、または土地などの資産を配当させるのです。

このとき、100%子会社から配当を受け取っても親会社では利益とは認識されないため、法人税がかかりません。

▼親会社に土地を現物で配当する

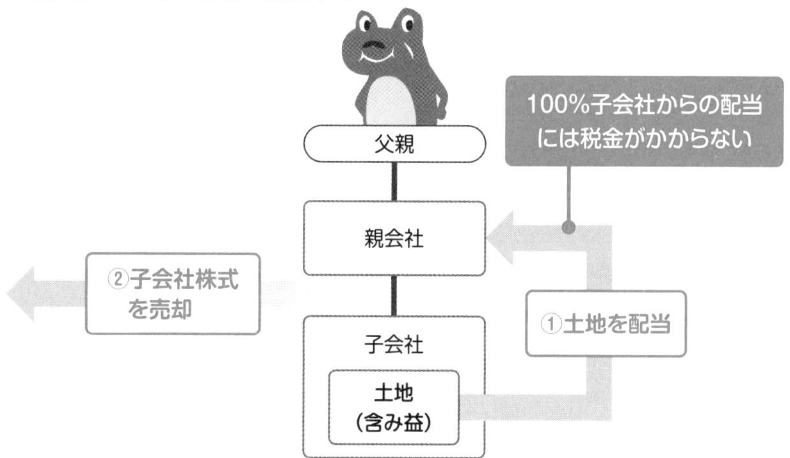

ここでのポイントは、子会社が配当しても、親会社が所有する子会社株式の帳簿価額は1円も変動しないことです。

さらに、子会社が所有する土地や上場株式に**含み益**が発生していることもあります。通常であれば、これを売却すれば売却益が実現するのですが、親会社へ現物で配当したときには含み益は計上されずに100%繰り越せるのです。

つまり、親会社は土地や上場株式について、子会社の貸借対照表に計上されている帳簿価額をそのまま引き継ぎます。

この配当によって子会社の資産が減るため、親会社が第三者へ売却する子会社株式の売買価格は下がるはずです。それでも、そこから差し引く子会社株式の帳簿価額は変動していないため、売却益は小さくなるのです。

4

親会社としては、子会社から資産を吸い上げているのですから、M&Aで売却する子会社株式の売買価格が安くなったとしても損はしていません。

なお、子会社が配当する手続きとしては、臨時株主総会を開催しなければいけませんが、株主が親会社だけであれば、いつでも簡単に決議できます。

子会社にお金を寄付すれば、税務上の帳簿価額は上がる

子会社に配当できるお金や資産がないというケースもあります。

それは子会社が儲かっていないからという理由であれば、売買価格は安くなるため売却益の問題は発生しません。

ところが、子会社は儲かっているが入金と支出にタイムラグがあり、多額の売掛金が計上されていることから現金がないケースもあります。また、固定資産を保有していても事業で使っていれば、M&Aで売却するときに親会社に配当することはできません。

このままでは、子会社株式を売却したときに多額の売却益が発生します。

そこで、親会社から子会社にお金を贈与します。

100%の持分である親子会社同士で贈与契約を締結すると、親会社では寄付金となりますが1円も経費には計上できません。その代わりに、子会社でも収入としなくてよいのです。このような親子会社間の取引では、お互いに一切の税金が発生しないのです。

ところが、親会社が所有する子会社株式の帳簿価額を贈与した分だけ増やすのです。この処理を行う理由は、逆に子会社から100%親会社にお金を贈与したときに、株式の帳簿価額を減らしておかないとそのあと売却したときに売却損が発生してしまいます。これとの整合性を取るための制度です。

一般的に、父親は親会社の役員だけではなく、子会社の役員も兼任しています。そこで、子会社を売却するときに、親会社から贈与されたお金で父親に退職金を支払うのです。

これによって、子会社に贈与したお金は安い所得税で払い出されます。それでも、親会社がお金を贈与したときに増やした子会社株式の帳簿価額は変動しないため、売却益を小さくできるのです。

親会社にもお金がなければ、兄弟会社からお金を贈与しても構いません。

ここでのポイントは、すべて100%の支配関係の会社間で行わないと、お金を

贈与された会社で収入が計上されて、かつ子会社株式の帳簿価額を増やせないことです。

▼子会社にお金を贈与する

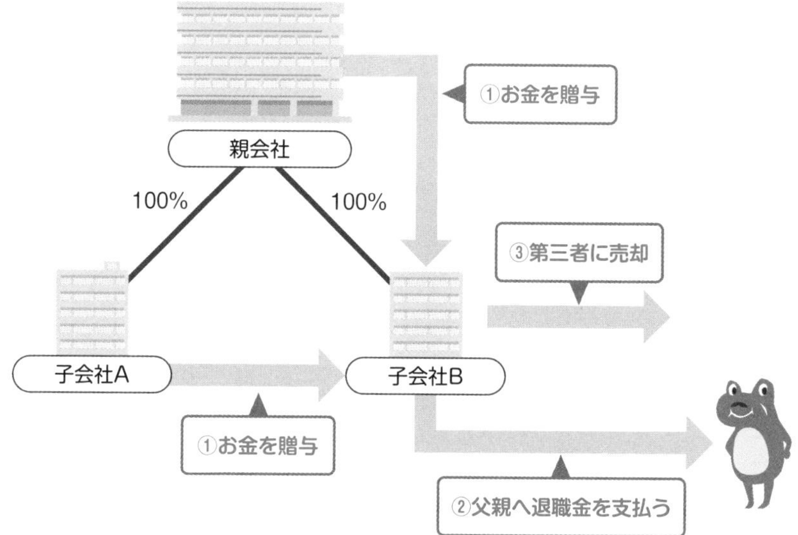

4

親会社から子会社に贈与したお金で父親に退職金を支払えば、子会社株式の帳簿価額だけが上がるため、売却益を小さくできる。

第5章

会社の財産を組み替えるときの税金の特例

会社はできるだけ利益を繰り延べた方が得なの？

会社が古い工場を売却するんだけど、利益は繰り延べた方がいい？

会社ならば、売却益を繰り延べる特例を適用した方が絶対に得だよ

会社にも不動産の売却益を繰り延べられる特例がある

父親の会社が製造業で工場を大規模修繕しなければいけない時期となったが、子供からは継ぐ意思がないと伝えられているとします。

それならば、修繕せずに他の会社に売却するという選択肢もあり得ます。

ところが、その工場の敷地が昔から所有している土地であると、かなりの売却益が発生してしまいます。

このとき、会社が所有する固定資産を売却して、新たな固定資産に買換えたときには、その売却益の80%（買換える地域の組み合わせで60%～90%と変動する）を繰り延べてくれる特例があるのです。

個人の所得税の**買換えの特例**と基本的には同じ要件となります。

まず、売却する土地は借地権でも構わないのですが、あくまで固定資産に対する特例ですので、棚卸資産は含まれません。

次に、売却する固定資産は10年超所有している必要がありますが、やはり売却する年の1月1日時点で判定します。

最後に、土地に買換える場合には300㎡以上で、売却した土地の面積の5倍以内とし、かつ事務所などの建物の敷地が前提となります。そのため、駐車場への買換えは対象外となりますが、店舗やショッピングモールの駐車場で建物を利用するために必要不可欠であれば、対象となります。さらに、保養所や社宅、寮などの福利厚生施設の敷地への買換えも対象外となります。

▼買換えの特例の固定資産の要件

売却する固定資産の要件	買換える固定資産の要件
国内にある土地、借地権、建物（建物附属設備を含む）または構築物で、会社が買った日から引き続き所有していた期間が1月1日時点で10年を超えるもの	事務所、工場、作業場、研究所、営業所、店舗、倉庫、住宅の敷地で国内にある土地、借地権、建物（建物附属設備を含む）または構築物

また、中古の建物は買わなくても、会社が新築の建物を建てて、それを買換えた固定資産とみなすこともできます。

▼買換え資産はビルの建物

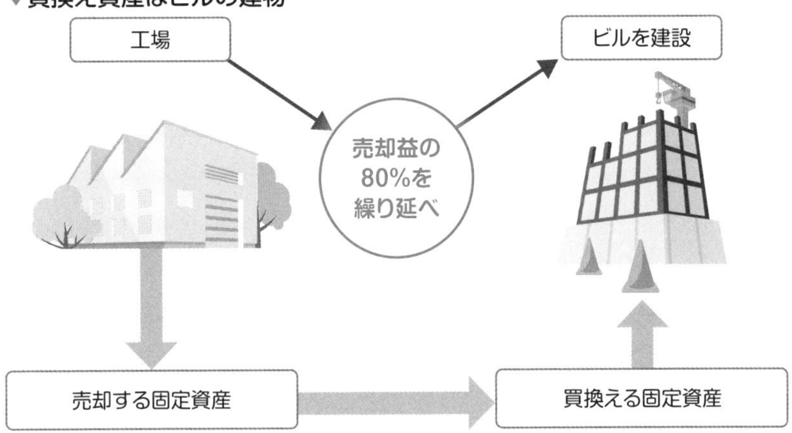

5

会社が買換えの特例を使うと、相続税や贈与税の株式を評価するときにメリットとデメリットあります。

(1) 買換えの特例を使ったときのメリット

会社が買換えの特例を使ったならば、買換えた資産の帳簿価額の一部は、売却した資産の帳簿価額の80%（買換える地域の組み合わせで60%～ 90%と変動する）の部分をそのまま引き継ぎます。買換えた資産の残りの帳簿価額は、実際の時価が付くのです。

そのあと、それをもとに減価償却していくため、将来の利益は大きくなります。

このとき、所得税であれば累進課税なので、将来の利益が増えるよりも、売却益を繰り延べずに20.315%の所得税を支払った方が得なケースもあります。一方、法人税は累進課税ではありませんので、利益はできるだけ繰り延べた方が得なのです。しかも、相続税で株式の純資産価額を計算するときにも、含み益から37%を控除できることから評価が下がります。

(2) 買換えを使ったときのデメリット

会社が買換えの特例を使ったとしても、買換えた資産は新しく買ったとみなされます。そのため、相続税で株式の純資産価額を計算するときに買換えから3年間は土地も建物も時価、つまり、買った金額で評価されてしまいます。

ということで、3年を超えればメリットだけが残ります。

会社の工場の土地と役員のアパートの土地を交換する

会社の所有する土地や建物を第三者と**等価交換**するという方法でも、売却益は繰り延べられます。等価交換であれば、買換えの特例とは違って売却益を100%繰り延べることができます。

不動産の等価交換が成立するための要件は、個人の所得税のときとまったく同じで下記となります。

❶ 不動産業者などの販売用不動産（棚卸資産）との交換ではないこと。
❷ 土地と土地、建物と建物など同じ種類の不動産を交換すること。
❸ 交換で売却する不動産は、1年以上所有していること。
❹ 相手も交換で売却する不動産を1年以上所有していること。
❺ 取得する不動産は、売却する不動産と同じ用途で使うこと。
❻ 精算金は、時価の高い方の不動産の20%以内であること。

❺の「同じ用途」ですが、会社が工場を所有していて、それを店舗と交換した場合でも土地は宅地同士となるため、要件を満たせます。ただし、工場の建物と店舗の建物は同一用途ではないため、交換の特例は適用できません。

それでも、土地には売却益が発生しますが、建物には発生しないことが多く、実務的には問題がないはずです。

また、会社が所有する1つの土地の時価が高くて、相手の2つの土地と交換することもあります。そのあと、会社の資金繰りが悪化したことから交換して取得した2つの土地のうち、1つの土地を売却せざる得ない状況もあります。

その場合でも、残った1つの土地には特例が使えて売却益は実現しません。

さらに、会社が所有する不動産を交換する相手は会社に限らず、個人でも構いません。そこで、会社の工場の土地と役員が所有するアパートの土地を交換しておくという方法もあります。

役員が交換して取得した工場の土地の取得日は、会社の取得日をそのまま引き継ぎます。そのため、役員がその土地を売却したときの売却益に対する所得税率は、その年の1月1日時点で5年超となり、20.315%となるはずです。

もし会社が工場の土地を売却していたら、その売却益には約34%の法人税がかかっていたので、それに比べると安くなります。

なお、会社が不動産を等価交換しても、新しく買ったことに変わりはありません。そこから3年間は買換え特例と同じデメリットが発生します。

▼会社の土地と役員の土地を交換

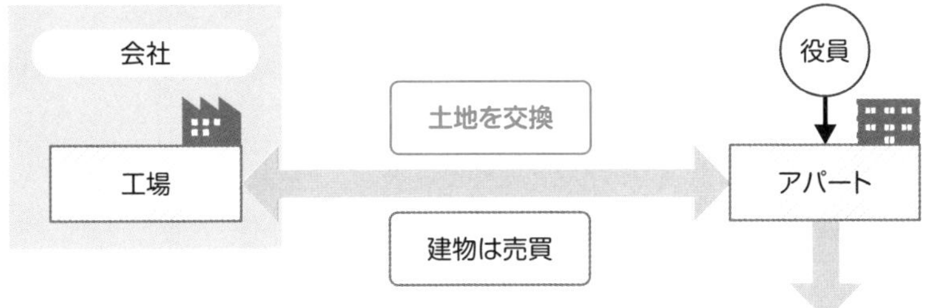

5

法人税は累進課税ではないので、会社は利益をできるだけ繰り延べて税金を遅く支払った方が得になる。

会社名義の生命保険を、個人に現物で渡すメリットって？

会社が契約している生命保険の契約者って、個人の名義に変更できるの？

被保険者さえ同じならば、契約者や受取人は自由に変更できるらしい

会社が養老保険に加入すれば、半分が経費となる

会社が加入する生命保険には、生命保険料がかけ捨てで**解約返戻金**のない定期保険、代表的なものとして医療保険などがあります。解約すればそのときから保障がなくなるだけで、お金も戻ってきません。

一方、会社が**養老保険**に加入したときには保障だけではなく、同時にお金も運用しているのです。そのため、満期になればお金が戻ってきます。

この養老保険に関しては、役員や従業員を被保険者としたときに死亡保険金と満期保険金が同額となるのですが、これらの受取人によって会社の税金の処理方法が違ってきます。

▼会社で加入した養老保険にかかる税金

	死亡保険金の受取人	満期保険金の受取人	会社の税金
❶	会社	会社	保険積立金として資産計上
❷	役員・従業員の遺族	役員・従業員	給料として経費に計上
❸	役員・従業員の遺族	会社	1/2を資産計上 1/2を福利厚生費

❶は、支払った生命保険料がすべて資産に計上されるため、会社の経費にはなりません。それでも、死亡したときの保障をしてもらいながら、同時にお金を運用できます。

❷は、支払った生命保険料が給料となるため、すべて経費として計上できますが、役員や従業員に所得税はかかってしまいます。それでも、保険期間の終了日を定年退職のときに合わせれば、そのときに役員や従業員に一定額の**満期保険金**を渡すことができます。そのため、福利厚生の一環として加入するケースはあります。

なお、途中で役員や従業員が辞めたときに、養老保険を解約すると解約返戻金は契約者である会社に戻ってきます。そのあと、本人に退職金として渡さない限り、会社のお金となります。

❸は、死亡保険金を役員や従業員の遺族が受け取れるため、生命保険料の半分だけ**福利厚生費**として経費に計上でき、所得税もかかりません。ただし、特定の役員や従業員だけを加入させるとそれは福利厚生費とはならず、給料とみなされてしまいます。

そのため、全員加入すること、かつ**死亡保険金**が同額であることが原則です。

それでも、福利厚生が目的ですので、従業員だけが加入してもよいですし、職種、年齢、勤続年数などの基準を作ることは問題ありません。

養老保険はすぐに解約すると「生命保険料の合計>解約返戻金」となり、損をします。そこで、例えば、入社してもすぐに辞めてしまう従業員が多ければ、勤続年数３年以上の従業員のみに加入させるとすればよいのです。

また、死亡保険金についても、役員と従業員では給料も違うため、最大で５倍程度まで格差をつけても構いません。

満期日を従業員の定年退職のときに合わせておけば、満期保険金は会社に支払われますが、それを役員や従業員の退職金にあてることができます。このとき、満期保険金を全額ではなく、その一部を退職金として支払うことでも構いません。そもそも２分の１は資産計上されていますので、満期保険金がそれを超える部分だけが利益となります。そこで、その利益に見合った金額だけでも退職金として渡せば、利益は残らないことになります。

とにかく、養老保険を活用すれば、会社としては生命保険料の２分の１を福利厚生費として経費に計上しながら、お金が運用できてしまうのです。

生命保険の契約者を、会社から個人に変更する

会社がかけ捨ての定期保険に加入したとしても、最初にかなり多い生命保険料を支払うことで、その一部を生命保険会社が運用してくれる商品もあります。運用している間に、会社が定期保険を解約すると、解約返戻金としてお金が戻ってくるのです。運用と聞くと、将来の利回りは変動すると考えがちですが、確定利回りのケースがほとんどです。

会社が支払った生命保険料がどのくらいの割合で経費として認められるかは、下記のとおり、最高解約返戻率とその期間によって変わってきます。

▼生命保険料の経費計上割合

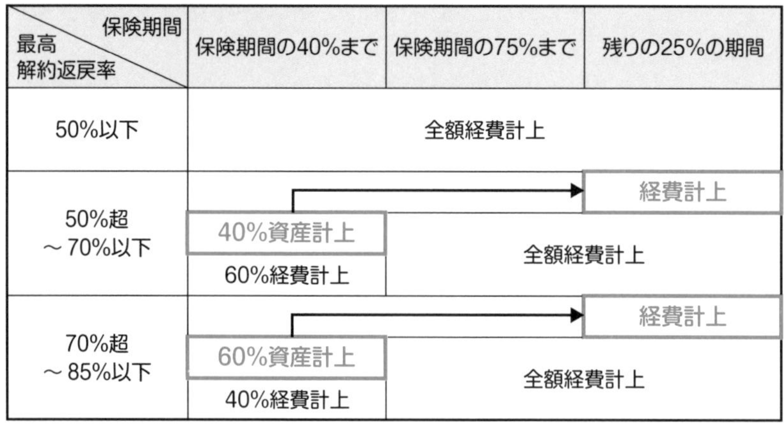

最高解約返戻率＼保険期間	保険期間の40%まで	保険期間の75%まで	残りの25%の期間
50%以下	全額経費計上		
50%超～70%以下	40%資産計上 60%経費計上	全額経費計上	経費計上（←40%資産計上分） 全額経費計上
70%超～85%以下	60%資産計上 40%経費計上	全額経費計上	経費計上（←60%資産計上分） 全額経費計上

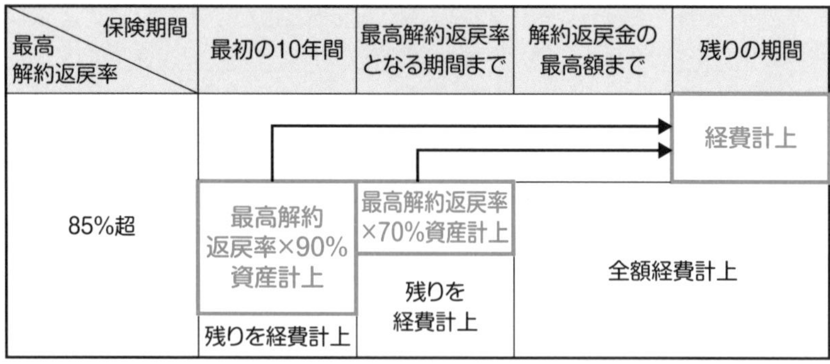

最高解約返戻率＼保険期間	最初の10年間	最高解約返戻率となる期間まで	解約返戻金の最高額まで	残りの期間
85%超	最高解約返戻率×90%資産計上 残りを経費計上	最高解約返戻率×70%資産計上 残りを経費計上	全額経費計上	経費計上（←資産計上分） 全額経費計上

例えば、最高解約返戻率が85%の生命保険に加入すれば、会社は支払った生命保険料の最大40%が経費として計上でき、残りの60%は長期前払費用として資産に計上します。会社が満期まで待たずに生命保険を解約すると長期前払費用と

解約返戻金の差額が利益となり、約34%の法人税がかかるのです。

そのため、何もしなければ15%（＝100%－85%）の損となるため、解約返戻金を役員である父親の退職金にあてて支払うことで、利益をゼロとします。

ただし、40%しか経費とならないことから毎年60%の生命保険料に対して34%の法人税として20.4%（＝60%×34%）を支払います。そこで、この分を借金していたと仮定して、解約返戻金で返済して残った金額を退職金とします。

▼生命保険料と解約返戻金

単位:万円

	1年間	10年間
生命保険料	500	5,000
経費	200	2,000
法人税	102	1,020
資産計上	300	3,000

解約返戻金
5,000 × 85% = 4,250万円

支払っていた1,020
(=500×20.4%×10年間)の
法人税は
借金していたと仮定する

ここでは、退職金として3,230万円（＝4,250－1,020）が支払えるため、父親の勤続年数が30年とすると手取りは3,000万円となります。

ただし、会社で経費になった金額は生命保険料の40%分である2,000万円と退職金を支払ったときの1,980万円（＝3,230－（4,250－3,000））の合計の3,980万円となり、その節税金額は1,353万円（＝（2,000＋1,980）×34%）です。

結果：4,353万円 ＝ 3,000万円（父親の手取り）＋ 1,353万円（節税金額）

一方、生命保険料を支払わずに毎年500万円を父親の給料へ上乗せしていれば、社会保険料は上限に達しているとして、所得税率のみが50%でかかったと仮定すれば、10年間で手取りは2,500万円（＝250×10）となります。

ただし、会社としては10年間の給料である5,000万円が経費として計上されているため、その節税金額は1,700万円（＝5,000×34%）です。

結果：4,200万円 ＝ 2,500万円（父親の手取り）＋ 1,700万円（節税金額）

ということで、会社の節税金額を合わせるとほぼ同額となりますが、生命保険に加入した方が保障は付いていて、かつ父親の手取りは増えています。

ところで、父親が会社を辞めるときに、生命保険を解約しなければいけない義務はありません。保障を継続したいのであれば、生命保険の契約者を父親に変更することで、解約返戻金の金額を退職金として支給したとみなすこともできます。そのあと、父親がこの生命保険を解約すると、退職金の金額が支払った保険料の額とみなされて、下記のように一時所得を計算します。

一時所得 ＝（解約返戻金 － 退職金 － 50万円）× 1／2

さらに、一度に解約せずに少しずつ解約していく場合には、退職金の金額に達するまでは、一時所得は課税されません。

例えば、先ほどの解約返戻金が4,250万円となる生命保険を現物で退職金として受け取った父親が、一時払いの終身保険に変換したとします。ここで変換とは、被保険者が告知を行わずに生命保険の種類を変えることです。会社が加入していた定期保険を、父親に名義変更したあとで終身保険に変換する場合には、下記のようになります。

▼保険の変換制度を使う

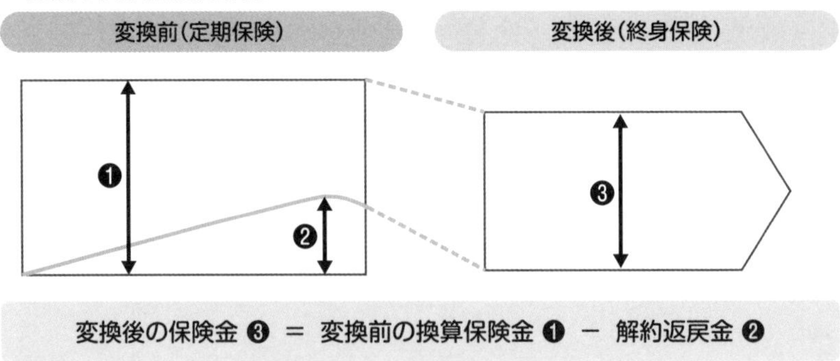

なお、商品によっては変換できない場合もありますので、最初に会社で生命保険に加入するときにどのような制度が使えるのか、確認しておく必要があります。生命保険は保障内容だけではなく、フレキシブルなものを選ぶべきです。

この父親を被保険者とする終身保険の死亡保険金が5,000万円になるとしましょう。そのあと満期になる前に、この終身保険について2,000万円ずつ2回、一部解約すると下記のように一時所得が計算されます。

1回目の一部解約
一時所得 = 2,000万円 − 2,000万円 = 0円

2回目の一部解約
一時所得 = 2,000万円 − 2,000万円 = 0円

このあと、残りの1,000万円（＝5,000 − 2,000 − 2,000）の死亡保障について解約すると、すでに退職金（解約返戻金）のうち4,000万円（＝2,000 + 2,000）を使っていますので、残りが250万円（＝4,250 − 4,000）となり、下記のように一時所得が計算されます。

3回目の全部解約
一時所得 =（1,000万円 − 250万円 − 50万円）×1／2 = 350万円

5

このままでは、350万円は給料や年金と合算されて、所得税が課税されてしまいます。そこで、この終身保険を解約せずにそのままにしておきます。

すると、父親の相続が発生したときに1,000万円の死亡保険金を相続人が受け取ることになるのですが、「500万円×法定相続人の数」まで非課税となる制度が使えます。

つまり、法定相続人が2人以上いれば、無税で1,000万円の死亡保険金を受け取ることができるのです。これで、父親が退職金として現物で支給された生命保険について、すべて無税で受け取れることになります。

会社が契約している生命保険は、退職金として解約返戻金の金額で現物支給することで、個人での保障と運用が続く。

会社を2つに分割するだけで、株価は安くなる？

父親の会社の株価をこれ以上、上げたくないんだけど？

子供が会社を設立して、高収益な事業を譲渡するといいよ

子供が設立した会社に、高収益の事業を売却する

父親の会社の業歴が長いとすでに利益が蓄積されていて、株式の評価がかなり高くなっています。株式の評価を下げるために生命保険に加入するなどの方法もありますが、限界もあります。

また、相続税や贈与税の納税猶予の制度も要件を満たせなくなるリスクを考えると、使いたくないケースも多いはずです。

そこで、儲かっている事業を分社化して、子供に渡すという方法があります。

そもそも会社の事業が1つしかないと言うかもしれませんが、2つの事業に分けることは必ずできます。例えば、製造業であれば、工場を貸し付ける不動産賃貸業と製造業に分けられます。卸売業であれば、商品を運ぶ部門を運送業として切り離せるはずです。そこで、具体的な方法も確認していきましょう。

まずは、子供が新しい会社を設立します。次に、父親の会社の中で儲かっている事業を売却します。このとき、親族の会社同士で事業を売買するので資産と負債の売買価格は時価となり、リース資産もあれば一緒に買い取ります。

営業権の評価も必要となりますが、下記を使って計算します。

❶ 営業権の評価＝超過利益金額×10年の基準年利率による複利年金現価率

❷ 超過利益金額＝平均利益金額×0.5－標準企業者報酬額－総資産価額×0.05

平均利益金額とはその事業の過去3年間の利益の平均で、標準企業者報酬額は下記となります。実際に計算してみればわかるのですが、平均利益金額が最低でも1億円超になるなど、かなり高くないと営業権の評価はゼロとなります。

▼標準企業者報酬額の計算方法

平均利益金額	標準企業者報酬額
1億円以下	平均利益金額 × 0.3 + 1,000万円
1億円超　3億円以下	平均利益金額 × 0.2 + 2,000万円
3億円超　5億円以下	平均利益金額 × 0.1 + 5,000万円
5億円超	平均利益金額 × 0.05 + 7,500万円

そして、子供の会社にお金がなければ分割払いとしますが、1.0%程度の金利を設定する必要があります。

▼高収益の事業を売却

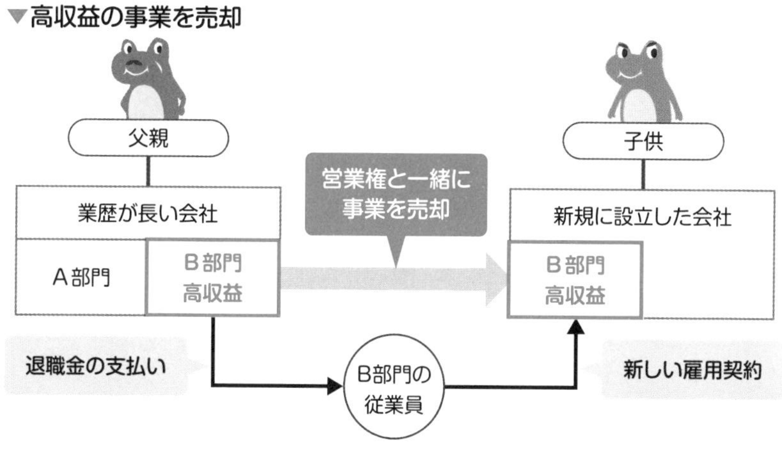

5

非上場会社の株式は、類似業種比準価額と純資産価額を折衷して評価します。

高収益部門がなくなることで父親の会社の利益が減り、類似業種比準価額が下がりますし、今後は利益が蓄積しないため純資産価額は上がりません。

そして、高収益部門の従業員を子供の会社に転籍させると同時に退職金を支払えば、純資産価額は下がります。

転籍とは本人の同意を得て現在の会社との雇用契約を終了し、新しく別の会社との雇用契約を成立させて、その業務に従事させる人事異動を意味します。

ただし、退職所得控除額は勤続年数が20年までが1年あたり40万円、20年超で1年あたり70万円に上がります。父親の会社を辞めるときに支払うと、そこで1回精算されてしまうのです。そこで、父親の会社を辞めるときに本人には退職金を支払わず、子供の会社に支払うのです。**それでも、その時点で父親の会社の経費として計上できます。**

一方、子供の会社では受け取った退職金を従業員に支払わないため利益となりますが、そのお金は事業を買ったときの対価にあてればよいのです。

そして、子供の会社の就業規則に前の会社と通算して退職金を支払うことを記載しておけば、実際に従業員が辞めたときにまとめて支払えます。これで従業員にとって、退職所得控除額が減ってしまう不利益はありません。

また、今までずっと父親の会社で働いてきた従業員が、新しく設立された子供の会社に転籍したくないと主張することもあり得ます。

そのときには、従業員が父親の会社に在籍したまま、子供の会社の業務に従事して、将来は元の会社に戻れる出向契約とするしかありません。このときは、父親の会社を本当に辞めるときまで退職金を支払うことはできません。

さらに、子供の会社に負債も移転させるのですが、銀行は新しく設立された会社だけが債務者となる免責的債務引受に反対する可能性があります。そのときには**重畳的債務引受**として、父親の会社も債務者として残りながら、子供の会社に債務を引き継がせます。

会社分割を使えば、自動的に資産と負債を分離できる

会社分割とは、会社の事業に関して所有する権利義務の全部、または一部を他の会社に包括的に承継させる方法です。この会社分割によれば従業員は反対できず、自動的に新しい会社に異動します。

しかも、事業を売却するケースと違って一定の要件を満たせば、資産の売却益は実現せずに帳簿価額で移転できます。

それでも、債権者保護手続きとして1か月間官報に公告するだけではなく、すべての債権者に通知する義務はあります。それでも、事業を売却する場合でも債権者の同意は必要ですので、手間はそこまで変わりません。

▼会社分割と事業の売却の違い

	会社分割	事業の売却
契約	包括承継	個別承継
債権者の同意	債権者保護手続きが必要	個別同意
従業員（雇用契約）	包括承継 （ただし、事前説明は必要）	個別同意
許認可	自動的に承継 （運送業許可などの例外はある）	再取得する
売却損益に対する税金	一定の要件を満たせば 帳簿価額で引き継ぐ	売却損益が発生
借金	自動的に借金も 簿外債務も引き継ぐ	債権者の同意がなければ、 借金は引き継げない

この会社分割には、2種類の方法があります。

(1) 分社型の会社分割について

会社の事業を会社分割したときに、株式を元の会社に対して発行したままで終わります。これを分社型の会社分割と呼び、子会社が設立されます。 5

▼分社型の会社分割

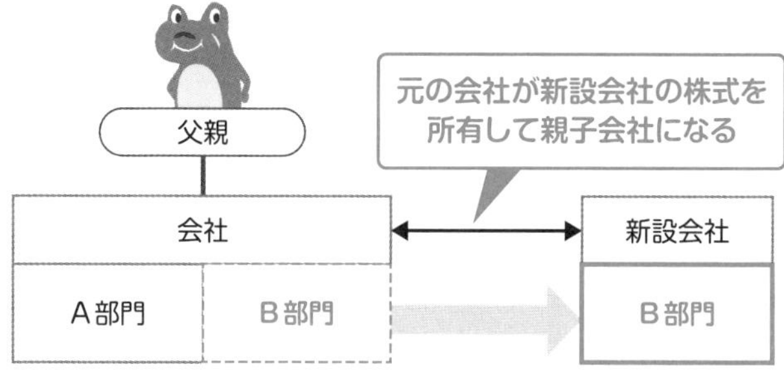

(2) 分割型の会社分割について

会社の事業を会社分割したときに、分社型の会社分割と同じで株式を元の会社に対して発行するのですが、その株式をさらに父親に配当します。これを分割型の会社分割と呼び、父親が2つの会社の株式を所有するため、兄弟会社が設立されます。

▼分割型の会社分割

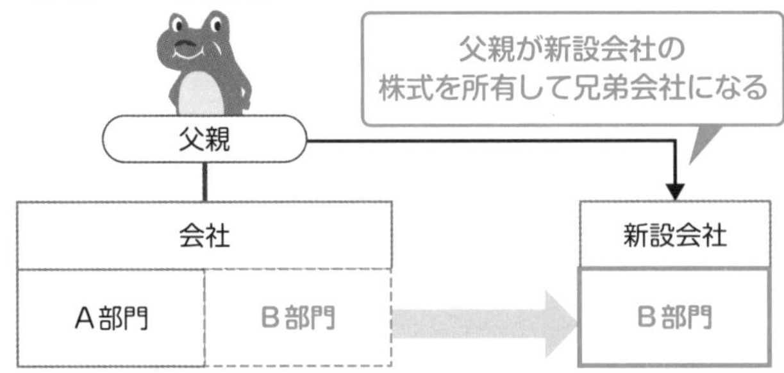

含み損のある不動産を、会社分割で分離する

父親の会社が含み益と含み損のある資産を所有している場合には、会社分割するだけで、その株式の評価は下がります。

純資産価額を計算するときに、含み益から法人税相当額として37%を控除できます。ところが、含み益がある資産だけではなく、含み損がある資産も同時に所有していると2つが相殺されてしまうのです。

そこで、2つの資産を分割型の会社分割によって切り離せば、通算されなくなり評価が下がります。含み損益がある資産とは土地だけではなく、有価証券や保険積立金や長期前払費用も該当します。

実務的には、銀行などの債権者の同意が得られやすいように、含み損のある資産を分離します。それでも、会社分割の手続きを行う前に説明はしておきましょう。銀行も後継者が相続税を支払えずに資金繰りが悪化したり、株式が売却されてしまうことは望まないため、賛成してくれるはずです。

▼含み損のある資産を分割する

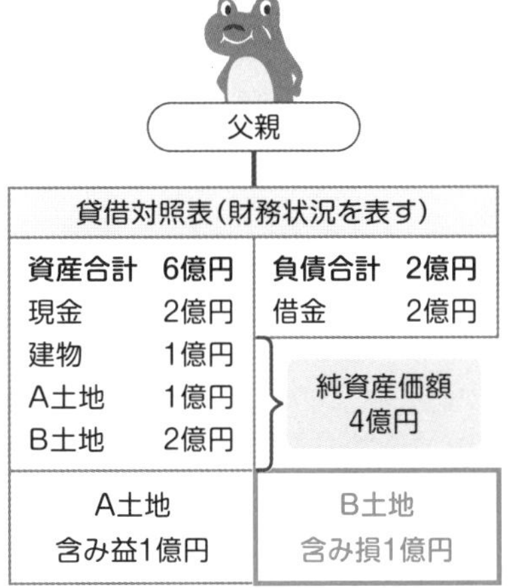

5

分割前の純資産価額 4億円　→　分割後の純資産価額 3億6,300万円

父親の会社から高収益な部門や含み損のある資産を上手に分離できれば、株式の評価は下がる。

兄弟に継がせるなら、会社を2つに分割しないともめる？

兄弟で会社の議決権を50%ずつ相続させたいんだけど？

お互いの意見が合わなくなったら、何も意思決定できなくなるね

父親が生前に2つ以上の会社に分割しておく

父親の会社の後継者となる子供が1人であれば、争うことはありません。

ところが、長男と次男が父親の会社で働いていて、父親が会長、長男が社長、次男が副社長に就任しているとします。

父親が意思決定しているうちは問題ないのですが、父親に認知症が発症したあとは、長男と次男がもめるケースがよくあります。最初は仲が良くても、一度喧嘩が始まると仲裁してくれる人がいないため、関係を修復できません。

このような事態に陥ると本人たちだけではなく、会社で働く従業員にとっても不幸です。

また、1つの会社の株式を長男と次男が相続したあと、その次の相続でさらに株主が増えてしまうと意思決定もできなくなります。

これを避けるために、父親は会社を分割しておくべきなのです。

このとき、**分割型の会社分割**を使えば、含み益がある資産の売却益を発生させずに兄弟会社を作れます。特に、土地を所有していたり、生命保険に加入していると含み益があるため、事業を売却する方法では無駄な税金が発生してしまいます。また、会社分割の制度を使えば、一切のお金のやり取りをせずに、2つの事業を分けることができます。

ここでのポイントは、父親が生前に会社を2つに分割しただけでは不十分で、株式を後継者に贈与しておくか、または遺言書を作成しておかなければ意味がありません。

▼AとBの兄弟会社を作る

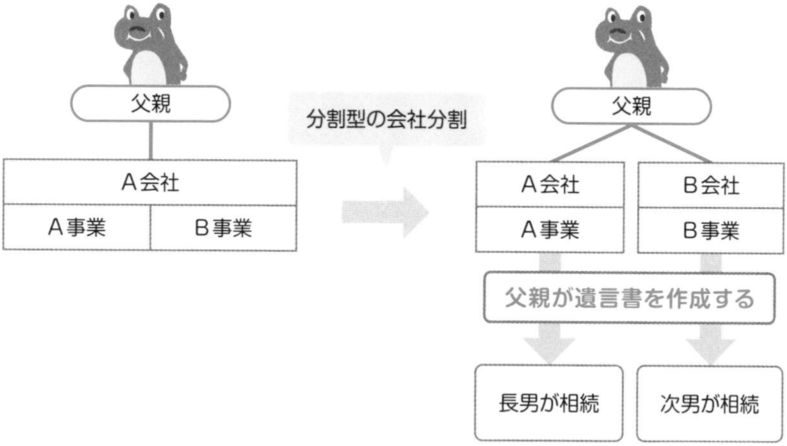

父親

A会社

A事業 | B事業

分割型の会社分割

父親

A会社 | B会社

A事業 | B事業

父親が遺言書を作成する

長男が相続 | 次男が相続

これで長男と次男のそれぞれが100%の株式を所有して、代表取締役となる会社ができました。遺産分割だけではなく会社の経営方針を巡って争うこともなくなります。

株式を売買してでも、それぞれの単独の会社にすべき

父親が100%の株式を所有しているならば会社を分割するだけでよいのですが、すでに長男と次男が少しずつ株式を所有しているケースもあります。

父親が少しずつ贈与してきたか、または祖父の相続のときに一部を相続したことが原因です。

その場合には、分割型の会社分割を行っても、長男と次男の単独の会社に分離できません。そこで、会社を分割したあと兄弟で株式を売買することで、それぞれが100%の株式を所有する会社を作ります。

このときの株式の売買価格は相続税法に定められた原則的評価方法で評価するため、通常は兄弟に売却益が発生して20.315%の所得税がかかります。

また、長男と次男が所有する株式の売買価格が違えば、お金のやり取りが必要となります。それが嫌ならば、お互いに贈与するという方法もあり得ます。

どちらの方法でも、会社分割したときに会社が所有していた資産の売却益は発生しないため、無駄な法人税を支払うことはありません。

▼分割後に兄弟で株式を売買する

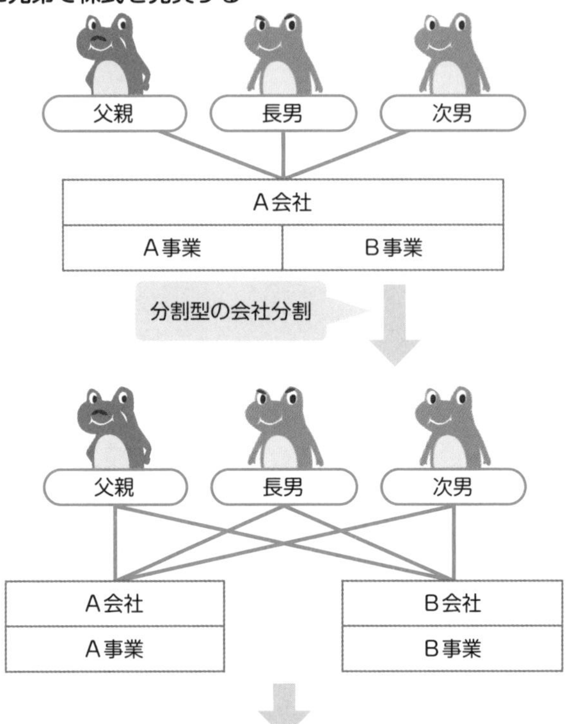

会社分割したあと、残った会社を売却する

父親の会社を、子供たちが継がないということもあり得ます。

そのときには、会社を売却するという選択をするにしても、父親としては不動産だけは自分で所有しておきたいと考えるケースもあります。その不動産からの賃貸料を、自分や妻の老後の生活費にあてるためです。

父親が会社から不動産を買い取ってもよいのですが、含み益があるとそれが実現して法人税がかかります。

それに、不動産を買った父親には**不動産取得税**もかかります。

そこで、分割型の会社分割で含み益のある不動産を所有する会社を新しく作り、残された事業を行う会社の株式を売却するのです。

この方法であれば、会社には不動産の含み益が実現せず、父親にも不動産取得税がかからなくなります。

▼分割後に第三者へ株式を売却する

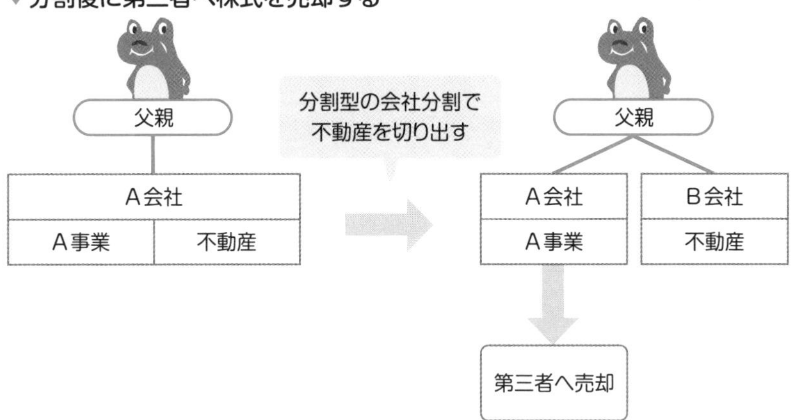

父親の会社を生前に分割しておき、遺言書で子供に1人1個の会社を相続させるならば、争いが起こりようがない。

5

5 一般社団法人の持分は、贈与も相続もできない？

一般社団法人って、株式会社と何が違うの？

一般社団法人の持分は、遺産分割や遺留分の対象にならないみたいだね

一般社団法人を設立して、認知症のリスクを防ぐ

父親が高齢であっても、まだ子供が未成年であれば株式を贈与すべきか迷いますし、もし贈与しても議決権を行使できる判断能力もありません。また、兄弟が会社で働いていて、どちらを後継者にするかを決められないケースもあります。会社を2つに分割してもよいのですが、そこまで規模が大きくなければ1人に継がせるという選択肢もあり得ます。

そこで、会社の株式を一旦、妻（子供から見たら母親）に贈与しておくという方法も考えられますが、その妻にも認知症が発症するリスクがあります。

そこで、父親の株式を信託するのですが、**一般社団法人**を設立してそこを受託者としておくのです。このとき、税金がかからないように、受益者は父親として設定します。

一般社団法人を設立するときには、株式会社の株主にあたる**社員**が2人と取締役にあたる**理事**が1人、不可欠となります。それでも、社員と理事は兼任できるため2人いれば作れます。株式会社の監査役にあたる**監事**という役職もありますが、設置しなくてもよいため、通常は理事のみとします。

資本金はゼロ円でもよいですが、設立コストなどを負担するために父親が**基金**という名目で出資はできます。それでも、基金は**劣後債務**という借金であり、一般社団法人にお金の余裕ができたら父親に返済します。もし一般社団法人が赤字になれば、父親が債務免除することで相続財産を減らします。

一般社団法人の議決権は社員が1人1票を持ち、社員総会によって理事を選任します。基金を出資した金額とは関係なく、社員の頭数で決議されるのです。

設立したあとの社員は1人になってもよいのですが、そこは1人や2人ではなく、3人にしておくべきです。

というのも、一般社団法人は社員がいなくなると自動的に解散となります。社員を父親1人にしておくと、突然亡くなったときに信託が解除されてしまうからです。それに、社員を2人にしておくと仲が悪くなったときに50%ずつの議決権しか持っていないため、意思決定ができません。

子供が未成年であれば、祖父母のうち1人を追加してもよいですし、父親の意思決定に反対しないのであれば、父親の兄弟でも問題ありません。

▼一般社団法人と株式会社の比較

	一般社団法人	株式会社
設立	社員2人以上で設立	株主1人以上で設立
社員数または株主数	社員1人以上	株主1人以上
資本金	0円以上	1円以上
事業内容	制限なし	制限なし
機関設計	理事1人以上 社員総会	取締役1人以上 株主総会
議決権	1人1議決権	1株1議決権
持分	なし	あり
配当	できない	できる

一般社団法人を設立したあと、社員の1人が認知症となったら退社してもらい、その代わりに新しい社員を加入させて、常に社員を奇数にします。退社の事由は、定款であらかじめ決めておけます。

社員には出資の義務がないため、株式会社に増資するときのような株式を評価する手間はかかりません。それでも、社員の過半数を抑えられたら会社の議決権を取られてしまうため、だれを社員にするかは慎重に判断すべきです。

ここでのポイントは、一般社団法人を設立する最大のメリットとして、その持分を相続したり、贈与できないことです。

ということで、父親の弟が社員として加入していても、相続が発生したら、その子供が自動的に社員となることはありません。

しかも、社員の持分には一般社団法人の財産に対しての払い戻し請求権もないため、何の権利も相続しません。つまり、一代限りの権利となります。

▼一般社団法人の持分は相続されない

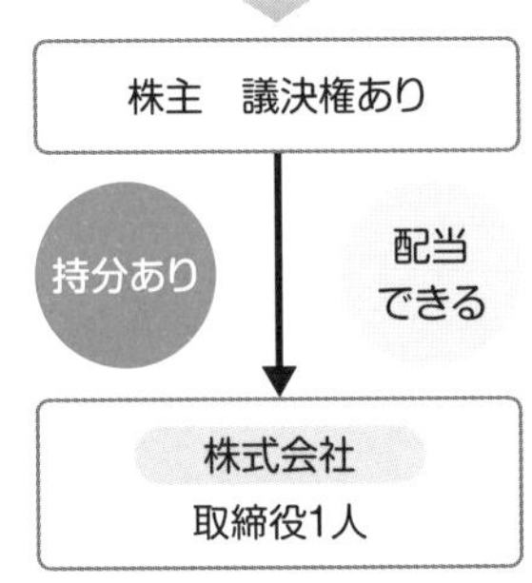

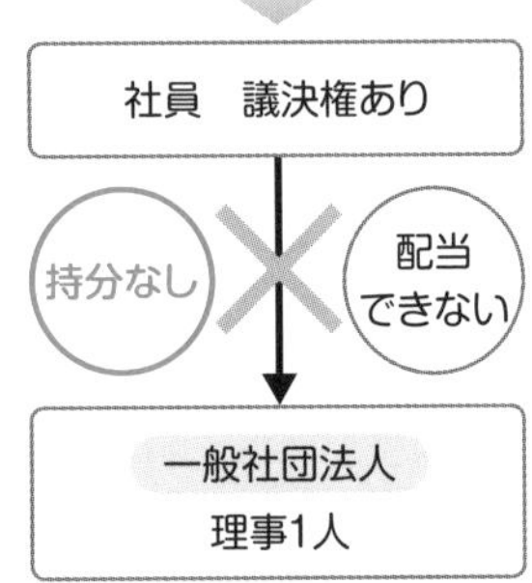

なお、「一般社団法人は、非営利の事業しかできないのでは」と勘違いしている人もいますが、株式会社とまったく同じ営利事業を行うこともできます。

その代わり、営利事業に対する法人税の税率は安くなりません。

理事を変更しても、だれにも税金はかからない

最初は、父親が一般社団法人の理事に就任します。これで、父親が議決権を行使できるため、信託設定する前の状態と何ら変わりません。

このとき、「父親の株式を一般社団法人に売却して所有権を移転させれば、その持分は相続財産から除かれるのでは」と聞かれることがあります。

実は、理事である父親に相続が発生したときに、下記のどちらかに該当する一般社団法人はその純資産価額に相続税がかかるのです。

❶同族理事の数が占める割合が、すべての理事の２分の１超である。

❷理事の相続が発生した日前５年以内に、❶の期間の合計が３年以上である。

※同族理事とは、被相続人とその配偶者、３親等内の親族などを指します。

父親が一般社団法人の理事を辞めていても、そこから5年を経過せずに相続が発生すると相続税の対象とされてしまうのです。

ただし、あくまで理事ですので監事は含まれません。そして、理事の相続に対してのみであり、一般社団法人の社員の相続は関係ありません。

それで、相続税がかかる相続財産は、一般社団法人の資産から負債を差し引いた純資産価額を理事の数に1を足した数字で割って計算した金額となります。1を足しているのは、被相続人である理事を含めるためです。

例えば、一般社団法人の理事が父親と妻(子供から見たら母親)の2人だったとします。父親の相続が発生すると、父親は一般社団法人の理事を強制的に辞任となります。

純資産価額が1億円とすると、理事は妻だけとなっていますが、そこに父親の1を足した2で割った5,000万円に相続税がかかるのです。

とすれば、理事の数を増やしておくと単純に相続税の節税対策にはなります。

ここで、通常の株式会社の株式を相続するときとは違うことが2つあります。

(1) 純資産価額から法人税相当額を控除できない

非上場会社の株式を評価するときには、資産の含み益から法人税相当額の37%を控除できましたが、一般社団法人の純資産価額を計算するときには控除できません。類似業種比準価額も一切使えません。

そのため、もし父親の株式を一般社団法人に売却して持株会社とすると、相続財産の評価を下げるどころか、上がってしまうことになります。そして、一般社団法人が債務超過となっていても、合名会社とは違ってその借金を理事であった父親の相続財産から差し引くこともできません。

(2) 一般社団法人への遺贈とみなす

一般社団法人の社員には持分がないため、父親が社員になっていたとしても相続財産とはなりません。

当然ですが、理事にも持分はありませんので、一般社団法人の純資産価額を理事である父親の相続財産に含めることができません。

そこで、相続税を計算するときだけ、父親が一般社団法人に遺贈したとみなすのです。ということで、一般社団法人が相続税を支払うのですが相続人ではないため、「3,000万円+600万円×法定相続人の数」の基礎控除は増やせず、相続税は２割加算となります。
しかも、一般社団法人が支払う相続税は経費としても計上できません。

以上の２つのことから、一般社団法人に株式を売却するとそのあとの相続税が高額となる可能性があります。
さらに将来、一般社団法人を解散したときには、一般的に定款で残余財産を渡す人を決めていないため、社員総会で決議します。これを後継者である長男など個人に指定すると一時所得となり、所得税がかかるのです。
このことから、一般社団法人に父親の株式を移転させることは止めて、信託設定に留めておくべきです。

そのあと長男の年齢が高くなり、父親の後継者になることが決まった段階で、理事をその長男に交代すると同時に、一般社団法人の社員としても参加させます。一般社団法人の理事が辞任や就任したときも、社員が退社や参加したときも、だれにも税金はかかりません。
これで長男が会社の議決権を行使できますが、父親と妻（子供から見たら母親）が社員として残り続ければ一般社団法人の議決権は、長男に対して２対１と対抗できます。理事を交代できる権限を保有しておけば、けん制は可能です。
孫の代になっても理事と社員を交代させていけば、一般社団法人を解散しない限り、永久に議決権は保護されます。一般社団法人の社員が自動的に増えていかないという点が大きなメリットです。

なお、会社から配当した場合には一般社団法人の預金口座に振り込まれますが、受益権を所有する父親に受け取る権利があります。父親が一般社団法人の理事や社員でなくても、関係ありません。
そこで、父親が所有する受益権を妻に相続させたり、贈与すれば、会社の配当を渡すこともできます。

▼一般社団法人を受託者とする

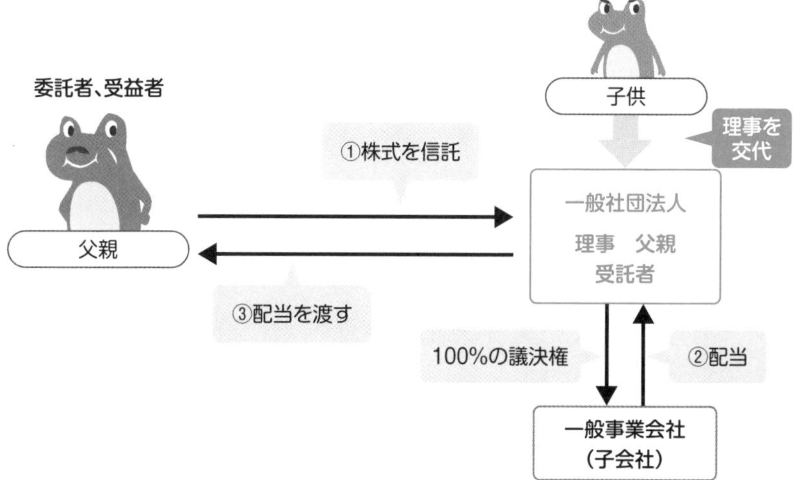

まとめ

父親が一般社団法人と信託契約を締結して、株式の議決権を移転させておけば、永久に議決権が守られる。

5

6 海外の会社の株式は、無税で贈与できる？

海外に移住して、海外にある財産を子供に贈与したら無税になる？

日本人ならば、原則は海外財産に対しても贈与税がかかるみたいだね

国外転出時課税があるので、売却しなくても同じ

父親が海外に会社を設立して工場を建設し、製品を生産していることがあります。取引先として海外の会社が多ければ、日本よりも現地で製造した方が運送コストを削減できます。

また、現地の物価や従業員の給料が日本よりも相対的に安ければ、それだけ製造コストも低く抑えられます。結果、日本の工場の売上よりも、海外の工場の売上の方が大きくなり、父親も１年の半分以上、海外にいるのが実態だとします。

これからもずっと海外の工場が生産拠点となるならば、その現地の会社を持株会社として、または父親が新しく持株会社を設立して、そこに日本の会社の株式を売却します。

ところが、父親の株式を持株会社に売却したときの売却益に対して20.315%の所得税がかかってしまいます。自分が100%の株式を所有する持株会社に対して、自分の日本の会社の株式を売却するだけなのに所得税を支払うハメになるため、躊躇するかもしれません。

ところが、父親が海外に移住して日本の非居住者となるならば、そのときに日本の会社の株式を売却したとみなされて、同じように売却益に対して15.315%の所得税がかかってしまうのです。

これを**国外転出時課税**（または**出国税**）と呼びます。

なお、海外に移住した翌年の１月１日には日本に住所はないことから住民税はかからず、国内で売却したときと比べて5%だけ税率が下がります。

まず、この国外転出時課税の対象となるのは、下記の2つの要件を満たす個人が海外に移住する場合です。

❶所有している対象資産の価額の合計が、1億円以上である。
❷海外に移住する日前10年以内において、国内に5年超居住していた。

対象資産とは、有価証券(株式、投資信託等)、匿名組合契約の出資の持分、未決済の信用取引・発行日取引、デリバティブ取引(先物取引、オプション取引など)を指します。

ということで、非上場会社の株式だけではなく、父親が証券会社の口座で上場株式に投資していれば、それも合算して1億円を判定するのです。ただし、対象資産に不動産は含まれていません。

次に、非上場会社の株式を売却したとみなされたときの評価方法です。これは相続税法の原則的評価方法によるのですが、下記の3つの修正が入ります。

5

❶小会社方式(純資産価額、または純資産価額×0.5+類似業種比準価額×0.5)で評価する。
❷純資産価額の計算で、土地と上場株式は時価で評価する。
❸純資産価額の計算で、含み益から法人税相当額の37%を控除できない。

❶から❸が適用されるため、通常の相続税の評価額よりも高くなります。

最後に、国外転出時課税の対象となったときの申告書の提出期限と所得税の支払い期限は下記のようになります。

❶納税管理人の届出をしなかった場合 → 出国のときまで。
❷納税管理人の届出をした場合 → 海外移住した年の翌年の3月15日まで。

納税管理人とは、父親の代わりに日本で申告書を税務署に提出したり、税務署からの連絡を受けたりする人のことです。納税管理人は、日本に居住している人であればだれでもよいのですが、一般的には税理士に依頼するケースが多いです。

とはいえ、父親としてはずっと海外に移住すべきか迷っていることもあるでしょう。そのときは、5年以内に帰国する予定として申告しておけば、所得税を納税猶予してもらえる制度があります。5年以内に帰国して日本の居住者に戻るならば、株式の売却はなかったことになり、税金は発生しません。

一方、日本に帰国しないと意思決定をしたとき、または5年を超えたときに所得税を支払うのですが、**利子税**はかかってしまいます。令和4年では0.9%となっていますが、今のところ、そこまで高額になることは想定されません。

ということで、父親が海外に移住するときには、すぐに海外の持株会社に日本の会社の株式を売却せず納税猶予しておき、所得税を支払う期限が来たら本当に売却すればよいのです。そして、売却した日から4か月以内に利子税と併せて所得税を支払います。

日本の会社の株式を持株会社に売却するときの評価は、国外転出時課税のときの評価の方法とまったく同じとなります。もしこの評価が納税猶予を申請したときよりも下がっていたら所得税を計算しなおして、もう一度申告すれば減額してくれます。

この評価が上がっていたとしても所得税が増額されることはないため、納税者にとって有利な制度となっています。それでも、父親が海外に永住すると決めたならば、そこに向けて株式の評価を下げる計画は立てて実行すべきです。

ところで、父親が出国したあとも日本の会社の代表取締役のままでずっと給料を受け取ることもあります。海外に移住したとしてもメールや電話で指示はできますし、取締役会にテレビ会議で出席もできます。

日本国籍を持っていれば、自由に日本に入国できますので、毎月来日して従業員を指導することも可能です。日本の会社のために働いているのですから、給料を経費に計上して構いません。

ただし、給料を支払うときには20.42%の源泉徴収を行います。父親は住所がなければ住民税はかかりませんので、これだけで課税は終了して確定申告をする義務もありません。

海外の財産でも、日本の贈与税と相続税がかかる

父親が日本の会社の株式を売却したあとは、海外の持株会社が親会社となり、日本の会社が子会社となります。

海外の国によって相続税や贈与税の税率は違いますが、ゼロというケースもたくさんありますし、日本よりも税率が高い国はほとんどありません。

アメリカなどは、大統領によって税率が大きく変更されて、一定期間だけゼロとなることもあります。その時期に合わせて後継者に海外の持株会社の株式を贈与すれば、そのあと海外で相続税がかかることはありません。

ところが、日本の相続税と贈与税は、日本に居住していない人が財産をもらってもかかるのです。下図は、課税される財産の範囲を表していますが、「国内のみ」に該当すれば、国内財産についてのみ相続税や贈与税が課税されるということです。それ以外の部分に該当すれば、国内財産だけではなく、海外の財産も含めて、相続税や贈与税が課税されます。

▼相続税と贈与税がかかる財産の範囲

相続人・受贈者 ＼ 被相続人・贈与者		国内住所あり	国内住所あり 一時居住者	国内住所なし 日本国籍あり 10年以内住所あり	国内住所なし 日本国籍あり 10年超住所なし	国内住所なし 日本国籍なし
国内住所あり		国内・海外の財産すべて	国内・海外の財産すべて	国内・海外の財産すべて	国内・海外の財産すべて	国内・海外の財産すべて
国内住所あり	外国人	国内・海外の財産すべて	国内のみ	国内・海外の財産すべて	国内のみ	国内のみ
国内住所なし	10年以内 住所あり	国内・海外の財産すべて	国内・海外の財産すべて	国内・海外の財産すべて	国内・海外の財産すべて	国内・海外の財産すべて
国内住所なし	10年以内 住所あり 外国人	国内・海外の財産すべて	国内のみ	国内・海外の財産すべて	国内のみ	国内のみ
国内住所なし	10年超 住所なし	国内・海外の財産すべて	国内のみ	国内・海外の財産すべて	国内のみ	国内のみ

このことから、相続人や贈与される人（受贈者）が日本国籍を持っていると、被相続人または贈与する人（贈与者）となる父親も含めて、どちらかが過去10年以内に日本で居住していると、国内や海外を問わずにすべての財産に相続税や贈与税がかかることがわかります。

ということで、逆に父親と子供が2人とも10年超、海外に居住すれば、**国内財**

産にのみ相続税や贈与税がかかり、海外の財産にはかからないことになります。そして、財産の所在地の判定は、下記のように決まっています。

▼財産の所在地の判定表

財産の種類	財産の所在地（国内・海外の判定）
預金	受入をした営業所の所在
動産・不動産	その動産や不動産の所在
株式・社債	株式や社債の発行会社の本店の所在
国債・地方債	外国が発行した公債は、その外国
生命保険	契約に係る保険会社の本店の所在
貸付金	その債務者の住所、または本店もしくは主たる事務所の所在
その他	その財産の権利者であった被相続人、贈与者の住所の所在

株式については、その発行会社の本店の所在地で、国内財産と**海外の財産**を判定します。ということで、海外の持株会社が発行する株式は海外の財産に該当するのです。

それ以外の財産についても、国内財産ではなく、海外の財産にすれば相続税や贈与税がかからない財産に変えることができます。

例えば、日本の銀行から海外の銀行に送金して預金の所在地を変更したり、父親の日本の会社に対する貸付金を、海外の持株会社に対する貸付金に変えてしまえば、海外の財産にできます。

なお、10年超、海外に居住していた父親と子供の間で贈与を完了させたあと、すぐに日本に戻ってきたとしても、贈与税がかかることはありません。

▼父親の貸付金を海外の財産に変える

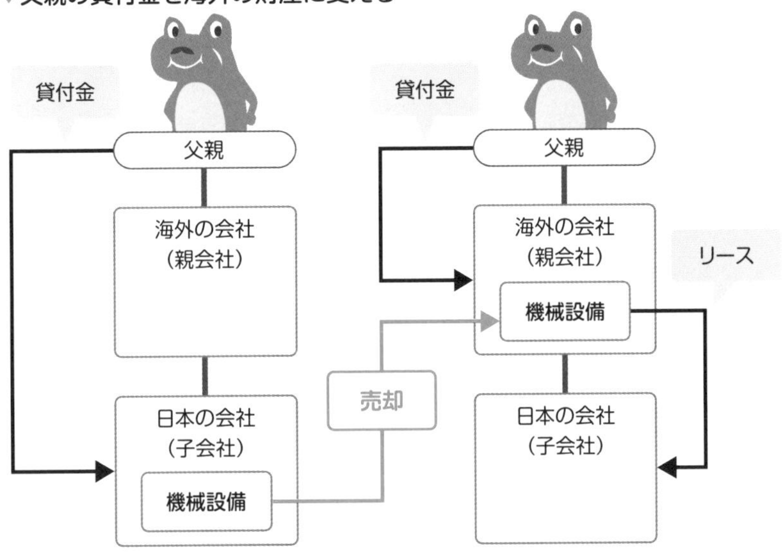

不動産についてはその所在地で判定されてしまうため、必ず日本の不動産は国内財産に該当します。そのため、父親と子供がずっと海外に居住していても、不動産を相続するときには相続税がかかります。 5

そこで、父親が生前に売却してお金に換えて海外に送金してしまえば、海外の財産となります。それでも、海外に居住している父親が不動産を売却したときの売却益に対して、日本で15.315%の所得税はかかります。

父親と子供が10年超、海外で居住したあと、海外の財産を贈与するならば、日本では贈与税がかからない。

索引

著者紹介

公認会計士・税理士

青木　寿幸（あおき　としゆき）

日本中央税理士法人／株式会社日本中央研修会
代表社員・代表取締役　公認会計士・税理士

大学在学中に、公認会計士二次試験に合格。卒業後、アーサー・アンダーセン会計事務所に入社。銀行や大手製造業に対して最新の管理会計を導入する。その後、モルガン・スタンレー証券会社、本郷会計事務所において、相続税の節税対策や会社の事業承継対策の提案、個人の資産運用の助言などを行う。

2002年に独立。日本中央税理士法人と株式会社日本中央研修会を設立し、代表となる。現在は、下記の2つのセミナーを主催し、その中で、生保営業パーソンが営業で使えるシステムや税理士が顧問先に提案するときのシステムも開発して提供している。

◎生保営業支援塾
⇒生命保険の成約率がアップする秘訣を伝授します。
https://www.seiho-juku.com

◎提案型税理士塾
⇒今までとは違った視点で、税務上の提案ができます。
https://www.teian-juku.com

著書には、「会計天国」、「貯金兄弟」（PHP研究所　共著）のシリーズがあり、累計35万部を突破した。その他にも、「図解入門ビジネス 最新 投資組合の基本と仕組みがよ～くわかる本」（秀和システム）、「知れば得する！ 図解 医院経営のカラクリが全部わかる本」（秀和システム）、「相続税改正　早わかり」（KADOKAWA）など、多数。

雑誌でも、ダイヤモンド社が発行している「ダイヤモンドZAI」で、毎年1月に発行される確定申告特集の監修を行っている。

カバーデザイン・イラスト　mammoth.

認知症から資産を守る ツボとコツがゼッタイにわかる本

発行日　2023年12月 4日　　第1版第1刷

著　者　青木　寿幸

発行者　斉藤　和邦
発行所　株式会社　秀和システム
〒135-0016
東京都江東区東陽2-4-2　新宮ビル2F
Tel 03-6264-3105（販売）Fax 03-6264-3094
印刷所　三松堂印刷株式会社

ISBN978-4-7980-7091-9 C2032